Christine Baur/Eva Fleischer/Paul Schober

Gender Mainstreaming in der Arbeitswelt

2334

HΛFELEKAR

Reihe Band 1
herausgegeben von Paul Schober

Christine Baur / Eva Fleischer / Paul Schober

Gender Mainstreaming in der Arbeitswelt

Grundlagenwissen für Projekte, Unternehmen und Politik

StudienVerlag

Innsbruck
Wien
München
Bozen

Gefördert aus Mitteln des Europäischen Sozialfonds und aus Mitteln des Bundesministeriums für Wirtschaft und Arbeit.

© 2005
by Hafelekar Unternehmensberatung GmbH
Bozner Platz 5, A-6020 Innsbruck
E-Mail: office@hafelekar.at
www.hafelekar.at
und Studienverlag Ges.m.b.H.,
Amraser Straße 118, A-6020 Innsbruck
e-mail: order@studienverlag.at
Internet: www.studienverlag.at

Redaktionelle Mitarbeit: Krisztina Szöllösi

Buchgestaltung nach Entwürfen von Kurt Höretzeder
Titelfoto: Verein Staatstheater
Satz: StudienVerlag/Karin Berner
Umschlag: Kurt Höretzeder

Gedruckt auf umweltfreundlichem, chlor- und säurefrei gebleichtem Papier.

Bibliografische Information Der Deutschen Bibliothek
Die Deutsche Bibliothek verzeichnet diese Publikation in der Deutschen Nationalbibliografie; detaillierte bibliografische Daten sind im Internet über <http://dnb.ddb.de> abrufbar.

ISBN 3-7065-4035-5

Inhaltsverzeichnis

Vorwort

Gender Mainstreaming – viel gebraucht, wenig verstanden und selten wirklich gewollt. Diese Vermutung liegt nahe, wenn man die zahlreichen Wortmeldungen und heftigen Emotionen dazu verfolgt.

Wo liegen die Wurzeln, welche theoretischen und rechtlichen Grundlagen gibt es? Und – wie setzt man Gender Mainstreaming in der Arbeitswelt um?

Zu diesen Fragen werden praxisnahe Antworten erarbeitet. Dieser Band richtet sich also an PraktikerInnen – welchen Sinn haben da theoretische Reflexionen über feministische Konzepte? Die Gegenübersetzung von Theorie und Praxis konstruiert einen künstlichen Widerspruch. Praxis ist immer auch theoriegeleitet, wenn auch nicht immer bewusst, und Theorie kann Impulse für die Praxis geben, neue Fragestellungen eröffnen, wenn auch keine Rezepte.

In den Anfangszeiten der Frauenforschung war der Anspruch, Wissenschaft nicht im Elfenbeinturm zu betreiben, sondern mit der Forschung zur Gesellschaftsveränderung beizutragen, stärker, aufgegeben ist er auch jetzt nicht. Die Verknüpfungsarbeit ist manchmal mühsam und als PraktikerIn bleibt meist nicht die Zeit, sich in die neuesten Entwicklungen einzuarbeiten. Das Buch soll hier Hilfestellung leisten.

Gender Mainstreaming als politische Strategie, um Gleichstellung zu erreichen, beantwortet nicht die Frage, was denn Gleichstellung konkret heißen soll. Hier kann das Wissen um die Konzepte Gleichheit, Differenz und Dekonstruktion, ihre Hintergründe, Implikationen, Qualitäten und Grenzen dazu beitragen, theoretisch reflektierte Gleichstellungspolitik zu betreiben.

Neben dem wissenschaftlichen Diskurs bildet die rechtliche Dimension des Gender Mainstreaming ein weiteres zentrales Themenfeld. Diese findet sich schwerpunktmäßig im Europarecht, eine gesetzliche Verankerung in Österreich gibt es nur marginal. Das Gleichbehandlungs- und Gleichstellungsrecht ist ein sehr dynamisches und sehr breites Rechtsgebiet. Aus diesem Grund kann hier nur ein kurzer, überblicksartiger Auszug dargestellt werden. Die Schwerpunkte wurden von der Autorin gesetzt.

Diese Einschränkung gilt auch für die spezifischen Förderinstrumentarien der Europäischen Union. Nicht die Vollständigkeit der Darstellung wird hier angestrebt, sondern eine Orientierungshilfe zur weiterführenden, projektspezifischen Recherche. Damit wird gleichzeitig eine Überleitung zum Praxisteil des Buches geboten. Dieser beinhaltet ein umsetzungsorientiertes Phasenmodell für Gender Mainstreaming, eine Kurzdarstellung aktueller Tiroler Projekte und eine CD-Rom mit Publikationen, Checklisten, Leitfäden und Adressen für den Praxistransfer.

Neben diesen fachlichen Inhalten ist uns auch der bewusste Umgang mit der dabei verwendeten Sprache sehr wichtig. Sprache als wesentliches Kommunikations- und Ausdrucksmittel ist ein ausgezeichnetes Handlungsfeld für den Einsatz von Gender Mainstreaming. Sprache kann ein Geschlecht entweder durch die ausschließliche Verwendung eines Geschlechts oder durch bestimmte Wortbildungen hervorheben, sie kann aber auch Geschlechtergerechtigkeit vermitteln. Geschlechtergerechtes Formulieren verlangt eine große Aufmerksamkeit und den Willen, mühsame Veränderungen auf sich zu nehmen. Die Autorinnen und der Autor haben sich darum bemüht in unterschiedlichen Ausformungen geschlechtergerecht zu formulieren. Die Texte sollen auch beispielhaft für die unterschiedlichen Arten der Zielerreichung stehen.

Abschließend, aber auch einleitend für die hoffentlich interessante Lektüre noch ein Dank an die NetzwerkerInnen des Runden Tisches „Gender Mainstreaming in der Arbeitswelt", die wertvolle Beiträge für den Praxisteil beigesteuert haben. Eine Kurzdarstellung dieser Projekte erfolgt im Kapitel 11.

Christine Baur
Eva Fleischer
Paul Schober

Theoretische Grundlagen

Eva Fleischer

1. Überblick über feministische Theorien

Gender Mainstreaming (Begriffklärung siehe unter 2.4.1) ist eine politische Strategie neueren Datums, die es notwendig macht, sich mit der Geschlechterfrage zu beschäftigen (u.a. über die beschäftigungspolitischen Programme der EU), auch wenn der eigene Bezug zur Frauenbewegung, zum Feminismus, kaum oder gar nicht vorhanden ist. Mit dieser kurzen Einführung sollen Sie Grundlagen erhalten, damit Sie Ihren Standpunkt finden und beziehen können. Ziel dieses Kapitels ist es, einen Überblick über die Theorieentwicklungen der ersten und zweiten Frauenbewegung zu geben. Dabei eines vorweg: Die eine feministische Theorie gibt es nicht, feministische Theorie zeichnet sich durch Vielstimmigkeit und Kontroverse aus. Gemeinsam ist ein interdisziplinärer Zugang und „das wissenschaftliche Interesse an der Verfasstheit von Geschlechterverhältnissen [Begriffklärung siehe unter 2.1.2] und die Kritik an allen Formen von Macht und Herrschaft, die Frauen diskriminieren und deklassieren" (Becker-Schmidt, Knapp 2000, 7). Ich beginne mit einem Exkurs zur Geschichte der Frauenbewegung und erläutere anschließend wichtige Etappen der feministischen Theorieentwicklung, hier jeweils in eine alltagssprachliche Frage übersetzt:

- sex/gender: Was an dem, was Frauen sind, ist veränderbar, was nicht?
- Differenz und/oder Gleichheit: Wie sind Frauen im Verhältnis zu Männern? Wie sollen sie sein? Gleich oder anders?
- Von der Differenz zur Dekonstruktion: Was sind Frauen? Gibt es mehr Geschlechter als zwei?

1.1. Anliegen der Frauenbewegung

Bevor ich die Entwicklung der feministischen Theorien vorstelle, ein kurzer Exkurs zur Geschichte der Frauenbewegung, aus der heraus diese theoretischen Debatten gewachsen sind. Die Frauenbewegung hat eine lange Geschichte, die bis in das 18. Jahrhundert zurückreicht. Im Kontext der französischen Revolution forderten Mary Wollstonecraft (1759–1797) und Olympe de Gouges (1748/55–1793) die Menschen- und Bürgerrechte auch für Frauen. Die erste Frauenbewegung hatte in Deutschland ihre Anfänge um 1848 und hatte im Nationalsozialismus einen Bruch (ein Teil der Frauen emigrierte bzw. starb in der Verfolgung, ein Teil der Frauen arrangierte sich bzw. trug das NS-Regime mit). Im Rahmen der allgemeinen StudentInnenbewegung von 1968 formierte sich die zweite Frauenbewegung in Europa und den USA.

Zentrale Anliegen waren/sind
- Rechtsgleichheit: Gleiches Recht auf Bildung, auf Erwerb, auf gleichen Lohn für gleiche Arbeit, Gleichbehandlung im Eherecht, Anerkennung lesbischer Lebensgemeinschaften, Recht auf politische Teilhabe (Wahlrecht)
- Autonomie/Selbstbestimmung: Selbstbestimmung in der individuellen Lebensgestaltung und Schaffung einer unabhängigen Gegenkultur (Frauenzentren, Frauenverlage, …)
- Arbeit: Der bürgerliche Zweig der alten Frauenbewegung forderte die Anerkennung der Mütterlichkeit als Beruf entweder als Hausfrau oder als Sozialarbeiterin/Lehrerin, der proletarische Zweig forderte gleichen Lohn für gleiche Arbeit. Die neue Frauenbewegung thematisiert neben der Chancengleichheit im Beruf auch die gleiche Verteilung der bezahlten und unbezahlten Arbeit zwischen Männern und Frauen.
- Gewalt: Vergewaltigung, Gewalt in Beziehungen/Ehe, Kampf gegen Prostitution, Pornographie
- Sexualität: Anerkennung lesbischer Sexualität, Auseinandersetzung mit weiblicher Lust, Recht auf Selbstbestimmung in Bezug auf Schwangerschaftsabbruch und Verhütung.
(vgl. Gerhard 1995)

Manche Anliegen der letzten 250 Jahre haben sich erledigt, andere tauchen aber immer wieder auf. Ein Beispiel für aktuelle Forderungen der Frauenbewegung ist das Frauenvolksbegehren, das vom 7. bis 14. April 1997 in Österreich durchgeführt wurde. Es wurde von 11,17 % der Wahlberechtigten (644.665 Personen) unterstützt.

Frauenvolksbegehren
Die Unterzeichnerinnen des Frauenvolksbegehrens fordern den Beschluss folgender bundesgesetzlicher Maßnahmen: Die Gleichstellung von Mann und Frau ist im Bundes-Verfassungsgesetz zu verankern. Die Republik Österreich (Bund, Länder, Gemeinden) verpflichtet sich damit zum aktiven, umfassenden Abbau der Benachteiligung von Frauen. Die tatsächliche Gleichberechtigung ist insbesondere durch folgende gesetzliche Maßnahmen herzustellen:
1. Unternehmen erhalten Förderungen und öffentliche Aufträge nur, wenn sie dafür sorgen, dass Frauen auf allen hierarchischen Ebenen entsprechend ihrem Anteil an der Bevölkerung vertreten sind.
2. Gleicher Lohn für gleiche Arbeit ist anzustreben. Deshalb ist ein Mindesteinkommen von 15.000 Schilling brutto, das jährlich dem Lebenskostenindex angepasst wird, zu sichern.
3. Teilzeitarbeit und geringfügige Beschäftigung sind arbeits- und sozialrechtlich der vollen Erwerbstätigkeit gleichzustellen.

4. Keine Anrechnung des Partnerinneneinkommens bei Notstandshilfe und Ausgleichszulage.
5. Die Gleichstellung der Frauen muss auch durch staatliche Bildungsmaßnahmen gefördert werden. Die Bundesregierung hat geschlechtsspezifische Statistiken zu den Themen Beruf und Bildung zu erstellen und jährlich zu veröffentlichen.
6. Jeder Mensch hat das Recht, Beruf und Kinder zu vereinbaren. Daher hat der Gesetzgeber für die Bereitstellung ganztägiger, qualifizierter Betreuungseinrichtungen für Kinder aller Altersstufen zu sorgen. Tagesmütter sind auszubilden und arbeits- und sozialrechtlich abzusichern.
7. Zwei Jahre Karenzgeld für Alleinerzieherinnen.
8. Gesetzlich garantierter Anspruch auf Teilzeitarbeit für Eltern bis zum Schuleintritt ihres Kindes mit Rückkehrrecht zur Vollzeitarbeit.
9. Ausdehnung der Behaltefrist am Arbeitsplatz nach der Karenzzeit auf 26 Wochen.
10. Jeder Mensch hat das Recht auf eine Grundpension, die nicht unter dem Existenzminimum liegen darf. Wenn eine Lebenspartnerin nicht erwerbstätig ist, hat der/die andere dafür Pensionsbeiträge zu zahlen. Kindererziehung und Pflegearbeit wirken pensionserhöhend.
11. Keine weitere Anhebung des Pensionseintrittsalters für Frauen, bevor nicht tatsächliche Gleichberechtigung in allen Bereichen gegeben ist.
(http://www.renner-institut.at/frauenakademie/volksbg/frauenvbg.htm)

1.2. sex/gender

Simone de Beauvoir formulierte „Man kommt nicht als Frau zur Welt, man wird es." (Beauvoir 1986, 265), sie meinte damit, dass Frau-Sein durch gesellschaftliche Einflüsse bestimmt wird, nicht aber durch ein „biologisches, psychisches, wirtschaftliches Schicksal" (ebd.). Die Gegenposition wäre die von Sigmund Freund, für den die Anatomie das Schicksal bestimmte, wodurch die Gleichheit von Frauen und Männern prinzipiell nicht möglich ist. Die zweite Frauenbewegung in den USA bzw. Großbritannien führte die Unterscheidung zwischen „sex" und „gender" ein, die im Deutschen mit „natürlichem" bzw. „sozialem" Geschlecht übersetzt wurde. Sex galt als das Unveränderliche, das die anatomischen, hormonellen und physiologischen Geschlechtsunterschiede umfasste, Gender demgegenüber war der veränderliche, kulturell, psychologisch und sozial geformte Teil des Frau- bzw. Mann-Seins.

Diese Unterscheidung wies die Ableitung psychischer Merkmale aus körperlichen Gegebenheiten, wie sie im 18. Jahrhundert entwickelt worden waren, zurück. Damals wurden die Geschlechtscharaktere als Beschreibungen des Ist-Zustandes, aber auch als Soll-Forderungen an Frauen und Männer definiert. Frauen galten als passiv und emotional, Männer als aktiv und rational, darüber hinaus wurden diese Charakterzuschreibungen auch mit Tätigkeitsfeldern verknüpft. Frauen waren etwa für das häusliche Leben deshalb besser geeignet, weil auch ihre Geschlechtsorgane im Inneren des Körpers liegen. Dies ging soweit, dass etwa um 1900 Möbius vom „physiologischen Schwachsinn des Weibes" (Möbius zit. n. Hausen 2001, 172) sprach, weshalb Frauen keinesfalls Gymnasien und Universitäten besuchen sollten.

Geschlechtscharaktere

Mann	Frau
Bestimmung für	
Außen, Weite, öffentliches Leben	*Innen, Nähe, häusliches Leben*
Aktivität Energie, Kraft, Willenskraft, Festigkeit, Tapferkeit, Kühnheit	*Passivität* Schwäche, Ergebung, Hingebung, Wankelmut, Bescheidenheit
Tun selbstständig, strebend, zielgerichtet, wirksam, erwerbend, gebend, Durchsetzungsvermögen, Gewalt, Antagonismus	*Sein* abhängig, betriebsam, emsig, bewahrend, empfangen, Selbstverleugnung, Anpassung, Liebe, Güte, Sympathie
Rationalität Geist, Vernunft, Verstand, Denken, Wissen, Abstrahieren, Urteilen	*Emotionalität* Gefühl, Gemüt, Empfindung, Empfänglichkeit, Rezeptivität, Religiosität, Verstehen
Tugend Würde	*Tugenden* Schamhaftigkeit, Keuschheit, Schicklichkeit, Liebenswürdigkeit, Taktgefühl, Verschönerungsgabe, Anmut, Schönheit

(Tabelle aus Hausen 2001, 166)

Das Modell hinter diesen Zuweisungen war eines der Polaritäten – Mann und Frau ergänzen sich – und eines der Hierarchie – der Mann gilt als Norm, als Ideal, die Frau als „die Andere", als Abweichung, die weniger wertgeschätzte Eigenschaften hat bzw. Tätigkeiten übernimmt. Mit der Kategorie Gender wurden diese Zuschreibungen zurückgewiesen. Stoff für Diskussionen gab allerdings die Frage, ob es eine „natürliche" Ungleichheit zwischen den Geschlechtern gibt und falls ja, wie diese aussieht bzw. wie diese zu bewerten ist. Zunächst geht es um die Frage, ob es eine

Differenz – etwa dass Frauen stärker an anderen Personen orientiert sind – überhaupt gibt. Dann stellt sich die Frage, wie damit umgegangen wird. Eine Sichtweise wäre, dass dies ein Defizit ist, dass z.B. über kompensatorische Förderung hin zu mehr Rationalität auszugleichen wäre, eine andere wäre, dass gerade diese Haltung der Fürsorge für andere Frauen besonders auszeichnet, eine besondere Kompetenz ist, die Frauen zu „besseren" Menschen macht. Je nachdem, wie diese Fragen beantwortet werden, ergeben sich auch unterschiedliche politische Strategien. Hier gibt es eine ganze Spannbreite von Positionen, die ich kurz skizzieren werde.

1.3. Differenz und/oder Gleichheit?

1.3.1. Differenzfeminismus

Diese Richtung (auch gynozentrischer Feminismus oder Denken der Geschlechterdifferenz) geht davon aus, dass Männer und Frauen grundsätzlich verschieden sind, wobei die Verschiedenartigkeit nicht nur biologische Unterschiede betrifft, sondern auch soziales Verhalten, Fähigkeiten und Eigenschaften. Je nach Ausrichtung werden diese Unterschiede biologisch begründet, etwa von der Gebärfähigkeit hergeleitet oder sozial, dass etwa durch die unterschiedliche Sozialisation und die unterschiedlichen Lebensbedingungen Männer und Frauen verschiedene Menschen werden. Die Konsequenzen daraus reichen von einer Utopie, wo Frauen dank ihrer besonderen Fähigkeiten die Welt retten können/sollen über ein Modell, wo sich Frauen und Männer zu einer Ganzheit ergänzen bis zur prinzipiellen Ablehnung von Männern überhaupt. In der „radikal gynozentrischen Position" (Holland-Cunz 2003, 124) wird die Frau als dem Mann natürlich überlegen beschrieben, womit ein Herrschaftsanspruch der Frau begründet wird. Dieses Konzept wurde im Zusammenhang mit der Matriarchatsforschung vor allem in den siebziger und achtziger Jahren diskutiert.

Ein Beispiel für die Aufwertung des Weiblichen bzw. weiblicher Fähigkeiten ist die Diskussion um die „weibliche Moral". Carol Gilligan (1984) beschäftigte sich mit Theorien zur moralischen Entwicklung und stellte u.a. fest, dass Frauen sich eher an einem Fürsorgeprinzip orientieren, d.h. Zusammenhänge, Auswirkungen auf andere Personen bei ihren Entscheidungen reflektieren, während Männer sich eher an einem abstrakten Gerechtigkeitsprinzip orientieren. Daran schloss eine Debatte an, in der z.B. vertreten wurde, dass Frauen aufgrund ihrer Moral besser geeignet wären, die Interessen aller in der Gesellschaft wahrzunehmen und dass sie deshalb mehr in der Politik vertreten sein sollten. Christina Thürmer-Rohr formulierte als Kritik die Kategorie der „Mittäterschaft", wo sie sich vehement dagegen wendet, Frauen als die besseren, moralisch überlegenen Menschen darzustellen. Sie kritisiert, dass die Fürsorgemoral der Frauen sie zu Mittäterinnen mache, indem sie „selbst-los" für andere lebend, die Verhältnisse stützen (Thürmer-Rohr 1987).[1]

Im französischen und italienischen Feminismus wurde die Geschlechterdifferenz als Verknüpfung von körperlichen mit symbolischen Faktoren diskutiert. Ein Begriff in diesem Umfeld ist „affidamento" (sich anvertrauen), der eine bewusste Beziehungsgestaltung unter Frauen ins Zentrum stellt. Unabhängig von Männern bzw. von herrschenden Maßstäben sollen Frauen durch das Erleben einer Vielfalt an Beziehungen unter Frauen zu eigenen Wertmaßstäben finden. Eine besondere Stellung nimmt dabei die Schaffung einer eigenen Genealogie ein: Ältere Frauen sollen sich mit ihren Lebenserfahrungen und ihrem Wissen jüngeren modellhaft zur Verfügung stellen, die dies wertschätzen (vgl. Libreria delle donne di Milano 1988). Die entgegengesetzte Position ist die der Geschlechtergleichheit.

1.3.2. Gleichheitsfeminismus

Die Vertreterinnen dieser Position postulieren, dass es keine natürlichen Unterschiede zwischen den Geschlechtern gibt bzw. diese Unterschiede keine gesellschaftliche Relevanz haben sollen. Es gibt zwar empirisch nachweisbare Unterschiede, aber diese lassen sich zur Gänze „durch geschlechtsspezifische Sozialisation, unterschiedliche Lebensweisen und gesellschaftliche Strukturbedingungen erklären" (Wesely 2000, 20). Ausgehend von dieser grundsätzlichen Gleichheit der Geschlechter wird männliche Herrschaft kritisiert, die zu einer ungleichen Verteilung der Ressourcen führt. Die Utopie hinter dieser Sichtweise ist eine Gesellschaft, wo es keine natürlichen Ungleichheiten gibt bzw. diese für den gesellschaftlichen Status keine Rolle spielen, wo etwa das Geschlecht ähnlich behandelt wird wie die Ohrenform. Ausgehend von dieser Utopie wird Gleichberechtigung, gleicher Zugang zu allen gesellschaftlichen (Macht-)Positionen gefordert, ohne allerdings die geltenden Maßstäbe in Frage zu stellen. In der Praxis heißt das z.B., dass Frauen gleichermaßen den Zugang zum Heer haben sollen oder zur Atomwaffenforschung. Oder dass Frauen der Aufstieg in die Chefetagen ermöglicht werden soll zu den Arbeitsbedingungen, die dort eben vorzufinden sind (60-h-Wochen, die die vollständige Befreiung von Sorgeverantwortung voraussetzen).

1.3.3. Gleichheit ohne Angleichung – egalitäre Differenz

Ein Konzept, das beide Pole Gleichheit wie Differenz verbindet, ist das der „Gleichheit ohne Angleichung" von Ute Gerhard (1990):

> „Frauen und Männer sind grundsätzlich gleich und grundsätzlich verschieden.
> Die Gleichheit bezieht sich auf das Anrecht auf gleichen sozialen Status, die
> Verfügung über materielle Ressourcen, gesellschaftliche Macht und Einfluss-
> möglichkeiten. Die Differenz bezieht sich auf die Anerkennung unterschied-

licher Lebens-, Arbeits-, Denk- und Kommunikationsweisen (unabhängig ob natur- oder sozial gegeben). Es soll gleiches Recht für heterogene Lebensweisen gelten." (Wesely 2000, 22)

Sie weist damit auf die Mängel hin, die jeder Ansatz in sich hat, wenn er absolutiert wird. Differenz ohne Gleichheit bedeutet unter gegenwärtigen Bedingungen, dass Frauen weiterhin gesellschaftlich und kulturell abgewertet bleiben und ihre Kompetenzen bzw. Arbeitsleistungen ökonomisch ohne Gegenleistung bleiben. Gleichheit ohne Differenz führt zu Anpassung und Verlust der eigenen Identität bzw. zur Ausgrenzung der nicht-passenden Anteile bzw. Personen. Annedore Prengel hat den Begriff der „egalitären Differenz" (Prengel 2001) geprägt. Für sie sollte die „wechselseitige Anerkennung als gleich verbunden mit wechselseitiger Anerkennung als verschieden" die Basis demokratischen Handelns, aber auch der Bildungsarbeit sein (ebd., 26). Anerkennung ist die eine Seite, die andere, davon nicht zu trennende Seite ist die der Umverteilung.

1.3.4. Differenzen unter Frauen (class, race, handicap)

War bis Ende der 80er Jahre die Frage Gleichheit bzw. Differenz zwischen den Geschlechtern zentral, wobei Männer und Frauen jeweils als Kollektive gedacht wurden (Männer sind …, Frauen sind …), so änderte sich mit Beginn der 90er Jahre die Blickrichtung hin zu den Differenzen unter Frauen. Maßgebliche Impulse dazu kamen von den Frauen, die sich in einer Politik, die sich an den Interessen weißer, heterosexueller Mittelschichtsfrauen orientierte, nicht wieder finden konnten, insbesondere farbige Frauen in den USA. Unterschiedliche Gruppen formulierten eine Reihe von Merkmalen, die zu Differenzen unter Frauen bzw. Männern beitragen können, etwa Klasse, Hautfarbe, Herkunft, sexuelle Orientierung, physische und psychische Handicaps, Alter, Religion/Kultur, Aufenthaltsstatus (vgl. Czollek, Weinbach 2002, 112). Alle diese Merkmale bestimmen die Stellung in der gesellschaftlichen Hierarchie mit, die Wahrscheinlichkeit, von Unterdrückung betroffen zu sein. Welche Dimensionen umfasst Unterdrückung?

„Die Arbeit der Angehörigen dieser Gruppe wird einseitig angeeignet (Ausbeutung), sie sind sozial ausgegrenzt (Marginalisierung), der Autorität anderer unterworfen (Machtlosigkeit), sie werden als Gruppe stereotypisiert, ihre Erfahrungen werden gesellschaftlich-kulturell unsichtbar gemacht (Kulturimperialismus), sie erleiden willkürliche Gewalt oder Schikane, die durch Gruppenhass oder -angst motiviert ist." (Knapp 2000, 116)

So gesehen ergibt sich eine Vielzahl von diskriminierten Gruppen: Menschen mit körperlicher bzw. geistiger Behinderung, Lesben, Schwule, Transsexuelle, Arme,

ArbeiterInnen, Alte, Frauen, Schwarze, Roma, Menschen jüdischer, islamischer Religion, AsylwerberInnen (vgl. ebd., 116, Czollek, Weinbach 2002, 118). Diese Aufzählung ist keinesfalls vollständig, in der Diskussion kristallisierten sich allerdings drei zentrale Faktoren heraus: Geschlecht, Rasse/Ethnie, Klasse, die sich gegenseitig beeinflussen und auch überschneiden. Auch wenn die Diskussion, welche Faktoren in welchen Situationen stärker oder schwächer wirken, noch fortdauert, so gilt doch, dass Geschlecht innerhalb der benachteiligten Gruppen die Benachteiligung noch weiter verschärft. So könnte am oberen Ende der Skala etwa ein reicher, weißer Mann stehen, während am unteren Ende eine arme, farbige Frau steht. (vgl. Klinger 2003, 34). Die Betonung der Differenzen unter Frauen zieht auch eine differenzierte Sicht auf Männer als heterogene Gruppe nach sich.

1.4. Von der Differenz zur Dekonstruktion[2]

1.4.1. Ausgangspunkte

Die Diskussion um die Differenzen unter Frauen brachte Verunsicherung, insbesondere bei den politischen Akteurinnen. Das Subjekt der Frauenbewegung, „Frauen" als Gruppe hatte seine Legitimation verloren. Wie kann von gemeinsamen Interessen, Erfahrungen von Frauen gesprochen werden, wenn ihre soziale Lage doch so unterschiedlich ist? Was verbindet Frauen über Hautfarbe, Schicht, ethnische Herkunft … hinweg? Bei der Suche nach Gemeinsamkeit, die im Sozialen nicht mehr ungebrochen gefunden werden konnten – immer war die Gefahr, dass eine Gruppe nicht genannt oder so beschrieben war, dass sie sich nicht wieder erkennen konnte – blieb dann scheinbar nur mehr der Körper – Sex – als das allen Gemeinsame. Und an dieser Stelle kam es zu einem erneuten Blick auf das bisher scheinbar Feststehende: die Trennung zwischen Sex und Gender. Sex als das scheinbar Unabänderliche geriet in das Blickfeld der Kritik, es stellte sich die Frage: wie weit ist der Körper selbst konstruiert, historisch veränderbar?

1.4.2. Sex-Gender-Debatte

Die feministische Kritik hatte sich bis zu diesem Zeitpunkt sehr stark auf Fragen des Geschlechterverhältnisses zwischen Männern und Frauen konzentriert: Wie sind Macht, Ressourcen, symbolisch-kulturelle Anerkennung zwischen Männern und Frauen verteilt? Die Voraussetzung dieser Kritik ist die Annahme, dass zwei Geschlechter biologisch gegeben sind. Aus dieser Annahme werden alle weiteren Phänomene abgeleitet. Nun war schon lange klar gewesen, dass sich die Anforderungen an das, was als weiblich bzw. männlich gilt, historisch verändern. Diese historische Veränderbarkeit bezog auch die Ebene der Wahrnehmung des Körpers, der Darstellung des Körpers und des Verhaltens mit ein. Wichtige Impulse etwa kamen von Michel Foucault (1983), der etwa die Entstehung des Phänomens „Sexualität" beschrieb oder auch von Barbara Duden (1987). Sie wertete die Aufzeichnungen eines Eisenacher Arztes um 1730 aus und fand, dass „viele Erscheinungen, die von uns eindeutig als Geschlechtsmerkmale wahrgenommen werden, (…) im 17./18. Jahrhundert nicht entscheidende Zeichen für den Unterschied zwischen Mann und Frau" sind (Duden 1987, 133). So schildert sie etwa, dass auch Männer regelmäßige Blutung haben konnten, die dann als Menstruation bezeichnet wurden. Die Männer bluteten aus der Fingerspitze, durch die Krampfadern, aus dem Penis oder dem After. Männer konnten Milch in ihren Brüsten haben, um Kinder zu stillen. Sie konstatiert:

> „In außerordentlich verschiedenen Weisen kann Kultur Geschlechtlichkeit an Körperlichkeit binden, und Körperlichkeit als Zeichen für den Unterschied von Mann und Frau interpretieren. Kein morphologisches Element auch kein Vorgang wie der Samenerguß oder die monatliche Blutung sind immer und überall geschlechtseigentümlich verstanden worden. Erst wenn solche Momente durch das kulturbestimmte Auge erfaßt werden, werden sie zu Geschlechtscharakteristika. Das Geschlecht liegt im Auge des Betrachters." (ebd., 138)

Der neue Fokus war nun aber, die körperliche Zweigeschlechtlichkeit an sich in Frage zu stellen. Wesentliche Impulse für diese Diskussion kamen aus den USA, insbesondere aus der Queer Theorie [3] sowie aus Studien zur Transsexualität[4].

1.4.3. Zweigeschlechtlichkeit als Konstrukt

Zweigeschlechtlichkeit bedeutet, dass alle Menschen unverlierbar aus körperlichen Gründen eindeutig weiblich oder männlich sind (vgl. Knapp 2000, 76) Oder in anderen Worten: Wenn ein Kind geboren wird, ist die erste Frage nach dem Geschlecht. Dabei wird angenommen, dass das Kind entweder ein Mädchen oder ein Junge ist, dass dies eindeutig feststellbar ist und dass das Kind dieses Geschlecht sein Leben lang beibehalten wird. Diese Alltagsannahme wird immer wieder durch nicht eindeutig zuordenbare Menschen widerlegt, wie das folgende Beispiel zeigt.

> Etwa eines von 2000 Neugeborenen ist intersexuell. Das scheint wenig, doch insgesamt dürfte es 20 000 bis 30 000 Betroffene in Deutschland geben. Fast jeder ist bereits einem von ihnen begegnet – meist ohne es zu bemerken. Denn die Ärzte weisen den Kindern gleich nach der Geburt ein Geschlecht zu, bessern den scheinbaren Fehltritt der Natur mit Skalpell und Hormonen nach – und hoffen mit den Eltern, das Problem sei halbwegs behoben.

Was ist normal, was krankhaft? Welche Abweichungen von den Geschlechtsstandards kann eine Gesellschaft verkraften? Welche irreversiblen Entscheidungen dürfen Ärzte und Eltern für Kinder treffen? Diese Fragen beschleichen Mareike Polzin (Name geändert) mitunter, wenn sie ihre Tochter anschaut. Eigentlich hatten die Ärzte ihr nach vorgeburtlichen Untersuchungen einen Jungen angekündigt. Der Name stand bereits fest. Doch als das Kind kam, hing zwischen den Beinen „statt eines Penis nur ein kleines Läppchen", erinnert sie sich. Fünf Tage rätselten die Ärzte, ob das Kind als Junge oder Mädchen aufwachsen soll. Dann plädierten sie für Mädchen. Als Junge könne er nie im Stehen pinkeln und würde gehänselt, sagten sie. Geschlechtsverkehr sei mit diesem Penis kaum möglich. Aus Simon wurde Simone.

Mareike Polzin spürte, dass die Ärzte unsicher waren. Doch die Zweifel blieben unausgesprochen. Dafür gab es wissenschaftliches Interesse: „Der Professor wollte mein Kind sofort seinen Studenten vorführen und Fotos machen", erzählt sie. Seine Erklärungen aber beschränkte er auf Fachliches. Eine Ärztin riet gar: „Geben Sie Ihrem Kind einen Ohrring, dann wächst es schon als Mädchen auf."

Heute weiß die 39-jährige Mutter, dass es so einfach nicht ist. Anders als man früher glaubte, sind Kinder bei der Geburt kein weißes Blatt, was ihre geschlechtliche Identität angeht. … Schon vor der Geburt wirken Hormone im Mutterleib auf das Gehirn des Fötus und prägen die Identität als Junge oder Mädchen. Das haben Studien mit intersexuellen Patientinnen bewiesen. Obwohl die Eltern sie konsequent als Mädchen erziehen, spielen viele von ihnen lieber mit Autos und Legos statt mit Puppen. Häufig haben sie eher Jungen als Mädchen zu Freunden. Mareike Polzin zeigt Fotos: Simone mit kurzen Haaren und Jeans auf einem Fahrrad. Simone mit Latzhose beim Grillen. Auf den ersten Blick ganz klar: ein Junge. Gerauft und gebolzt hat ihre Tochter, so Polzin. Kleider wollte sie niemals tragen, auch keine Lackschuhe. Die letzten Bilder dann ganz anders. Lange Haare, weibliche Formen – ganz klar ein Mädchen in der Pubertät. Und dennoch beschleichen Mareike Polzin mitunter Zweifel: Ist Simone nur deshalb eine Tochter, weil sie Hormone nimmt? Was passiert, wenn sie die Medikamente absetzt, plötzlich rebelliert?

(*http://www.zeit.de/2000/40/Wissen/200040_intersexneu.html*)

Aus mehreren Richtungen wurde nun die Zweigeschlechtlichkeit als Konstrukt kritisiert (vgl. Knapp 2000, 68ff). In der Kulturanthropologie hatten Studien ergeben, dass es Kulturen gab/gibt, die nicht nach diesem strikten binären Muster aufgebaut sind, wo auch die Zuordnung zu einem Geschlecht nicht überwiegend an körperlichen Merkmalen festgemacht wird. In manchen Kulturen werden etwa unfruchtbare Frauen zu „Männern", die dann andere Frauen „heiraten" und auf diese Weise Kinder haben oder auch Kulturen, wo es mehr als zwei Geschlechter gibt, etwa in Indien die Hijras[5]. Soziologische Studien über transsexuelle Menschen ergänzten diese

Befunde, auch in der Biologie selbst ist das Verhältnis zwischen männlichem und weiblichem Geschlecht eher ein „Kontinuum", denn „zwei entgegengesetzte, einander ausschließende Kategorien" (Lorber et al zit. n. Knapp 2000, 69). Geschlecht wird innerhalb der Biologie auf mehreren Ebenen repräsentiert:

- über die Chromosomen (genetisch): Als Frau gilt, wer die Kombination XX hat, als Mann, wer die Kombination XY hat.
- über die Gonaden (Keimdrüsen): Eierstöcke, Hoden
- über den Körperbau, die genitale Ausstattung sowie sekundäre Geschlechtsmerkmale: Genitalien (Penis, Vagina, Bart/Brüste, tiefe/hohe Stimme, Verteilung der Fettpolster
- über die Hormone: Unterschiede in der Konzentration von Hormonen (Testosteron, Östrogen)
- über reproduktives und sexuelles Verhalten (Verhaltensbiologie) sowie
- gehirnanatomisch und -physiologisch (vgl. Maurer 2002, 73)

Es gibt nun eine Reihe von Kombinationen, die sich nicht eindeutig einem Geschlecht zuordnen lassen. Es gibt Menschen mit Uterus und Eierstöcken und deutlichem Bartwuchs, Menschen mit Penis und Vagina zugleich oder Menschen, wo das äußere Geschlecht nicht mit dem Geschlecht übereinstimmt, das sich aus ihren Chromosomen bzw. Gonaden ergibt oder auch Menschen, die zwar auf der Ebene von Chromosomen, Gonaden und Hormonen als männlich bzw. weiblich identifiziert werden, die sich aber ihrem Geschlecht nicht zugehörig fühlen.

Olympia – auch eine Frage des Geschlechts
„Beim Aufbruch zu den Olympischen Spielen 1988 vergaß Maria Patino, Spaniens beste Hürdenläuferin, in der Eile und Aufregung das ärztliche Zertifikat, das dokumentierte, was allen offenkundig erschien, die sie ansahen: Sie war weiblich. … Patino musste sich lediglich beim feminity control head office … melden, sich einige Zellen von der Wange kratzen lassen und alles würde in Ordnung sein – so dachte sie zumindest. Ein paar Stunden nach der Wangenschabung erhielt sie einen Anruf. Etwas war nicht in Ordnung. Sie unterzog sich einer zweiten Untersuchung, aber die ÄrztInnen blieben stumm. Als sie zum Stadion fuhr, um ihr erstes Rennen anzutreten, brachten Funktionäre ihr die Nachricht bei: Sie hatte den Geschlechtstest nicht bestanden. Sie sah zwar aus wie eine Frau, war mit der Kraft einer Frau ausgestattet und hatte nie Grund gehabt anzunehmen, dass sie keine Frau war, aber die Untersuchung enthüllten, dass ein Y-Chromosom Patinos Zellen schmückte und dass sich innerhalb ihrer Schamlippen Hoden verbargen. Außerdem hatte sie weder Eierstöcke noch einen Uterus. Gemäß der Definition des IOC war Patino keine Frau. Sie wurde für den Wettkampf gesperrt und vom spanischen Team ausgeschlossen." (Fausto-Sterling 2002, 17)

Ich stelle nun zwei Theorierichtungen vor, die auf unterschiedliche Weise untersuchen, wie Zweigeschlechtlichkeit in unserer Gesellschaft hergestellt wird: Die eine hat ihre Wurzeln in der Ethnomethodologie, die andere in der Diskursanalyse.

1.4.4. Doing Gender

Eine Richtung der Soziologie – die Ethnomethodologie – sieht unser gesellschaftliches Verhalten ähnlich dem von SchauspielerInnen auf einer Bühne.

> „Ob privat oder öffentlich – wir geben immer Darbietungen unseres Status, unserer Gefühle, unserer Erwartungen etc. Im öffentlichen Raum sind die Interaktionen meist noch komplexer, da mehrere Bühnen, … beteiligt sind: z.B. ist für die Beschäftigten der Gastraum in einem Restaurant die sog. Vorderbühne, die Küche die sog. Hinterbühne. Für jede Bühne gelten spezifische Regeln, die meist ungeschrieben, aber deshalb nicht weniger bindend sind." (Treibel 2000, 138)

Umgelegt auf die Geschlechterfrage heißt dies, dass das Geschlecht zwar mit der Geburt zugewiesen wird, die Zuschreibung zu einem Geschlecht aber ein lebenslanger Prozess ist, der tagtäglich aufs Neue „inszeniert" wird. Die Fragestellung verändert sich: Nicht mehr die Frage: „Wer ist wie?" steht im Vordergrund, sondern die Frage: „Wie werden Geschlechter im Alltag hergestellt?" Ziel ist dabei, die impliziten Normen des Alltagslebens über genaue Dokumentation und Interpretation der scheinbar banalen Handlungen, Gesten und Mitteilungen herauszufiltern. Diese alltäglichen Routinen werden mit dem Begriff des „Doing Gender" beschrieben, der das aktive Herstellen des Geschlechts betont. Dazu ein Beispiel: Woran erkennen Sie, ob Ihr Gegenüber eine Frau oder ein Mann ist? Da – außer in der Sauna – die Geschlechtsorgane als Merkmal üblicherweise nicht offen sichtbar sind, halten wir uns an andere Merkmale wie „Kleidung, Haartracht, Schmuck, Kosmetik, Statur/ Größe, Gang/Bewegungen, Mimik/Gestik, Hüftumfang, Stimmlage, Bart" (Merz 2001, 31). Studien mit transsexuellen Personen ergaben, dass auch bei einer operativen Geschlechtsumwandlung diese keineswegs reicht, um als Frau bzw. als Mann „durchzugehen", für den sozialen Alltag sind z.B. weiblich oder männlich zugeordnete Körpersprache und Stimmlage notwendig.

Die Geschlechterhierarchie, die Höherbewertung des männlichen Geschlechts zieht sich auch auf der mikrosoziologischen Ebene durch. Dies bedeutet, dass z.B. ein Überschreiten der Geschlechtergrenzen für Frauen und Männer unterschiedlich bewertet wird. Wenn ein Mädchen sich „jungenhaft" kleidet und benimmt, wird dies weniger stark sanktioniert, als wenn ein Junge Kleider tragen möchte und sich schminkt. Treibel meint dazu, dass es normal ist, wenn sich Untergeordnete nach „oben" orientieren, aber unverzeihlich, wenn Übergeordnete sich nach „unten" orientieren (vgl. Treibel 2000, 151). Ein Beispiel wären Partnerwahlen: Es ist „normal", dass eine kleinere Frau einen größeren Mann, eine jüngere Frau einen älteren Mann, eine Krankenschwester einen Arzt heiratet, nicht aber umgekehrt, da damit die gesellschaftliche Hierarchie in Frage gestellt wird.

1.4.5. Dekonstruktion

Judith Butler nähert sich dem Thema der Zweigeschlechtlichkeit von einer anderen Seite. Ihr Interesse liegt auf der Untersuchung von Diskursen, d.h. von Redeweisen in Medien, Literatur und Wissenschaft. Den Diskursen spricht sie soviel Macht zu, dass ihrer Meinung nach durch Diskurse auch die körperliche Geschlechtlichkeit selbst konstruiert wird. Damit löst sich die Unterscheidung zwischen Sex und Gender gänzlich auf. Weiters kritisiert sie normativen Gehalt von Männlichkeit und Weiblichkeit, insbesondere im Hinblick auf die Sexualität. Die Geschlechterdifferenz würde implizit immer heterosexuell gedacht und damit alle jene ausgrenzen, die „geschlechtlich nicht klar einzuordnen sind, deren Begehren sich nicht in den Bahnen der Heterosexualität bewegt, deren selbst empfundene Geschlechtsidentität nicht zu dem Geschlecht gehört, dem sie körperlich zugehören." (Knapp 2000, 86)

Eine weitere Frage ist, ob die Zweigeschlechtlichkeit unveränderbar auch mit der Abwertung des Weiblichen verbunden sein muss. Hier gehen die Meinungen auseinander: Während manche meinen, dass auch die Tatsache von vielfältigen Differenzen, Klassifikationen, Geschlechtern nicht vor hierarchischen Strukturen bewahren kann bzw. dass eine Unterscheidung zweier Geschlechtskategorien prinzipiell auch egalitär denkbar wäre, vertreten andere das Gegenteil. Die Debatte dauert an.

Ein wichtiger Impuls aus der Kritik an der Zweigeschlechtlichkeit als scheinbar unveränderbarer Tatsache war/ist die Infragestellung der eigenen feministischen Forschungspraxis: Inwieweit wird bei einer Forschung, die beständig nach den Unterschieden zwischen Männern und Frauen sucht, nicht die rigide Trennung der Geschlechter erneut hergestellt? Wird dabei nicht das vorausgesetzt, was eigentlich untersucht werden sollte? Hier ergibt sich auch ein Anknüpfungspunkt an Gender Mainstreaming, insbesondere an Gender Trainings. Denn auch hier stellt sich die schwierige Aufgabe, einerseits für die gesellschaftlichen Geschlechterverhältnisse, das alltägliche Doing Gender zu sensibilisieren, andererseits durch die Konzentration auf die Geschlechterdifferenz die Differenzen innerhalb der Gruppen und die Gemeinsamkeiten der Gruppen nicht zu vernachlässigen.

Insofern geht es bei der Beschäftigung mit den Theorien der feministischen Forschung nicht darum, den einen richtigen Standpunkt zu finden, sondern eher zu reflektieren, welche Ansätze wofür geeignet sind und wie sie sich gegenseitig korrigieren und ergänzen können. Während das Gleichheitskonzept die rechtliche Ebene im Blick hat und Diskriminierungen aufgrund des Geschlechts bekämpft, orientiert sich der Differenz(en)ansatz an der strukturellen sozialen Ungleichheit, die Frauen und Männer durch Zuweisungen erst zu Ungleichen macht. Demgegenüber konzentriert sich der Ansatz der Dekonstruktion sich auf die diskursiv-symbolische Ebene und will dort den engen Rahmen der Stereotype der Zweigeschlechtlichkeit sprengen. Das Zusammenwirken aller drei Zugänge ist wichtig auf dem Weg zu einer geschlechtergerechten Gesellschaft.

> „Es geht also um die Analyse, Aufdeckung und Veränderung asymmetrischer Geschlechterverhältnisse und Konfliktlinien, unterschiedlicher geschlechterbezogener Handlungsmöglichkeiten in der Gesellschaft – unter Einbezug weiterer notwendiger Differenzierungen aufgrund von ethnischer und sozialer Herkunft – und um die Reflexion und Überwindung (geschlechterpolarisierender) Zuschreibungsprozesse." (Kaschuba 2004, 67)

Anmerkungen

1 Eine ausführliche Diskussion zur Moral der Geschlechter siehe Nagl-Docekal 1993.

2 Dieses Kapitel beruht – soweit nicht anders angegeben – auf der Darstellung von Gudrun-Axeli Knapp 2000, 63 – 102.

3 „Queer" ist in der englischen Sprache ein Schimpfwort gegen Lesben, Schwule und diejenigen, die sichtbar Geschlechter- und Sexualitätsnormen übertreten. Wörtlich übersetzt heißt „queer" ungewöhnlich, sonderbar oder eigenartig. Eine genaue Definition gibt es nicht, da queer sowohl eine theoretische Richtung als auch einen politischen Aktivismus darstellt.

4 Laut Definition der WHO wird Transsexualität beschrieben als „der Wunsch, als Angehöriger des anderen anatomischen Geschlechts zu leben und anerkannt zu werden. Dieser geht meist mit dem Gefühle des Unbehagens oder Nichtzugehörigkeit zum eigenen Geschlecht einher. Es besteht der Wunsch nach hormoneller und chirurgischer Behandlung, um den eigenen Körper dem bevorzugten Geschlecht soweit wie möglich anzugleichen. Diagnostische Leitlinien: Die Transsexuelle Identität muß mindestens 2 Jahre durchgehend bestanden haben und darf nicht ein Symptom einer anderen psychischen Störung, wie z.B. einer Schizophrenie, sein. Ein Zusammenhang mit intersexuellen, genetischen oder geschlechtschromosomalen Anomalien muss ausgeschlossen sein." (*http://www.transgender.at/infos/richtlinien/defwho.html*)

5 In Indien gibt es zwischen 500.000 und 5 Millionen Hijras, die eine sehr heterogene Gruppe sind: Menschen bei denen das anatomische Geschlecht von ihrer Geschlechtsidentität abweicht, Hermaphroditen oder Zwitter, wo sich kein eindeutiges Geschlecht feststellen lässt. Viele von ihnen sind Eunuchen. Hijras leben als eigene Gemeinschaft außerhalb des Kastensystems (*http://www.wdr.de/tv/kulturweltspiegel/20010916/2.html*).

Eva Fleischer

2. Zentrale Begriffe und ihre theoretische Verortung

Geschlechterordnung, Geschlechtersystem, Geschlechterverhältnisse, Gleichstellung, Gleichbehandlung, Chancengleichheit, Gender Mainstreaming, Gender Kompetenz – es scheint, manchmal bräuchte es ein eigenes Wörterbuch, um sich in der mittlerweile entstandenen Fachsprache rund um die Geschlechterfrage zurechtzufinden. Die Begriffe haben ihren Ursprung z.T. in der theoretisch anspruchsvollen universitären Debatte, z.T. aber auch in der bürokratischen Logik der Verwaltungen, beide Sprachpraxen wirken für Nichteingeweihte oft abschreckend. In diesem Kapitel werde ich eine Reihe von Begriffen erläutern, auf ihre Herkunft eingehen und deutlich machen, dass ihre Verwendung durchaus nicht beliebig ist, weil mit den Begriffen unterschiedliche theoretische und auch politische Grundannahmen verbunden sein können.

Ich beginne mit dem grundlegenden Begriff *Geschlecht* und den davon abgeleiten Wortzusammensetzungen.

2.1. Geschlecht als Begriff

Geschlecht stammt vom mittelhochdeutschen „geslehte" (schlagen) und bezieht sich auf die Abstammung im Sinne von „in dieselbe Richtung schlagen" oder im Gegenteil „aus der Art schlagen". Das Verständnis von *Geschlecht* wurde dabei vom lateinischen „genus" beeinflusst (Duden Etymologie 1989, 235).

Eine sehr alte Bedeutung bezieht *Geschlecht* auf die *familiäre Herkunft*: „aus dem Geschlecht der … stammend". Dabei dient die Zuordnung zu einem hohen bzw. niederem Geschlecht der sozialen Verortung, das wird z.B. im Begriff des „Adelsgeschlechts" deutlich. Gleichzeitig wird aber auch eine zeitliche Dimension transportiert, die Abfolge von Geschlechtern ist gleichzeitig eine Abfolge von Generationen. *Geschlecht* kann auch als *grammatikalische* Bezeichnung (männliches, weibliches, sächliches Geschlecht) verwendet werden. *Geschlecht* meint auch die jeweiligen *Geschlechtsteile*. Als *statistische Variable* begegnet uns der Begriff etwa in Fragebögen, wobei sich hier die Frage stellt, wie sich denn diejenigen einordnen sollen, die sich nicht eindeutig dem einen oder anderen Geschlecht zuordnen wollen oder können.

Im Zusammenhang mit dem Sex/Gender-System wird zwischen *biologischen (natürlichem) Geschlecht* und dem *sozialen (sozial konstruierten) Geschlecht* unterschieden. Siehe dazu die Ausführungen vorne 1.2. bzw. 1.4.2.

25

2.1.1. Geschlechterstereotypen – Geschlechterdifferenz – Geschlechterdifferenzen

Frauen und Männer werden als *Genus-Gruppen* „versämtlicht" (Becker-Schmidt). Was heißt das? Frauen und Männer werden trotz großer Unterschiede in Bezug auf ihre Herkunft, ihre aktuelle Situation und Identität in gesellschaftlichen Zusammenhängen so behandelt, als wären sie jeweils homogene Gruppen. Dies führt zu *Geschlechterstereotypen* oder auch *Geschlechterklischees* im Sinne von „Alle Frauen wollen Kinder" oder „Alle Männer sind gleichermaßen an Karriere interessiert". Individuell werden diese Zuschreibungen zwar – oft mühevoll – immer wieder widerlegt, als Zuschreibung für die gesamte Genus-Gruppe bleiben sie aber weiter bestehen. Dies führt zu der Bezeichnung „Ausnahmefrau" oder zu der Abgrenzung „Ich bin nicht so wie alle Frauen". Diese verallgemeinernden Aussagen über Frauen bzw. Männer sind ein Aspekt des Denkens der *Geschlechterdifferenz*. Geschlechterdifferenz meint die Differenz zwischen den Geschlechtern, wobei sich die Frage stellt, ob und falls ja, inwiefern sich Frauen und Männer tatsächlich unterscheiden. Und weitergehend geht es auch um politische Zielvorstellungen: Soll das Ziel der Geschlechterpolitik die Gleichheit der Geschlechter sein oder die Anerkennung, dass sie unterschiedlich sind? Grundlegende Annahme des Denkens der *Geschlechterdifferenz* ist die polarisierende Unterscheidung zwischen Männern und Frauen und das Suchen nach Unterschieden, nicht nach Gemeinsamkeiten der Geschlechter. Historisch gesehen kennzeichnet das Denken der Differenz die Höherstufung des Männlichen bei gleichzeitiger Abwertung des Weiblichen, im feministischen Denken der Differenz wird das Weibliche aufgewertet: Die kritisierte mangelnde Aggressivität der Frau wird zur befürworteten Friedfertigkeit der Frau.

Exkurs: Geschlechterstereotypien

Aussagen, Bilder, wie Frauen/Männer sind, aber auch wie sie sein sollen, begleiten uns von Geburt an durchs Leben. Werbebotschaften, Filme, Schulbücher, Belletristik, Aussagen von PolitikerInnen, aber auch viele wissenschaftliche Aussagen transportieren bewusst oder unbewusst pauschale Aussagen über die Geschlechter. Obwohl wir uns in den Bildern (meist) nicht wieder finden, können wir sie ohne Probleme aus dem Stehgreif aufzählen.

Geschlechterstereotypien können in sich widersprüchlich sein: z.B. „Männer sind das starke Geschlecht, aber wenn sie einmal krank sind, dann sind sie sehr weinerlich und wehleidig" oder „Frauen haben weniger sexuelle Bedürfnisse als Männer, aber sie sind diejenigen, die Männer verführen, weil sie triebhafter sind." Oder: „Männer sind das rationale Geschlecht, aber wenn sie eine Frau im Minirock sehen, können sie sich nicht kontrollieren und werden von ihren Emotionen beherrscht". Oder: Frauen sind das friedfertige Geschlecht, aber wenn sie untereinander streiten, dann werden sie zu Hyänen, giftigen Schlangen, bissigen Stuten, …

Geschlechterstereotypien sind wandelbar – je nach gesellschaftlichen Erfordernissen verändern sich auch die Klischees. Während des Krieges waren Frauen durchaus geeignet, um schwere Arbeit in den Rüstungsfabriken zu leisten oder auch noch nach dem Krieg waren die „Trümmerfrauen" fähig, die harte Knochenarbeit des Steine Klopfens zu leisten, doch als die Männer aus dem Krieg auf den Arbeitsmarkt zurückkehrten, galten diese Tätigkeiten wieder als unweiblich.

Im 18. Jahrhundert wurden die *Geschlechtsstereotypen* als Geschlechtscharaktere, als Unterschiede, die sich auf körperliche, nicht soziale Gegebenheiten zurückgeführt lassen, wissenschaftlich begründet. Da wurde etwa argumentiert, dass Frauen deshalb nachgiebiger wären, weil sie ein weicheres Gewebe hätten oder dass Frauen deshalb zur Tätigkeit im Privaten geboren wären, weil auch ihre Geschlechtsteile nach innen gerichtet seien (Honnegger 1991). Diese Argumentation regt heute zum Schmunzeln an, auch die Wandelbarkeit der Geschlechterklischees stellt die angeblichen körperlichen Belege stark in Frage. Doch heute finden Bücher, die sich mit der Frage „Warum Männer nicht zuhören und Frauen schlechter einparken" (Pease, Pease 2003) beschäftigen, ihre AbnehmerInnen. Die Ursprünge der Unterschiede werden mittlerweile im Gehirn oder im Hormonhaushalt gesucht und auch gefunden. Ich werde mich nun nicht mit dem Wahrheitsgehalt dieser Untersuchungen auseinandersetzen, sondern vor allem mit der Frage, wem diese nützen. Nach Regina Becker-Schmidt ist der eigentliche Effekt der *Geschlechterstereotypien*, dass die hierarchische Bewertung von Frauen- bzw. Männerarbeit und ihre Zuweisung an Frauen bzw. Männer aufrechterhalten werden kann.

Geschlechterstereotypien

Frauen	Männer
sind personenorientiert, deshalb geeignet für die Sorge um Kinder und Ältere, Kranke	sind sachlich interessiert, deshalb geeignet, um gesellschaftliche Belange zu regeln
sind am Konkreten orientiert, sind sorgfältig im Kleinen, deshalb für den profanen Alltag etwa im Haushalt geeignet	haben Überblick und Weitblick, deshalb für politische und kulturell bedeutende Aufgaben geeignet
sind emotional, deshalb für rationale Planung nicht geeignet	sind rational, deshalb gute Führungskräfte, Planer und Entscheidungsbefugte

(Tabelle überarbeitet aus Becker-Schmidt 2001)

Diese Geschlechterklischees gehen von personenbezogenen Eigenschaften aus, die dann auf die Nicht/Eignung zu bestimmten Tätigkeiten umgelegt werden. Dabei werden die Eigenschaften und Tätigkeiten, die Männern zugeordnet werden (Rationalität, Öffentlichkeit), höher bewertet. In einem aktuellen Forschungsprojekt[1] finden sich etwa folgende geschlechterspezifische Zuschreibungen:

Geschlechterstereotype und Informations- und Kommunikationstechnologien (Auswahl)

Frauen	Männer
haben einen anwendungsbezogenen Umgang mit dem Computer	sind sehr an Technik interessiert
sind nicht geeignet für Computerarbeit	haben Interesse am Computer
fürchten sich vor Mathematik, Technik	basteln, bauen gerne
sind sehr ordnungsliebend	haben einen abstrakt-logischen Denkstil
probieren nichts aus	probieren gern Neues aus

(Tabelle zusammengefasst aus Hafelekar 2003, 62–68)

Insgesamt ergibt sich ein Geflecht von Wechselwirkungen: *Geschlechterstereotypien* weisen Männern und Frauen Plätze im Privaten und im Beschäftigungssystem zu – weil die privaten wie die beruflichen und öffentlichen Tätigkeiten durch diese geschlechtliche Arbeitsteilung gekennzeichnet sind, dient das Vorgefundene zur Bestätigung der herrschenden Ordnung, die wiederum durch Religion, Kultur und Wissenschaft und Alltagswahrnehmung legitimiert wird. Dieser Kreislauf könnte etwa bei einem Beispiel so aussehen: Frauen sind nicht für Führungspositionen geeignet, weil ihnen die notwendigen Management-Fähigkeiten fehlen – Frauen bewerben sich nicht gleichermaßen wie Männer um Führungspositionen, weil ihnen vermittelt wird, dass sie da nicht hineinpassen und sie werden auch weniger eingestellt – die Folge: Es gibt weniger Frauen als Männer in Führungspositionen, weil sie offenbar nicht dafür geeignet sind.

Dieser Kreislauf scheint unveränderbar, nun ist aber die Gesellschaft einem stetigen Wandel unterzogen, der auch Geschlechterstereotypien beeinflusst. Wie wirken nun gesellschaftliche Veränderungsprozesse auf *Geschlechterstereotypien*? *Geschlechterstereotypien* werden widersprüchlich, sie versuchen die neue Wirklichkeit zu integrieren und doch die alten Bilder aufrecht zu erhalten, etwa: „Die Managerin kann im Beruf ihren Mann stehen, aber sie soll doch ganz Frau bleiben und am besten trotzdem noch eine liebende Mutter und aufregende Geliebte sein". Zum Teil verlieren Geschlechterstereotype tatsächlich an Wirkung, zum Teil zeigen sie jedoch ein überraschendes Beharrungsvermögen. Hier spielen gesellschaftliche Machtverhältnisse eine Rolle, aber auch persönlich Unbewusstes, das sich z.B. in Konfliktvermeidungsstrategien oder Verleugnung äußert, kann Stereotypien aufrechterhalten.

So hält sich etwa der Stereotyp, dass Männer zwar technisch begabter sind, aber an der Bedienung einer Waschmaschine scheitern, mit erstaunlicher Hartnäckigkeit. Und tatsächlich ist die Wäsche auch der Bereich, in dem sich Männer am wenigsten engagieren. Laut Volkszählung von 1995 wenden Männer durchschnittlich 1 Minute täglich für die Wäsche auf, Frauen 45 Minuten. (vgl. BMJF o. J., 18). Untersuchungen haben belegt, dass in den meisten Köpfen zwar das Ideal der partnerschaftlichen Teilung der Hausarbeit vorhanden ist, dass aber es in ihren konkreten Beziehungen nicht oder nur mangelhaft verwirklicht ist. Frauen wie Männer wissen darum, trotzdem wird die Arbeitsaufteilung nicht gemeinsam festgelegt, offene Konflikte sind selten. (vgl. Fleischer 2002, 40).

Das Beispiel mit der Hausarbeit bietet einen guten Anknüpfungspunkt für die Frage nach der *sozialen Differenz* zwischen Frauen und Männern. Diese bezieht sich nicht auf Charaktereigenschaften, wie immer diese auch begründet seien, sondern auf die Unterschiede in den Lebensbedingungen, mit denen Frauen und Männer durch ihre unterschiedliche Stellung in der Gesellschaft konfrontiert sind. Das heißt, umgelegt auf unser Beispiel, dass Frauen einen wesentlich höheren Anteil an der Hausarbeit leisten als Männer. Diese höhere Belastung durch Hausarbeit hat eine geringere Verfügbarkeit für die Erwerbsarbeit zur Folge. Die *soziale Geschlechterdifferenz* bezieht sich auf die realen Lebensbedingungen, während sich die *Geschlechterstereotypien* auf die symbolische Ebene und damit verbundene normative Zuschreibungen beziehen. Bei den ungleichen geschlechtsbezogenen Lebensbedingungen zeigt sich auch, dass eine Strategie einer bloß formalen Gleichbehandlung letztlich Ungerechtigkeit erzeugt.

Wenn von *Geschlechterdifferenzen* die Rede ist, sind die Differenzen innerhalb der einzelnen Genus-Gruppen gemeint. Es waren insbesondere farbige Frauen in den USA, die darauf aufmerksam machten, dass Klasse, ethnische Verortung, Behinderung, sexuelle Orientierung/Identität gleichermaßen berücksichtigt werden müssen. Es liegt auf der Hand, dass eine hoch bezahlte IT-Managerin mit einer illegalen Immigrantin, die von Gelegenheitsjobs lebt, kaum Gemeinsamkeiten hat. Trotzdem gilt, dass Geschlecht einen „Master-Status" (Krüger) hat. Dies bedeutet, dass innerhalb der jeweiligen sozialen Gruppen, z.B. der IT-ManagerInnen oder der illegalen ImmigrantInnen immer die Gruppe der Frauen gegenüber der Gruppe der Männer benachteiligt ist.

2.1.2. Geschlechterbeziehungen – Geschlechterverhältnis – Geschlechterordnung – Geschlechtersystem

Die Frage nach den *Geschlechterbeziehungen* oder auch nach der *Relationalität* ist eine vergleichende Perspektive, wie sie etwa von der Geschlechterforschung eingenommen wird. Dies bedeutet, dass die Geschlechter nicht für sich untersucht werden, sondern in ihrer Beziehung zueinander.

Der Begriff der Relation stammt aus der Mathematik, Elemente sind größer, kleiner als andere oder auch gleich, symmetrisch oder asymmetrisch. Umgelegt auf die Geschlechter lauten die Fragen:

- Wie sind die Ressourcen, wie ist die Macht verteilt?
- Wie werden die Geschlechter und ihre Aktivitäten (zugeordnete und tatsächlich ausgeführte) bewertet?
- Welche Bereiche sind den jeweiligen Geschlechtern zugänglich, welche nicht?
- Was wird ausgetauscht?
- Gibt es hierarchische oder egalitäre Strukturen?

Die Geschlechter stehen in unterschiedlichen Gesellschaften in unterschiedlichen historischen Epochen unterschiedlich zu einander. Es gibt Gesellschaften, in denen Frauen und Männer klar getrennte Zuständigkeitsbereiche haben, die aber als gleichwertig wahrgenommen werden, genauso gibt es Gesellschaften wie die unsere, wo Arbeitsbereiche den Geschlechtern zugeordnet werden, wo aber die Ressourcen und die gesellschaftliche Anerkennung hierarchisch, nicht egalitär verteilt werden. Es ist auch möglich, dass eine zwar formale Anerkennung der Gleichwertigkeit besteht, auf der Ebene der Verteilung der Ressourcen trotzdem ein krasses Ungleichgewicht zu finden ist. Z.B. wird von konservativen PolitikerInnen immer wieder betont, wie wichtig die Aufgabe der Fürsorge- und Pflegearbeit (Care-work) ist, dies schlägt sich in Bewertung der entsprechenden Lebenszeiten für die Pension aber kaum nieder. Die Frage nach den Geschlechterbeziehungen leitet die Analyse der *Geschlechterverhältnisse*. Die EU definiert *Geschlechterverhältnisse* als „die Beziehungen und die ungleiche Aufteilung der Macht zwischen Frauen und Männern, die für eine bestimmte Geschlechterordnung charakteristisch sind." (100 Begriffe aus der Gleichstellungspolitik, 20). Die zentralen Felder, die auf Machtkonstellationen hin untersucht werden, sind:

- Produktion: die Herstellung von Gütern und Dienstleistungen
- Reproduktion: die Herstellung der Arbeitskraft, dies beinhaltet den gesamten Bereich der Sorgetätigkeit für Heranwachsende und Ältere, Kranke, Behinderte, aber auch die alltägliche Hausarbeit und die Regeneration der Erwerbstätigen
- Sexualität: wer darf Begehren äußern, ablehnen, ausleben, wer entscheidet über Schwangerschaften, Ehe, Lebensgemeinschaften?
- symbolische Ordnung: Religion, Rituale, Wissensproduktion, Kultur (vgl. Wesely 2000, 56)

Geschlechterverhältnisse sind soziale Verhältnisse. Soziale Verhältnisse wie etwa das Verhältnis ArbeitgeberInnen – ArbeitnehmerInnen oder das zwischen EhepartnerInnen sind von wechselseitigen Verpflichtungen oder Abhängigkeiten geprägt, die von einem institutionellen Rahmen vorgegeben sind. Gleiches gilt für die *Geschlech-*

terverhältnisse, diese durchziehen sämtliche gesellschaftliche Bereiche: Sozialstaat, Arbeitsmarkt, Bildungssystem, Politische Institutionen, Öffentlichkeit, Haushalt und Privatleben. Dabei geht es nicht um die einzelnen persönlichen Beziehungen etwa eines Ehemannes zu einer Ehefrau oder einer Lehrerin zu ihren SchülerInnen, sondern um soziostrukturelle Verhältnisse. Auch wenn eine Lehrerin nett zu SchülerInnen ist, so steht sie doch unter dem Zwang, die SchülerInnen zu beurteilen oder den Lehrplan zu erfüllen.

Die *Geschlechterordnung* ist die Verschränkung von subjektivem Denken und Handeln und gesellschaftlichen Bedingungen. Das Augenmerk liegt auf den Normen, die regeln, wer sich wie zu verhalten hat. Die EU definiert die Geschlechterordnung als „System wirtschaftlicher, sozialer und politischer Strukturen, die bestimmte Geschlechterrollen und Geschlechtsattribute verfestigen und reproduzieren." (100 Begriffe aus der Gleichstellungspolitik, 20). Ein verwandter Begriff ist der *Geschlechtervertrag*, ein „implizites und explizites Regelwerk, durch das die Beziehungen zwischen den Geschlechtern geregelt und Frauen und Männern unterschiedliche Arbeiten und Werte, unterschiedliche Verantwortlichkeiten und Pflichten zugewiesen werden." (ebd.)

Diese Regeln werden auf verschiedenen Ebenen der Gesellschaft vermittelt und gelebt – als Doing Gender (vgl. Kap. 1.4.3.). Erstens betrifft dies die Ebene der Kultur mit ihren Normen und Werten, die sich z.B. in Gesetzen ausdrücken, zweitens die institutionelle Ebene, wo die Grundorientierungen der Gesellschaft konkret gelebt und umgesetzt werden, z.B. in der Sozialgesetzgebung, im Bildungsbereich, in öffentlichen Institutionen etwa der Kinderbetreuung und drittens die Ebene der expliziten und impliziten Vermittlung über die Sozialisation.

Ein Beispiel: Die Zuständigkeit von Frauen für die Sorgetätigkeiten wird – allgemein gesprochen – über die Sozialisation, über die Angebote am Bildungsmarkt, über die Lohndifferenz, die eine Inanspruchnahme von Karenzzeiten nahe legt, bis zu den Öffnungszeiten von Kinderbetreuungseinrichtungen „geregelt".

Exkurs: geschlechtsspezifische Sozialisation

Sozialisation ist ein „Prozess, in dem aus einem Neugeborenen ein ‚gesellschaftliches Individuum' wird, ein Individuum, das fähig ist, gemäß seiner Stellung in der Gesellschaft zu handeln" (Bilden 1985, 13). Das heißt, dass wir von Kind an, aber auch später als Erwachsene, lernen, mit anderen Menschen, mit den Gegenständen des Alltags, mit Lebensereignissen und mit Symbolen und Ritualen der jeweiligen Gesellschaft gemäß umzugehen. Sozialisation ist dabei nicht als ein bloß passives Aufnehmen der Prägungen durch andere zu verstehen, sondern ist ein aktiver und passiver, lebenslanger Prozess. Bereits Babys gestalten durch ihr Verhalten die Beziehung zu den Eltern mit, mit zunehmendem Alter wachsen die Möglichkeiten zu handeln und zu reflektieren, sich mit den vorgefundenen Gegebenheiten auseinanderzusetzen. Sozialisation ist dabei mehr als Erziehung, die den Fokus auf die bewusste Beeinflussung vorwiegend der familiären Bezugspersonen legt. Sozialisation bezieht Werte, Normen, Sitten mit ein, die über Sprachgebrauch, Kommunikationsmuster, Rollenbilder und Stereotypen und das alltägliche Erleben der Geschlechterverhältnisse vermittelt werden. Dabei wirken neben der engeren Familie, Freunde der Ursprungsfamilie, aber auch Gleichaltrigengruppen (die mit zunehmendem Alter immer wichtiger werden), Bildungs- und Erziehungsinstitutionen (Kindergarten, Schule, Universität), aber auch kulturelle Produkte, Medien und Warenwelt auf die Heranwachsenden ein. (vgl. Bilden 1985, 13f)

Was sind die wesentlichsten Inhalte der geschlechtspezifischen Sozialisation? Mädchen, Jungen, Frauen und Männer haben andere Schwerpunkte, Orientierungen und Aufgaben im Erlernen ihrer Position in der Gesellschaft. Ziel ist das Zurechtfinden in einer Gesellschaft, die auf der Konstruktion von zwei getrennten Geschlechtern beruht. Ein kleines Beispiel wäre z.B. das Erlernen der geschlechtsspezifischen Körpersprache oder auch eines geschlechtsspezifischen Gesprächsstils. Der Grundtenor lautet dabei: Männer/das männliche Geschlecht sind besser bewertet als Frauen/das weibliche Geschlecht, Frauen/Mädchen gelten als „fremd" in der Welt, ihnen wird die schlecht bewertete Arbeit zugesprochen.

Das *Geschlechtersystem* ist nun die übergreifende Vernetzung verschiedener institutionenbezogener Geschlechterordnungen. So wirken etwa Bildungssystem, Beschäftigungssystem und Sozialsystem zusammen, um die derzeitige geschlechtsspezifische Arbeitsteilung aufrechtzuerhalten.

2.2. Chancengleichheit – Gleichstellung – Gleichbehandlung

Chancengleichheit bzw. *Gleichstellung* – diese Begriffe werden oft gleichermaßen als Ziel von Gender Mainstreaming genannt. Doch beide Begriffe haben unterschiedliche Bedeutungen, die ich nun erläutere.

> „Chancengleichheit heißt, dass Frauen und Männer die gleichen Chancen haben, im wirtschaftlichen, politischen, sozialen und kulturellen Leben nach ihrer freien Entscheidung zu partizipieren. Chancengleichheit heißt nicht Gleichbehandlung. Denn wenn Ungleiche gleich behandelt werden, führt das nicht zu Gleichheit, sondern setzt Ungleichheit fort." (GeM 2001, 8)

Wieso führt *Gleichbehandlung* allein zur Weiterführung von Ungerechtigkeiten? Gleichbehandlung ist ein bloß formaler Ansatz, der strukturelle Diskriminierungen nicht berücksichtigt.

„Strukturelle Diskriminierung beschreibt einen Zustand – alle sozialen, politischen und kulturellen Ungleichheitsverhältnisse zwischen Männern und Frauen – und nicht eine individuelle diskriminierende Handlung. Die strukturelle Diskriminierung resultiert nicht aus einer speziellen Handlung (etwa durch einen Arbeitgeber), sondern zeigt sich in den Mustern einer Ungleichheit, die alle Mitglieder einer Gruppe – hier die Frauen – gleich treffen können, so dass nicht jede einzelne Betroffene den Nachweis der persönlichen Diskriminierung erbringen muss." (Jarosch 2001, 103f)

Beispiel Pensionsrecht

Formal ist unser Pensionsrecht geschlechterneutral. Frauen wie Männer müssen mit der geplanten Pensionsharmonisierung 45 Beitragsjahre Erwerbsarbeit vorweisen können, um mit 60 bzw. 65 Jahren die derzeitige Höchstpension von 80 % der Bemessungsgrundlage zu erzielen. Faktisch werden jedoch Frauen von dieser Regelung diskriminiert, weil ihre Erwerbsbiographien nicht die Kontinuität jener der Männer aufweisen, d. h. nur die wenigsten Frauen schaffen es, 45 Erwerbsarbeitsjahre zu erwerben – aufgrund von Zeiten für Sorgetätigkeiten und aufgrund des höheren Risikos, erwerbslos zu werden. Darüber hinaus liegen die Fraueneinkommen auch bei Vollzeitarbeit bis zu 26 % unter jenen der Männer (siehe 6.1). Eine existenzsichernde Pension erreichen Frauen daher oft nur durch das Zusammenkommen von Eigen- und Witwenpension (die wiederum ist an Unterhaltsansprüche gebunden und damit abgeleitet). Bei der Witwenpension wird die Ehe honoriert, nicht die tatsächliche Betreuungsarbeit (allein erziehende, geschiedene Mütter gehen leer aus).

Die Ausgleichszulage ist familienstandsabhängig und sichert für Ehefrauen auch keine eigenständige Pension, da diese dem Ehemann gewährt wird, der der Frau Unterhalt zu leisten hat.

Das derzeitige System ist profitabel für alle mit einer kontinuierlichen Erwerbsbiographie ohne Betreuungsunterbrechungen wie Singles, Zwei-VerdienerInnen-Paare ohne Kinder sowie für Paare mit einer lebenslangen Versorgerehe im höheren Lohnniveau. Damit zeigt sich auch, dass es nicht nur um die sozialen Differenzen zwischen Männern und Frauen, sondern auch innerhalb der jeweiligen Genus-Gruppen geht, wichtigste Trennlinien sind die Zuständigkeit für Sorgetätigkeiten sowie Schichtunterschiede (Bildung, Einkommensniveau).

Erst wenn Frauen und Männer *gleich gestellt* sind, d. h. keine Diskriminierungen aufgrund des Geschlechtes bestehen, existiert wahre *Chancengleichheit*. Deshalb ist *Gleichstellung* der umfassendere Begriff. Die EU definiert *Gleichstellung*, das Ziel von Gender Mainstreaming, als eine

„Situation, in der alle Menschen ihre persönlichen Fähigkeiten frei entwickeln und freie Entscheidungen treffen können, ohne durch strikte geschlechtsspezifische Rollen eingeschränkt zu werden, und in der die unterschiedlichen Verhaltensweisen, die unterschiedlichen Ziele und die unterschiedlichen Bedürfnisse von Frauen und Männern in gleicher Weise berücksichtigt, anerkannt und gefördert werden." (100 Begriffe aus der Gleichstellungspolitik, 23)

Start- *und* Rahmenbedingungen müssen für beide Geschlechter gleich sein, im beruflichen Feld bedeutet dies z.B. gleichen Zugang zu Berufen, gleiche Bezahlung für gleichwertige Arbeit, gleiche Aufstiegsmöglichkeiten, gleiche Bedingungen für die Vereinbarung von Sorge- und Berufstätigkeit. Im Beschäftigungssystem sind eine Reihe von geschlechtsspezifischen Ungleichheiten zu finden, etwa sowohl horizontal wie vertikal geteilte Arbeitsmärkte, die Konzentration von Frauen in Teilzeitarbeit bzw. atypischen Beschäftigungen. Näheres dazu unter Kapitel 4.

Repräsentative Chancengleichheit verlangt „dass der Zugang zu gesellschaftlichen Gütern und Werten unabhängig von zugeschriebenen Merkmalen wie Geschlecht gleich sein soll" (Nohr 2002, 48). Es sollen so viele Frauen in Leitungspositionen, im Parlament, in der Regierung vertreten sein, wie es Mitarbeiterinnen, Staatsbürgerinnen … gibt. Die Konsequenz dieses Konzeptes ist eine Quotenpolitik, die am Ergebnis orientiert ist und nicht an der Qualifikation, z.B. das Reißverschlussprinzip bei den Grünen, wo bei KandidatInnenlisten immer auf eine Frau ein Mann folgen muss und umgekehrt.

Demgegenüber geht es bei der *bedingten Chancengleichheit* um „den gleichen Zugang bei gleichen Fähigkeiten und Leistungen" (ebd.). Auch dieses Konzept kann mit Quotierungen verbunden werden, z.B. dass bei gleicher Eignung Frauen bei der Berufung von UniversitätsprofessorInnen so lange zu bevorzugen sind, bis eine Quote von 40 % erreicht ist. Das Problem dabei ist einerseits die Feststellung der Leistungen bzw. Fähigkeiten, die z.T. nur schwer objektivierbar sind, die Frage nach den Kriterien, was als Leistung bzw. Fähigkeit zu gelten hat, wird nicht (mehr) gestellt. Dazu einige Beispiele für diskriminierende Qualifikationskriterien bei Stellenentscheidungen:

- „Er ist verheiratet, muss also eine Familie versorgen, sie hingegen ist verheiratet, braucht die Stelle also nicht.
- Sie ist zu alt, sie ist zu jung, sie ist zu attraktiv, sie ist zu selbstbewusst, sie ist zu sensibel.
- Sein Literaturverzeichnis ist länger.
- Ihr Literaturverzeichnis ist zwar lang, aber die Quantität bringt es ja nicht.
- Direkt geradlinig hat sie sich ja nicht für die Wissenschaft entschieden.
- Sie passt nicht ins Team.
- Sicher ist sie schrecklich kompliziert.

- Das Mädchen ist doch nicht professorabel.
- Internationale Anerkennung wird sie als Frau ja nie bekommen.
- Diese Arbeit verlangt die ganze Konzentration, andere Interessen haben daneben keinen Platz – wo bleibt dann die Familie" (Pfaff zit. n. Jarosch 2001, 147)

Andererseits besteht die Gefahr, dass die mangelnde Repräsentation von Frauen in Positionen, die mit Macht, Prestige und Ressourcen verbunden sind, mit ihrer mangelnden Leistung oder Qualifikation erklärt wird. Nach dem Motto: die Frauen sind selbst schuld, wenn sie den Aufstieg nicht schaffen.

Wie kann nun *Chancengleichheit* erreicht werden? Dazu ist eine Unterscheidung in Nah- und Fernziele bzw. eine „pragmatische" bzw. „strategische Chancengleichheitsförderung" (GeM 2001, 14) sinnvoll. *Pragmatische Chancengleichheitsförderung* „dient dem Ausgleich von Benachteiligungen und der unmittelbaren Verbesserung der Lebenssituation" der Betroffenen, *strategische Chancengleichheitsförderung* hingegen zielt auf die Veränderung der benachteiligenden Strukturen. Am Beispiel „Teilzeitarbeit" werde ich diese Unterscheidung erläutern. Teilzeitarbeit kann für Menschen mit Betreuungspflichten (in der Regel Frauen) eine Möglichkeit sein, erwerbstätig zu sein und ihrer Sorgetätigkeit nachzukommen. Teilzeitarbeit bedeutet aber auch niedrigere Pensionen im Alter, kaum Aufstiegsmöglichkeiten, Ausschluss von betrieblicher Fortbildung. Die Bereitstellung von Teilzeitarbeitsplätzen für Frauen ändert nichts an ihrer prinzipiellen Zuständigkeit für die unbezahlte Betreuungsarbeit.

In diesem Sinn wäre die Förderung von Teilzeitarbeit eine Maßnahme der *pragmatischen Chancengleichheitsförderung*. *Strategische Chancengleichheitsförderung* hingegen wären alle Maßnahmen, die dazu beitragen, dass Betreuungsarbeit auf beide Geschlechter gleich verteilt wird, z.B. durch verpflichtende Betreuungsjahre für die Pension für beide Geschlechter oder auch Maßnahmen, um Teilzeitarbeit nicht weiter zu diskriminieren, z.B. durch generelle Arbeitszeitverkürzung oder auch Ausbau der öffentlichen Einrichtungen zur Betreuung von Kindern und pflegebedürftigen Menschen, um die zeitliche Belastung durch Sorgetätigkeiten insgesamt zu verringern.

2.3. Geschlechterpolitik – Frauenpolitik – Frauenförderung

Geschlechterpolitik ist eine Politik, die die Veränderung der Geschlechterverhältnisse zum Ziel hat, sie ist quasi ein Überbegriff für unterschiedliche Schwerpunkte politischen Handelns. *Frauenpolitik*, die die Verbesserung der Lebenssituation von Frauen zum Ziel hat, fällt hier genauso hinein wie eine Lesben- und Schwulenpolitik oder Antidiskriminierungspolitik. Barbara Stiegler definiert *Geschlechterpolitik* innerhalb von Institutionen (Parteien, Gewerkschaften, Interessensvertretungen) als eine Politik, die

1. die Geschlechtsdiskriminierung innerhalb der Institution aufzeigt und ihre Ursachen benennt
2. die vermeintliche Geschlechtsneutralität der Politik nach außen als indirekte Diskriminierung von Frauen aufzeigt
3. im Innern egalitäre Geschlechterverhältnisse schaffen will
4. die Politik nach außen zum Abbau der Geschlechterhierarchie nutzt. (Stiegler 1998, 14)

Frauen- bzw. *Geschlechterpolitik* sind Begriffe, die nicht aus sich heraus erklären, welche politischen Ziele konkret verfolgt werden. Die Zeiten, in denen scheinbar klar war, was denn mit politischem Handeln im Interesse von Frauen erreicht werden soll, sind vorbei, da es vielfältige und z.t. antagonistische Interessen von Frauen gibt. So haben etwa konservative und sozialistische bzw. sozialdemokratische Parteien oft konträre Vorstellungen davon, was Frauen dient, ebenso gibt es länderspezifisch unterschiedliche Politiken.

Ebenso gibt es unterschiedliche Zielvorstellungen zwischen autonomen Frauen und solchen, die in Parteien, Institutionen und Verbänden wie etwa Gewerkschaften aktiv sind. Dazu ein Beispiel: Nancy Fraser stellt zwei idealtypische Modelle der Vereinbarkeit von Erwerbs- und Sorgearbeit vor (vgl. Fraser 2001, 67–103), die sehr unterschiedliche Strategien beinhalten.

Vereinbarungsmodelle

Modell der allgemeinen Erwerbstätigkeit	Modell der Gleichstellung der Betreuungsarbeit
Beispiel USA, liberaler Feminismus	Beispiel Österreich, Deutschland, z.T. Schweden, Sozialdemokratie, Konservative
Allgemeine Erwerbstätigkeit	Frauen mit Betreuungspflichten sollen sich durch Betreuungsarbeit bzw. Betreuungsarbeit + Teilzeitarbeit ernähren können
Förderung der Berufstätigkeit von Frauen	Unterstützungszahlungen für Schwangerschaft, Kindererziehung, Hausarbeit
Staatliche Einrichtungen für Pflege- und Erziehungsarbeiten	Gesetzlich garantierter Kindererziehungsurlaub
Diskriminierungen von Frauen am Arbeitsplatz wird entgegengewirkt	Gesetzlich garantierte Teilzeitarbeit

Veränderungen in der Sozialisation für Männer und Frauen	Geschlechterspezifische Sozialisation kann bleiben wie sie ist
Gutbezahlte Voll- und Dauerarbeitsplätze für Frauen notwendig	Kinderbetreuung und Pflege wird in den Haushalten erledigt
Verbesserung der Bezahlung und des Status von Betreuungs- und Pflegearbeitskräften	Integration der Versicherungsleistungen, um flexibles Wechseln zwischen den Systemen zu ermöglichen
Abhängigkeit der Sozialleistungen von der Einzahlung	Anrechnung der Betreuungsarbeit wie Erwerbsarbeit

(Tabelle zusammengefasst aus Fraser 2001, 67–103)

Bei der Frage, ob die Vollerwerbsarbeit für Männer und Frauen bei gleichzeitiger Delegation von Betreuungsarbeiten an den Markt und/oder Staat das Ziel ist oder die Gleichstellung der Betreuungsarbeit und deren Belassen im Privaten bei den Frauen, besteht kein Konsens über die Parteigrenzen hinweg. Dementsprechend verfolgt Österreich eine ambivalente Politik:

- Es gibt lange bezahlte Karenzzeiten, die aber nicht existenzsichernd sind.
- Es gibt Zahlungen für Schwangerschaft (Wochengeld), bezahlte Freistellung für die Pflege von Kindern (Pflegeurlaub), unbezahlte Freistellungen für die Pflege von Sterbenden (Familienhospizkarenz).
- Betreuungszeiten, Phasen von Teilzeitarbeit wirken sich fatal für soziale Ansprüche aus, da Sorgezeiten bei der Berechnung von Pensionen, Arbeitslosengeld nicht oder nur unzureichend angerechnet werden.
- Die öffentlichen Strukturen zur qualitätsvollen Betreuung von Kindern und Pflegebedürftigen sind unzureichend.
- Faktisch baut das Sozialsystem auf durchgängige Vollzeiterwerbstätigkeit auf, auf der rhetorischen Ebene wird eine Politik der Wahlfreiheit verfolgt, ohne die Voraussetzungen für eine wirklich freie Wahl zu schaffen.

Die dritte Variante der „universellen Betreuungsarbeit", wobei über eine gleiche Bewertung von Erwerbs- und Sorgetätigkeiten hinaus durch Arbeitszeitverkürzung eine Zuständigkeit von Männern wie Frauen für Sorgetätigkeiten ermöglicht wird (vgl. Fraser ebd.), erscheint unter den derzeitigen Bedingungen leider utopisch.

Die unterschiedlichen Richtungen innerhalb der theoretischen Debatte führen zu Differenzen in den politischen Zielvorstellungen, wobei jede Position durch ein spezifisches Dilemma gekennzeichnet ist.

Theorie- und Politikkonzeptionen

Theorieansatz	Dilemma	Ziel
Gleichheit	Ungleiche gleich zu behandeln produziert weitere Ungleichheit. Frauen müssen sich an männlich geprägte Maßstäbe anpassen	Verhinderung von direkter oder indirekter Diskriminierung aufgrund des Geschlechts
Differenz	Durch die Suche nach Unterschieden zwischen Frauen und Männern und Betonung der besonderen Fähigkeiten besteht die Gefahr, traditionelle Stereotype weiterzuführen. Die Struktur der Zweigeschlechtlichkeit wird nicht in Frage gestellt.	Abbau der strukturellen Ungleichheit, die durch soziale und gesellschaftliche Situationen Frauen und Männer ungleich macht, z.B. durch kompensatorische Förderung und Regelungen, die die spezifischen Lebenszusammenhänge von Frauen berücksichtigen Autonome Strukturen
Dekonstruktion	Allgemeine Aussagen über Frauen/Männer sind nicht mehr möglich, das Subjekt der Frauenpolitik kommt abhanden.	Grundsätzliche Kritik an der Struktur der Zweigeschlechtlichkeit, Befreiung von allen Zuschreibungen aufgrund des Geschlechts.

(Tabelle eigene Zusammenstellung; vgl. Knapp 2003)

Die konkreten Strategien unterscheiden sich dementsprechend. Zu nennen wären:

- Quotierungen, um die Unterrepräsentanz von Frauen in Entscheidungsgremien und Führungspositionen zu beenden
- Frauenförderung, die positive Diskriminierung von Frauen
- Normierung von Zielen, d.h. Gesetze, Verordnungen und Erlässe, aber auch Unternehmensleitlinien u.ä. im Sinne der Gleichstellung bzw. Antidiskriminierung überprüfen und gegebenenfalls verändern
- autonome Strukturen und Praxen von Frauen, die als Orte zur „Selbstverständigung, Rückbesinnung und autonomen Praxis" (ebd., 27) dienen sowie
- Gender Mainstreaming als Maßnahme, um politische Entscheidungen zu verbessern.

Sinnvoll ist eine gegenseitige Ergänzung sowie kritische Reflexion des eigenen Standpunktes durch die jeweils anderen. Gender Mainstreaming ist eine Strategie, auf die ich nun ausführlicher eingehen werde.

2.4. Gender Mainstreaming – Gender Kompetenz

2.4.1. Begriff und Geschichte

Die wörtliche Übersetzung von Gender Mainstreaming ist nicht mit einem Wort möglich, da das Wort eine theoretisch aufgeladene Neuschöpfung aus zwei Bausteinen ist. Eine Arbeitsdefinition lautet so:

Gender Mainstreaming

Gender = Soziales Geschlecht	Mainstreaming = die Hauptrichtung mitbestimmen
Da im Deutschen „Geschlecht" die theoretische Unterscheidung zwischen „sex" (biologisches Geschlecht) und „gender" (soziales Geschlecht) nicht wiedergibt, wird auf das englische „gender" zurückgegriffen, um die Gestaltbarkeit dessen, was mit dem jeweiligen Geschlecht verbunden wird, auszudrücken. Geschlecht wird zu einer historischen und kulturellen Variable.	Die Hauptrichtung (Mainstream) ist das, was der dominierende Teil einer Gesellschaft tut, denkt, glaubt. Die Institutionen des Mainstreams sind Politik, Verwaltung, Recht, Beschäftigungs- und Bildungssystem. Das Gegenteil wäre „margins" (Ränder). „Mainstreaming" ist Neuschöpfung, gemeint ist, dass der Mainstream beeinflusst werden soll.
Gender Mainstreaming = die Frage nach den Auswirkungen einer Politik, Maßnahme auf die Geschlechterverhältnisse von einem Randthema, das nur Frauen beschäftigt, zu einem Thema des Mainstreams zu machen	

(Tabelle eigene Zusammenstellung)

Oder in den Worten von ExpertInnen des Europarates 1998:

> „Gender Mainstreaming ist die (Re-)Organisation, Verbesserung, Entwicklung und Evaluierung grundsatzpolitischer Prozesse, mit dem Ziel, eine geschlechterbezogene Sichtweise in alle politischen Konzepte auf allen Ebenen und in allen Phasen durch alle normalerweise an politischen Entscheidungsprozessen beteiligten Akteure einzubringen." (Europarat zit. n. Wolff 2002)

Der Begriff stammt aus der Entwicklungspolitik und wurde in den 80er Jahren als „Doppelstrategie" formuliert:

- „Geschlechterdifferenzierung und Berücksichtigung der unterschiedlichen Lebenslagen und Interessen von Männern und Frauen bei allen entwicklungspolitischen Programm- und Projektinterventionen sowie auf makro-ökonomischer und -politischer Ebene,

• frauenspezifische Maßnahmen dort, wo die Ergebnisse einer Gender-Analyse frauenspezifische Engpässe hinsichtlich des Zugangs und der Kontrolle von materiellen und immateriellen Ressourcen ausweisen." (Braunmühl 2002, 19)

Bei der Vierten Weltfrauenkonferenz der Vereinten Nationen 1995 wurde Gender Mainstreaming für das gesamte System der Vereinten Nationen angenommen. Die EU zog mit dem 1999 ratifizierten Amsterdamer Vertrag nach, die „Gleichstellung von Männern und Frauen" (Artikel 3, Abs 2) gilt als Kernaufgabe und Gender Mainstreaming wird explizit festgehalten:

„Bei allen in diesem Artikel genannten Tätigkeiten (Anmerkung: den gemeinschaftlich geregelten Bereichen, wie sie in Artikel 3, Absatz 1, aufgezählt sind) wirkt die Gemeinschaft darauf hin, Ungleichheiten zu beseitigen und die Gleichstellung von Männern und Frauen zu fördern." (zit. n. GeM 2001, 16)[2]

Gender Mainstreaming ersetzt nun Frauenpolitik keinesfalls, beide Strategien haben unterschiedliche Schwerpunkte und auch Herangehensweisen. Dazu eine kurze Übersicht.

Frauenpolitik – Gender Mainstreaming

Frauenpolitik	Gender Mainstreaming
Frauenförderung wird von speziellen organisatorischen Einheiten betrieben, die für Gleichstellungspolitik zuständig sind, etwa von der Frauenbeauftragten in einem Unternehmen oder in einer Behörde.	Demgegenüber setzt Gender Mainstreaming auf die Beteiligung aller an einer Entscheidung beteiligten Personen. Es liegt nun in der Verantwortung der jeweils Zuständigen – und nicht mehr ausschließlich in der Verantwortung der Frauenpolitik –, Gleichstellung zwischen Männern und Frauen herzustellen.
Der Ansatzpunkt für Frauenförderpolitik ist eine konkrete Situation, in der die Benachteiligung von Frauen unmittelbar zum Vorschein kommt.	Gender Mainstreaming setzt demgegenüber bei *allen* politischen Entscheidungen an, auch bei denen, die auf den ersten Blick keinen geschlechtsspezifischen Problemgehalt haben.
Es kann rasch und zielorientiert gehandelt werden; die jeweilige Maßnahme beschränkt sich jedoch auf spezifische Problemstellungen.	Gender Mainstreaming dagegen setzt als Strategie grundlegender und breiter an. Die Umsetzung dauert damit länger; der Ansatz beinhaltet jedoch das Potenzial für eine nachhaltige Veränderung bei *allen* Akteuren und Akteurinnen und bei *allen* politischen Prozessen.

(Tabelle aus Bundesministerium für Familie, Senioren, Frauen und Jugend (BMFSFJ) 2004)

Gender Mainstreaming kann zu geschlechtsspezifischen Maßnahmen für beide Geschlechter führen, z.B. können in Schulen Mädchen und Jungen durch geschlechtergetrennten Unterricht ihre jeweils unterschiedlichen Defizite bearbeiten. Es sind ebenfalls gezielte Maßnahmen nur für Männer möglich, z.B. haben Männer bei der Inanspruchnahme von Gesundheitsvorsorgemaßnahmen erheblichen Aufholbedarf – das wäre dann Männerförderungspolitik. Frauenförderungspolitik wird genauso weiterhin notwendig sein, da die gesellschaftliche Ungleichbehandlung großteils zu Lasten der Frauen erfolgt. Neu ist jedoch, dass bei allen Maßnahmen reflektiert wird, wie sie sich auf beide Geschlechter auswirken, dass also Männer explizit einbezogen werden.

2.4.2. Grundsätze von Gender Mainstreaming

Die wesentlichsten Grundsätze von Gender Mainstreaming sind:

- „Eine geschlechtssensible Perspektive integrieren" (GeM 2001, 6). Die bisherige Aufteilung in allgemeine und frauenspezifische Themen verleugnete, dass die „allgemeine" Perspektive meist eine androzentrische, d.h. eine männliche war. Jetzt sollen alle Themen auf ihre geschlechterspezifischen Inhalte und Wirkungen untersucht werden.
- „Frauen und Männer in den Blickpunkt stellen". Es geht nicht allein um Frauen oder Männer, sondern um „das Verhältnis von Frauen und Männern im Vergleich" (ebd.)
- „Alle AkteurInnen in die Verantwortung nehmen": Nicht Frauen sind wieder für die Frauen- oder auch Geschlechterthemen zuständig, sondern alle „in ihrem jeweiligen Aufgaben- und Tätigkeitsbereich" (ebd.).
- Gender Mainstreaming ist eine „Top-down-Strategie" oder auch Führungsaufgabe (im Gegensatz zu „Bottom-Up"), dies bedeutet, dass die Führungspersonen diese Strategie initiativ mittragen müssen, dass Frauen nicht mehr als Bittstellerinnen von unten sich an „die da oben" wenden müssen.
- „Geschlechtsspezifische Wirkungen überprüfen" (ebd.): Bereits vor der Umsetzung sollen alle Politiken überprüft werden, wie sie auf das Geschlechterverhältnis wirken, ob sie geschlechtsspezifische Ungleichheiten fördern oder abbauen.
- „Chancengleichheitsziele setzen" (ebd.): Chancengleichheit soll kein Ziel neben anderen sein, sondern es soll für alle (Teil)bereiche konkret festgelegt werden, welches Chancengleichheitsziel angestrebt wird.
- Gender Mainstreaming ist eine Doppelstrategie, d.h. Gender Mainstreaming ersetzt nicht Frauenförderungen, sondern beide Strategien leisten ihren Beitrag zur Erreichung des Ziels Gleichstellung der Geschlechter.

> Gleichstellungsziele der EU innerhalb der beschäftigungspolitischen Leitlinien
> - die Gesamtbeschäftigung soll bis 2010 EU-weit auf 70 % angehoben werden
>   – jene der Frauen auf 60 %,
> - die geschlechtsspezifischen Einkommensunterschiede sollen bis 2010 mit Blick auf die völlige Beseitigung reduziert werden
> - hinsichtlich der Kinderbetreuungssituation soll bis 2010 für mindestens 90 % der Kinder zwischen 3 Jahren und Schuleintritt und für mindestens 33 % der Kinder unter 3 Jahren Betreuungsplätze geschaffen werden (GeM-Infoletter Nr. 6/2003, 2)

2.4.3. Instrumentarium

Die Methoden bzw. Instrumente des Gender Mainstreaming können grob in drei Gruppen eingeteilt werden (vgl. BMSG 1999, 10):

- „Analysen": z.B. die 3-R (Analyse Methode) mit den Teilaspekten (Repräsentation, Ressourcen, Realisierung), die Gender-Budget-Analyse, wo Budgets nach geschlechtersensiblen Kriterien analysiert werden, das Gender-Impact-Assessment, das zur Abschätzung der geschlechtsspezifischen Folgen von geplanten Vorhaben dient oder auch Checklisten für Projekte[3]. Aussagekräftige Daten sind ein wichtiger Baustein für das Gelingen von Gender Mainstreaming Prozessen, leider sind diese bis jetzt nur ausschnitthaft vorhanden.
- „Ausbildung": hier liegen die Schwerpunkte in „Bewusstseinsbildung und Wissensvermittlung" (BMSG 1999, 10), etwa durch Gender-Trainings, aber auch durch Broschüren, Handbücher sowie beigezogene ExpertInnen.
- „Beratung und Beteiligung": GleichstellungsexpertInnen sollen mit Fachleuten über „Ideenwerkstätten, Arbeits- oder Lenkungsgruppen" zusammengeführt werden, ebenso gemeint sind Maßnahmen der Öffentlichkeitsarbeit wie Seminare, Konferenzen.

2.4.4. Gender Kompetenz

Gender Kompetenz ist ein Sammelbegriff für die Fähigkeit, die notwendig ist, um Gender Mainstreaming erfolgreich betreiben zu können. Nach Anne Roesgen umfasst diese Kompetenz vier Bereiche:

Gender Kompetenz

Wissen	Können
Daten und Fakten zur Chancen-un-gleich-heit und über Strukturen, die diese repro-duzieren	Geschlechterdifferenzen im beruflichen/fachlichen Alltag produktiv nutzen kön-nen
Kenntnisse über geschlechtsspezifische Arbeitsteilung	Integrative Förderung der Chancengleich-heit
Gesellschaftliche Rahmenbedingungen und Konzepte	mit Konflikten und Missverständnissen im Geschlechterverhältnis umgehen können
neue Konzepte in der Gleichstellungs-politik	selbstständig Gender Aspekte identifizie-ren können
Fachspezifisches Gender Wissen (z.B. Gesundheit, Beschäftigungspolitik)	Prozesse gestalten können
Geschlechterrollen, Stereotype und ihre Wirkung kennen	Gender Analyse
geschlechtsspezif. Kommunikationsstile kennen	Zielgruppenspezifik: unterschiedliche Gruppen von Männern und Frauen be-rücksichtigen und Männerbildung und Frauenbildung gestalten können
Konzepte u. Methoden der Prozessgestal-tung kennen	

Wollen = Einstellungen, Werthaltungen	Dürfen = Rahmenbedingungen
Offenheit, Beweglichkeit, Einfühlungsver-mögen (dem anderen Geschlecht kritisch, aber nicht abwertend begegnen)	Umgang mit hemmenden und Gestaltung von fördernden Rahmenbedingungen
sich d. eigenen Prägungen d. Herkunfts-familie, Sozialisationsinstanzen, Milieus bewusst sein	Anlässe für Gender Mainstreaming identi-fizieren oder schaffen können
Reflexion der eigenen Geschlechtsrolle im beruflichen Alltag	Ansatzpunkte für eine zielgerichtete Stra-tegie entwickeln
„professionelle Eigenmotivation"	„förderliche Verwaltungskultur" schaffen

(gekürzte Tabelle aus Roesgen 2004, 21)

Diese Kompetenz kann u.a. durch *Gender Trainings* erworben werden. Die Mittel und Verfahren dazu sind unterschiedlich.

Bausteine von Gender Trainings sind

- Information- und Wissensvermittlung
- Kennenlernen von spezifischen Methoden (Gender Analyse, geschlechtergerechte Sprache, Gender Impact Assessment ...)
- Selbsterfahrung und persönliche Reflexion (z.B. in geschlechtergetrennten Gruppen oder in der Auseinandersetzung mit der eigenen Biographie) sowie die
- Entwicklung von Umsetzungstrategien, die auf die konkreten Rahmenbedingungen bezogen werden können (vgl. ebd., 22)

Gender Kompetenz ist eine komplexe Fähigkeit, die mit Selbsterfahrung und -veränderung verbunden ist, gleichzeitig ist Gender Mainstreaming ein Organisationsentwicklungsprozess – zusammen bedeutet dies, dass Zeit und Motivation wesentliche Faktoren für das Gelingen von Selbst- und Organsationsveränderungen sind. Da die Initiative und die Verantwortung für Gender Mainstreaming bei den Führungskräften liegen, können diese durch „Trainingsgespräche für Führungskräfte" durch externe Gender-ExpertInnen unterstützt werden (ebd.).

2.4.5. Chancen und Risiken von Gender Mainstreaming?

Die folgende, keineswegs erschöpfende Gegenüberstellung der Chancen und Risiken von Gender Mainstreaming kann keine detaillierte Bewertung ersetzen, soll aber deutlich machen, dass Gender Mainstreaming kein Patentrezept ist, das auf jeden Fall positive Gleichstellungseffekte haben muss, sondern eine Strategie, die begleitende Diskussionen über die Ziele und Rahmenbedingungen dieser Strategie notwendig macht, um zu sinnvolle Ziele zu erreichen. Oder in den Worten von Marianne Weg:

> „Gender Mainstreaming ist (nur) der Weg und nicht das Ziel. Gender Mainstreaming charakterisiert eine neue Methode für Gleichstellungspolitik, ersetzt aber nicht die politisch-inhaltliche Zielbestimmung. Was unter Geschlechterdemokratie verstanden wird, welche Zieldimensionen realisiert und welche Ressourcen für welche Prioritäten bereitgestellt werden, all das ist (weiterhin) Sache der Zielbildungsprozesse der Politik, der Institution oder der Organisation. Gender Mainstreaming bewirkt, dass die Notwendigkeit der geschlechterpolitischen Zielklärung regelmäßig sichtbar wird und liefert durch Genderanalysen und durch Konzepte, die Genderaspekte aufgreifen, bessere Entscheidungsgrundlagen, aber mehr nicht." (Weg 2003, 51)

Bewertung Gender Mainstreaming

Chancen und Vorteile	Risiken und Grenzen
• „Eigenständige Existenzsicherung für Frauen" (TEPGEM-Plattform 2003, 38) • Männer in Partnerschaften müssen nicht die gesamte finanzielle Verantwortung tragen, beide profitieren von einem höheren Haushaltseinkommen • Attraktive Vereinbarungsmodelle ermöglichen Männern neue Erfahrungen in der Sorgearbeit und Frauen bessere Aufstiegschancen. • „Erweiterung des Berufswahlspektrums für Frauen und Männer • besseres Erkennen verschiedener Kompetenzen bei Frauen und Männern und Entfaltung bislang ‚untypischer' Fähigkeiten • Verbesserung des Arbeitsklimas durch gemischtgeschlechtliche Teams und Lösungsansätze" (ebd.) • höhere Produktivität für Betriebe	• Gender Mainstreaming dient als Begründung, um Frauenpolitik abzuschaffen, z.B. durch die Kürzung von Geldern für Frauenprojekte. • Gender Mainstreaming wird zu einem „Frauenthema" gemacht, d.h. (männliche) Führungskräfte geben die Verantwortung und die Initiative für GM an Frauenbeauftragte ab. • Fehlende rechtliche Verbindlichkeit macht GM zu einer Good Will Angelegenheit. • Durch Konzentration auf die Unterschiede zwischen Männern und Frauen werden traditionelle Strukturen der Zweigeschlechtlichkeit zementiert. • Das Hauptinteresse an GM liegt nicht in der politischen Veränderung, sondern in der Verbesserung der Effektivität von Organisationen bzw. Firmen. • Die Anwendung der „Tools" (Checklisten, Fragebögen) alleine ist zu wenig, es braucht auch eine Diskussion über die Kriterien, mit denen die Ergebnisse interpretiert werden sowie Auseinandersetzung darüber, wie die Ziele der Gleichstellung konkret aussehen sollen (vgl. Weg 2003, Wetterer 2003).

(Tabelle eigene Zusammenstellung)

Anmerkungen

1 Die von der Hafelekar 2003 im Rahmen des EU-Projekts WoMen durchgeführte Studie „*Frauen sind anders. Männer auch.*" hatte die Fragestellung, warum Frauen und Mädchen in ihrer Ausbildungs- und Berufswahl nach wie vor traditionellen Wegen folgen, weshalb viele Frauen immer noch im schlechter bezahlten „flexiblen" IKT-Anwendungsbereich arbeiten und inwieweit sich Berufsausübung und Lebensform gegenseitig beeinflussen. Für die Datenerhebung wurden Tiefeninterviews und standardisierte Fragebögen eingesetzt. Anschließend erfolgte die Datenanalyse mit dem qualitativen Verfahren GABEK® (*GA*nzheitliche *BE*wältigung sprachlich erfasster *K*omplexität – © Univ. Prof. Dr. Zelger, Universität Innsbruck) (Hafelekar Unternehmensberatung 2003). Zu einzelnen Themengebieten werden im Folgenden noch weitere anonymisierte Interviewpassagen zitiert. Das gesamte Datenmaterial dieser Studie kann auf der beiliegenden CD im Menüpunkt „Interaktiv Forschen" mittels GABEK® beforscht werden.

2 ausführlich dazu 3.3.6

3 Konkrete Anleitungen liefert etwa die Toolbox der GeM Koordinationsstelle im ESF *(http://www. gem.or.at/download/Toolbox_Gesamt.pdf)*.

Christine Baur

3. Rechtliche Grundlagen und Begriffe

Im Folgenden wird auf die Bedeutung des Rechts für das Geschlechterverhältnis im Allgemeinen bzw. das Arbeitsleben von Frauen und Männer im Besonderen eingegangen. Unter Recht im Allgemeinen wird die Gesamtheit jener Normen verstanden, die das menschliche Zusammenleben regeln. Wie dieses Recht im Einzelnen aussieht hängt einmal davon ab, wer für die Erzeugung dieser Normen zuständig ist und zum anderen, welche Traditionen des Zusammenlebens die jeweilige Gesellschaft kennt.

3.1. Entwicklung des Gleichheitsrechts

3.1.1. Historischer Rückblick

Die rechtliche Ungleichbehandlung aufgrund des Geschlechts ist sehr alt, sie reicht zurück bis in die Antike. Die Forderung nach Gleichberechtigung von Frauen und Männern reicht zurück bis in die Anfänge der Aufklärung. In den Zivilgesetzbüchern Frankreichs (Code Civil), Deutschlands (Bürgerliches Gesetzbuch) und auch Österreichs (Allgemeines Bürgerliches Gesetzbuch – ABGB) waren die patriarchalen Vorrechte des Mannes festgeschrieben. Aufgrund des männlichen Machtmonopols im politischen Prozess und bei der Rechtssetzung waren damit die männlichen Interessen auf rechtlicher Ebene fixiert. Die Anliegen von Frauen wurden für lange Zeit auf die Stufe der politischen Forderungen zurückgedrängt (Sporrer 1997, 1).

Der Ausgangspunkt der Forderung nach gleichen Rechten waren die ungleichen und als ungerecht empfundenen gesellschaftlichen Bedingungen von Frauen und Männern. 1791 verfasste Olympe de Gouges den Entwurf einer Frauenrechtserklärung (Déclaration de la femme et de la Citoyenne), welche von der französischen Nationalversammlung beschlossen werden sollte. Die Frauenrechtserklärung forderte neben den gleichen Rechten der Frau auf Freiheit, Eigentum, Sicherheit und dem Recht auf Widerstand gegen Unterdrückung auch das Recht der Frauen auf Mitwirkung an der Entstehung von Gesetzen. Die Aufklärung befasste sich mit der Begründung und Neukonzeption der Rechtsstellung des Einzelnen und leitete eine Menschenrechtsbewegung ein. In der westlichen Welt revolutionierte die Aufklärung die gesellschaftlichen Strukturen mit der These, dass alle Menschen von Natur aus grundsätzlich gleich, vernünftig und frei seien (Kägi-Diener 2001, 242). In Frankreich forderte die Frauenrechtserklärung diese Erkenntnis auch für die Frauen ein. Etwa gleichzeitig erschien in England die Vindication of the Rights of Women, verfasst von Mary Wollstonecraft. In Amerika wurde schon auf der ersten Woman's Rights Convention 1848 die Declaration of Sentiments verabschiedet.

Auch in Österreich wurden die ersten Forderungen von Frauen nach der „vollkommenen, unumschränkten Gleichstellung mit dem Mann" im Zuge der Freiheitsbewegung um 1848 erhoben. Gefordert wurden das Mitspracherecht bei allen familiären Entscheidungen, der freie Universitätszugang bei den Rechtswissenschaften und das Medizinstudium und vorrangig die Gleichberechtigung bei den politischen Rechten, insbesondere dem Wahlrecht (Hauch 1994, 40).

Die Einlösung der Forderung nach Gleichberechtigung ließ nicht nur in Österreich auf sich warten und ist bis heute noch nicht abgeschlossen.

3.1.2. Frauen und Recht – der Ausschluss von Frauen aus der Rechtssetzung und der Rechtswissenschaft

Die volle Gleichstellung von Frauen und Männern im Recht zu erreichen erweist sich als eine sehr mühsame und langwierige Angelegenheit. Dies ist auch darauf zurückzuführen, dass die Rechtswissenschaft und die juristische Praxis in ihren Strukturen und Verfahren bereits voll entwickelt waren, als Frauen noch von jeglicher politischer Einflussmöglichkeit und vom juristischen Studium ausgeschlossen waren. Das alleinige „Miteinbeziehen" von Frauen in diese vorgefertigten und verfestigten Strukturen konnte und kann zwangsläufig nicht zu einer rechtlichen Gleichheit und gesellschaftlichen Gleichstellung führen (Sporrer 1997, 6).

Der Ausschluss von Frauen aus dem Recht bestand in doppelter Hinsicht: Frauen waren nicht nur formal aus der Rechtssetzung ausgeschlossen sondern die Lebensbedingungen von Frauen wurden auch in das materielle Recht viel zu wenig bzw. immer nur aus der Perspektive der Männer einbezogen.

Die Geschichte der Geschlechterforschung in der Rechtswissenschaft ähnelt deren Geschichte in anderen Disziplinen. Zunächst richtete sich die Aufmerksamkeit auf „die Frau" im Recht – oder in der Rechtlosigkeit. Sie war die Ausgeschlossene, ihre Rechte galt es zu suchen und zu thematisieren. Rechtsgeschichte war eine Geschichte der Männerrechte (Baer 2001, 48).

3.1.3. Gleichheit und Recht – die Verankerung des allgemeinen Gleichheitssatzes im österreichischen Recht

Die Gleichheit vor dem Gesetz

Was Gleichheit eigentlich bedeutet ist sowohl eine zentrale Frage im Recht wie auch eine zentrale Frage wenn es um das Geschlechterverhältnis geht. In Österreich findet sich der allgemeine Gleichheitsgrundsatz in Art 2 des Staatsgrundsetzes über die allgemeinen Rechte der Staatsbürger (StGG) sowie in Art 7 Abs 1 erster Satz des Bundes-Verfassungsgesetzes (B-VG).

Artikel 2 des Staatsgrundgesetzes von 1867 lautet: „Vor dem Gesetz sind alle Staatsbürger gleich."

Inhalt und Reichweite des Gleichheitssatzes im ausgehenden 19. und am Beginn des 20. Jahrhunderts lassen sich in zwei Kernaussagen zusammenfassen:

1. Der Gesetzgeber war nicht an den Gleichheitssatz gebunden. Im Gegensatz dazu war die Verwaltung sehr wohl in der Vollziehung der Gesetze an den Gleichheitssatz gebunden. Das bedeutete, dass das Recht bei gleichen tatsächlichen Voraussetzungen auch auf alle Staatsangehörigen gleich anzuwenden war. War eine unterschiedliche Behandlung im Gesetz vorgesehen, gab es dagegen keine Handhabe.
2. Der Gleichheitssatz wurde lediglich als Programmsatz, als eine Richtschnur für die künftige Gesetzgebung empfunden. Mit dem Begriff der „Gleichheit" war keine mechanische Gleichstellung *aller* Staatsbürger gemeint. Die Zielrichtung war die Beseitigung ständischer Differenzierungen.

Inwieweit Frauen als Subjekte der im Staatsgrundgesetzes gewährten Garantien überhaupt anzusehen waren, ist fraglich. Frauen waren nämlich nahezu vollständig von den politischen Rechten – wie z.B. dem Wahlrecht, Vereinsrecht, Recht auf Bildung und Erwerb – ausgeschlossen. Die unterschiedslose Gleichstellung der Geschlechter war im damaligen Sinne des Gleichheitsverständnisses nicht vorhanden.

Bei der erstmaligen Verankerung des Gleichheitssatzes in der Verfassung hatte man vielmehr die Beseitigung des Standesunterschiedes und der Privilegien des Adels im Auge.

Auf die **Frau als Staatsbürgerin** kam die Rede in den Verhandlungen über die Verankerung des Gleichheitssatzes lediglich, wenn es darum ging Heiterkeitserfolge zu erzielen. Der Abgeordnete Strasser stellte bei den Verhandlungen des österreichischen Reichstages die Frage, ob Titel und Wappen im Sinne des Gleichheitsgebotes abzuschaffen seien und meinte dabei „humorvoll": „Man sagt immer, die Mehrheit der österreichischen Staatsbürger verlangt die Abschaffung dieser Ehrenauszeichnung. Meine Herren (!), wissen Sie, wer die Mehrheit der österreichischen Staatsbürger bildet? Nach den statistischen Tabellen das *weibliche Geschlecht*. (Gelächter) Es ist richtig, denn mit Ausnahme der Provinz Oesterreich unter der Enns, des Küstenlandes und Dalmatiens, ist überall die weibliche Bevölkerung überwiegend. (Gelächter). Ich glaube nicht, meine Herren, dass von der Seite des weiblichen Geschlechts oder der Frauenzimmer, wie man gewöhn-

---

> lich zu sagen pflegt, eine solche Antipathie gegen Titel und Wappen herrscht (Schallendes Gelächter und Beifall)". Stenographische Aufzeichnung der Sitzung des Reichstages vom 17. Jänner 1849, 452. (Sturm 1989, 18).

Der Grundsatz der Geschlechtergleichheit, der sich folgerichtig aus dem Gedanken vorstaatlicher, unveräußerlicher Menschenrechte ergeben hätte, war der Staatsrechtslehre an der Schwelle des 19. zum 20. Jahrhundert kein Anliegen. Der Gleichheitssatz als „programmatischer Gemeinplatz" war allseits zwar akzeptiert, die Rechtswissenschaft und ihre männlichen Vertreter machten jedoch keine Anstalten aus seinem Bestand auf das Gebot der unterschiedslosen Gleichbehandlung von Frauen und Männern zu schließen. Es fehlte von juristischer Seite her an der Auseinandersetzung mit dem im Gleichheitssatz liegenden Aspekt der Geschlechtergleichheit (Sturm 1989, 20).

Wie sehr die Ausgestaltung des Rechts, vor allem in einer Demokratie, und politische Faktoren zusammenspielen, zeigt sich deutlich daran, dass es eine politische Bewegung war, die auf die Diskriminierung von Frauen auch im und durch das Recht aufmerksam machte: die Frauenbewegung.

Die Frauenbewegung schaffte es, auf die Benachteiligung von Frauen im politischen Leben, im Bildungsbereich und auf dem Arbeitsmarkt hinzuweisen und mit Nachdruck die Annäherung an die Rechtsstellung des Mannes zu fordern.

Die Gleichheit im Gesetz

Die Verankerung des geschlechtsspezifischen Gleichheitssatzes
Der Erste Weltkrieg bewirkte dann einen entscheidenden und nachhaltigen Umschwung und man wurde sich bewusst, dass den Frauen die gleichen politischen Rechte nicht weiterhin vorenthalten werden könnten. 1918 erhielten Frauen das Recht, auch politischen Vereinen beizutreten sowie das aktive und passive Wahlrecht.

> Der **Berichterstatter in der Nationalversammlung** zu diesen neuen Gesetzen führte dazu aus: „Die Leistungen der Frauen im Kriege sind bekannt und sie mussten zu einer Änderung der Gesetzgebung hinsichtlich der Beteiligung der Frauen an dem öffentlichen Leben führen. Die dauernde Mitwirkung der Frauen an aller materieller und geistiger Arbeit der Nation ist durch den Krieg eine historische Tatsache geworden und wir müssen daher selbstverständlich dieser Tatsache auch in der Gesetzgebung durch die Heranziehung der Frauen im öffentlichen Leben Rechnung tragen." (Provisorische Nationalversammlung, Stenographische Protokolle der 10. Sitzung, 18.12.1918, 321.)

Durch Aufnahme des ausdrücklichen Verbotes der geschlechtlichen Diskriminierung in die Verfassung wurde der Gedanke der staatsbürgerlichen Gleichstellung von Frau und Mann noch verstärkt.

Artikel 7 des Bundes Verfassungsgesetzes (B-VG) lautete: „Alle Bundesbürger sind vor dem Gesetz gleich. Vorrechte der Geburt, des Geschlechtes, des Standes, der Klasse und des Bekenntnisses sind ausgeschlossen.

Die weitere Entwicklung des geschlechtsspezifischen Gleichheitssatzes
Art 7 B-VG nimmt nunmehr ausdrücklich das „Geschlecht" als verpöntes Differenzierungsmerkmal auf. Oberste Instanz der Auslegung war bis zum Beitritt Österreichs zur Europäischen Union der österreichische Verfassungsgerichtshof.

Der in der ersten Republik geschaffene Gerichtshof entschied in einem grundlegenden Erkenntnis aus 1932, dass nicht nur die Anwendung von Gesetzen, sondern auch deren Inhalt dem Gleichheitsgrundsatz entsprechen muss.

Es war und ist die Aufgabe der Rechtsprechung, insbesondere des Verfassungsgerichtshofes und des Europäischen Gerichtshofes für Menschenrechte, den Inhalt der einzelnen Grundrechte näher auszugestalten bzw. ihren „Wesensgehalt" zu ergründen. Auch die Lehre hat wesentlich zum Grundrechtsverständnis beigetragen. Immer wurden die Menschenrechte jedoch vor dem Hintergrund des jeweiligen Staatsverständnisses interpretiert.

In der früheren Rechtsprechung des VfGH waren nur solche Unterscheidungen erlaubt, die in der „Natur der Frau" begründet waren.

In seiner **Rechtsprechung zum Gleichheitsgrundsatz** und zur Gleichbehandlung von Männern und Frauen hat der Verfassungsgerichtshof (VfGH) schon in einem sehr frühen Zeitpunkt die Aussage getroffen: „Tatsächlich weist sowohl die Gesetzgebung als auch die Praxis in manchen Fällen ausdrücklich eine unterschiedliche Behandlung der Geschlechter auf, die bald diesem, bald jenem Geschlecht eine Begünstigung einräumt und, wenn sie in objektiven Merkmalen begründet ist oder sich aus der Natur und Eigenart des betreffenden Geschlechts ergibt, keines Verfassungsgesetzes zu ihrer Rechtfertigung bedarf." VfSlg 1526/1947 (Raucherkarten Erkenntnis).

Der Gleichheitsgrundsatz hat sich dann insgesamt zu einem Verbot der Ungleichbehandlung gleicher Sachverhalte und im weiteren zu einem allgemeinen Sachlichkeitsgebot für den Gesetzgeber entwickelt.

In seiner Rechtsprechung zur Gleichbehandlung der Geschlechter hat der VfGH sich immer mehr auf den allgemeinen Gleichheitssatz zurückgezogen und lange Zeit keine eigenen Kriterien zum geschlechtsspezifischen Diskriminierungsverbot erarbeitet (Sporrer 1996, 46). Diese Aufgabe hat der EuGH, der Gerichtshof der Europäischen Union, übernommen.

Exkurs: Das unterschiedliche Pensionsanfallsalter

Die Geschichte der Bestimmung des unterschiedlichen Pensionsanfallsalters im Allgemeinen Sozialversicherungsgesetz (ASVG), und warum diese Bestimmung heute im Verfassungsrang steht, ist ein anschauliches Beispiel, wie es in Österreich gesetzlichen Bestimmungen mit frauenspezifischem Bezug ergeht. Dazu wird im folgenden die geschichtliche Entwicklung, das VfGH-Urteil zur Aufhebung des unterschiedlichen Pensionsanfallsalters, die Festschreibung durch das BVG, eine rechtspolitische Bewertung dazu und die europarechtlichen Aspekte dieser Aspekte aufgezeigt.

Geschichtliche Entwicklung des unterschiedlichen Pensionsanfallsalters

Durch das österreichische Pensionsrecht zieht sich eine um fünf Jahre niedrigere Altersgrenze für Frauen.[1]

Diese Regelung ist im Jahre 1914 nicht aus Gründen der Abgeltung der Doppelbelastung der Frau durch Beruf und Haushalt eingeführt worden, sondern ergab sich aus dem Umstand, dass nach Frauen keine Hinterbliebenenpensionen anfielen und daher Frauen versicherungsmathematisch „billiger" waren als Männer. Eine Senkung der Beiträge von Frauen als Ausgleich war nicht möglich, weshalb man als Ausgleich ein niedrigeres Anfallsalter für Frauen einführte.

Erst nach der Wiedereinführung des österreichischen Rechts nach dem 2. Weltkrieg argumentierte man mit der Doppelbelastung und geringeren Widerstandskraft von Frauen für die Beibehaltung der unterschiedlichen Altersgrenzen.

Das VfGH Erkenntnis zum unterschiedlichen Pensionsanfallsalter

Mit der Erkenntnis vom 6.12.1990 hob der Verfassungsgerichtshof die unterschiedlichen Altersgrenzen beim Anfall von Alterspensionen im ASVG als gleichheitswidrig auf. Die Gleichheitswidrigkeit wurde vom VfGH vor allem darin erblickt, dass ein früheres Pensionsanfallsalter für Frauen gegenüber Männern eine Bevorzugung aufgrund des Geschlechtes darstellt, welche aber aufgrund des Fehlens einer sachlichen Rechtfertigung für diese Bevorzugung, verfassungsrechtlich unzulässig sei.

Der Verfassungsgerichtshof erkannte sehr wohl, dass trotz der Familienrechtsreform und dem gesetzlichen Modell der partnerschaftlichen Ehe in der Realität es immer noch die Frauen sind, welche durch Haushalt, Kindererziehung und Beruf einer Mehrbelastung ausgesetzt sind. Gesetzliche Regelungen, welche nach dem Geschlecht unterscheiden, und das sozialpolitische Ziel verfolgen, einen Abbau der Diskriminierung von Frauen in der Gesellschaft zu bewirken, müssen, um

---

dem verfassungsrechtlichen Gleichheitssatz zu genügen, sachlich gerechtfertigt sein und geeignet sein, das verfolgte Ziel zu erreichen. Ein früheres Pensionsanfallsalter von Frauen sei aber kein adäquates Mittel, einen Ausgleich für die Mehrbelastung von Frauen zu schaffen.

Vielmehr arbeitete der VfGH in seinem Erkenntnis deutlich heraus, dass die Besserstellung von Frauen bezüglich eines früheren Pensionsanfallsalters nur solchen Frauen zugute kommen könne, die dieser Doppelbelastung durch Beruf und Familienarbeit nicht ausgesetzt sind. Die Möglichkeit, früher in Pension zu gehen, komme daher nur einer bestimmten Gruppe von Frauen zugute, welche gegenüber den doppelbelasteten Frauen ohne sachliche Rechtfertigung privilegiert seien.

Festschreibung des unterschiedlichen Anfallsalter durch BVG

Diese Erkenntnis entfachte eine breite politische Diskussion über die Benachteiligung von Frauen in unserer Gesellschaft im Allgemeinen und im Arbeitsleben im speziellen und fand auch ein reges Echo in der rechtswissenschaftlichen Literatur.

Die sofortige Anhebung des Pensionsalters für Frauen hätte einen verfassungsrechtlich unzulässigen Eingriff in erworbene Rechtspositionen bedeutet, deshalb entschloss sich der Gesetzgeber für ein vorläufiges verfassungsgesetzlich abgesichertes Festschreiben der unterschiedlichen Altersgrenzen bis zum Jahre 2019 und daran zeitlich anschließend die stufenweise Anhebung des Anfallsalters bis zum Jahre 2033. Bis zu diesem Zeitpunkt sollen die Benachteiligungen von Frauen im Erwerbsleben und im System der sozialen Sicherheit durch gesetzliche Maßnahmen, wie z.B. dem arbeitsrechtlichem Begleitgesetz, abgebaut und die volle Gleichstellung erreicht sein.

Gemäß dem Bundesverfassungsgesetz über die unterschiedlichen Altersgrenzen von männlichen und weiblichen Sozialversicherten sind gesetzliche Regelungen, die unterschiedliche Altersgrenzen von männlichen und weiblichen Versicherten der gesetzlichen Sozialversicherung vorsehen, zulässig.

Anspruch auf normale Alterspension haben weibliche Versicherte mit 60 Jahren, Männer mit 65 Jahren. Diese Altersgrenze ist beginnend mit 1.1.2024 für weibliche Versicherte jährlich mit 1. Jänner bis zum Jahre 2033 um sechs Monate zu erhöhen.

Die verfassungsrechtliche Absicherung des unterschiedlichen Anfallsalters war auch deshalb notwendig, weil die Übergangsregelungen mit hoher Wahrscheinlichkeit einer Prüfung durch den VfGH nicht standgehalten hätten. Der Verfassungsgerichtshof leitet zwar einen Schutz wohlerworbener Rechte aus dem Gleichheitsgrundsatz ab, die Regelung die hier getroffen wurde, wird aber von der herrschenden Lehre eher zu einer den „Gleichheitsgrundsatz durchbrechenden bzw. modifizierenden Regelung" gezählt. Es wurde am Inhalt dieses BVG wie auch an der Vorgehensweise des Gesetzgebers heftige Kritik geübt.

Rechtspolitische Bewertung des unterschiedlichen Anfallsalters

Sieht man in dieser Regelung eine Maßnahme zur Frauenförderung, dann ist die verfassungsrechtliche Zulässigkeit solcher Maßnahmen mittlerweile unbestritten und auch durch das B-VG selbst festgeschrieben.

Das niedrigere Pensionsanfallsalter ist m.E. in keiner Weise geeignet, Frauen einen Ausgleich für die Mängel im System der Alterssicherung, die sich aufgrund weiblich geprägter Versicherungsverläufe ergeben, zu bieten. Die Wohltat eines frühen Pensionsantrittes kann nur errungen werden, wenn die erforderlichen Versicherungszeiten vorliegen und an genau diesen fehlt es den Frauen.

Rechtspolitisch ist die Forderung nach der Beibehaltung dieser „Vergünstigung" verständlich. So lange keine entsprechenden gesetzlichen Maßnahmen gesetzt werden, die es Frauen erlauben, auch mit unterbrochener Erwerbskarriere eine eigenständige Alterssicherung zu erreichen, dient das verfassungsgesetzlich abgesicherte Anfallsalter als Aufforderung an den Gesetzgeber, diese Regelung überflüssig zu machen. Die Anbindung der Aufrechterhaltung des unterschiedlichen Anfallsalter an die Forderung, gesetzliche Maßnahmen zum Abbau der geschlechtsspezifischen Benachteiligungen zu setzen, kann dann sehr wohl wieder als eine Maßnahme der Frauenförderung gesehen werden.

Europarechtliche Aspekte des unterschiedlichen Anfallsalters

Die lange Übergangsfrist für die Aufhebung der zurzeit noch geltenden unterschiedlichen Altersgrenzen für Männer und Frauen beim Anfallsalter, ist auch in Hinblick auf die Konformität mit dem Europarecht problematisch.

Art 7 (1) lit a der RL 79/7/EWG räumt den Mitgliedstaaten die Befugnis ein, die Festsetzung des Rentenalters für die Gewährung der Altersrente und etwaige Auswirkungen daraus auf andere Leistungen, vom Anwendungsbereich der RL auszuschließen. Die Aufrechterhaltung dieser Ausnahmeregelung ist gem. (2) des Art 7 RL 79/7/EWG durch die Mitgliedstaaten in regelmäßigen Abständen zu überprüfen. Der Gemeinschaftsgesetzgeber wollte damit den Mitgliedstaaten die Aufrechterhaltung des unterschiedlichen Anfallsalters gestatten, um eine schrittweise Anpassung des Systems zu erreichen, ohne das finanzielle Gleichgewicht zu stören. Dass dieser Schritt erst in 25 Jahren gemacht werden darf, obwohl alle Daten darauf hindeuten, dass dies aus finanziellen Gründen nicht möglich sein können wird, überschreitet vermutlich die Toleranzgrenze des Gemeinschaftsgesetzgebers (Baur 2000,198).

Die Gleichheit durch das Gesetz

Die Frage die sich in diesem Zusammenhang stellt ist, ob der Gleichheitssatz eine Pflicht des Gesetzgebers beinhaltet, für die Herstellung tatsächlicher Gleichheit zu sorgen? Das heißt, dass der Gesetzgeber verpflichtet ist, aktiv zur Gleichstellung der Geschlechter beizutragen.

Nach der neueren Lehre verpflichten die Grundrechte den Gesetzgeber nicht nur, unzulässige Eingriffe in die Grundrechte zu unterlassen, sondern sie stellen ein Programm dar, das den Gesetzgeber an gewisse Wertentscheidungen bindet. Er muss bei der Gestaltung der verschiedenen Lebensbereiche diese Werte berücksichtigen und ihnen zum Durchbruch verhelfen (Gutknecht 1993,122). Dieses Grundrechtsverständnis entspricht den modernen Sozialstaaten und hat das sehr formalistische Grundrechtsverständnis abgelöst. Grundrechte waren in ihren Anfängen immer reine Abwehrrechte gegen zu viel Staatsgewalt. Heute spricht man eher von Menschenrechten, die eine rechtliche Ausgestaltung in Form von Einrichtungsgarantien seitens des Staates fordern.

Auch aus dem demokratischen Prinzip lässt sich der Auftrag zur Gleichheit durch das Gesetz herauslesen. Es ist wesentlicher Inhalt einer Demokratie für die Gleichstellung des Einzelnen die rechtlichen Rahmenbedingungen zu schaffen.

3.2. Verankerung des Grundsatzes der Gleichbehandlung von Frauen und Männern im geltenden Recht

3.2.1. Die UN Konvention zur Beseitigung jeder Form von Diskriminierung der Frau

In einigen internationalen Menschenrechtsdokumenten wie z.B. der Charta der Vereinten Nationen oder der Allgemeinen Erklärung der Menschenrechte 1948 sind geschlechtsspezifische Diskriminierungsverbote verankert. Für Frauen das wichtigste und umfassendste Dokument des völkerrechtlichen Menschenrechtsschutzes ist die UN-Konvention zur Beseitigung jeder Form von Diskriminierung der Frau (CEDAW – Convention on the Elimination of all Forms of Discrimination Against Women). Ihr Ziel ist die Beendigung der weltweiten Diskriminierung von Frauen.

Zur Überwachung der Umsetzung der Konventionsverpflichtungen ist ein Expertinnen-Ausschuss eingesetzt (Art 17 der Konvention), der regelmäßige Berichte der unterzeichneten Staaten erhält (Schattenberichte), sowie nach dem neuen Fakultativprotokoll Individualbeschwerdeverfahren durchführen wird.

Schattenberichte sind Berichte, die alternativ und ergänzend zu offiziellen Regierungsberichten der Staaten von zivilgesellschaftlichen Gruppen (Nichtregierungsorganisationen NROen) erstellt werden und deren Inhalte im System der internationalen Menschenrechte den zur Überwachung von Konventionen eingesetzten Ausschüssen zugänglich gemacht werden. Um der gesellschaftlichen Relevanz der Arbeit von NROen besser gerecht zu werden, hat sich in den letzten Jahren verstärkt der Begriff des Alternativberichtes (alternative report) durchgesetzt. Ein Beispiel für einen solchen Alternativbericht stellt der Bericht der Gruppe wirus.berlin über die Situation von Frauen in Deutschland dar. Dieser Bericht entstand in Zusammenarbeit mit dem Projekt Feministische Rechtswissenschaft an der Humboldt Universität zu Berlin im Jahr 1999 und wurde dem Expertinnen Ausschuss der Vereinten Nationen zur Überwachung der CEDAW – Konvention zugänglich gemacht.
(http://lms.hu-berlin.de/cgi-bin/glossar_recht.pl?Schattenbericht)

Die Konvention ist in sechs Teile gegliedert. Im ersten Teil wird definiert was unter Diskriminierung zu verstehen ist und es werden jene Bereiche aufgezählt, in welchen sich die Staaten verpflichten, eine Politik der Beseitigung von Diskriminierung zu verfolgen. Als Diskriminierung der Frau gilt jede aufgrund des Geschlechts vorgenommene Unterscheidung, Ausschließung oder Beschränkung, die zum Ziel oder zur Folge hat, dass die von der Grundlage der Gleichberechtigung von Frauen und Männern ausgehende Anerkennung, Inanspruchnahme oder Ausübung der Menschenrecht und Grundfreiheiten der Frau – gleich welchen Familienstandes – auf politischem, wirtschaftlichem, sozialem, kulturellem, staatsbürgerlichem oder anderem Gebiet beeinträchtigt oder vereitelt wird. Darüber hinaus werden vorübergehende Sondermaßnahmen der Vertragsstaaten zur beschleunigten Herbeiführung der De-facto-Gleichberechtigung von Frauen und Männern ausdrücklich als zulässig erklärt.

Artikel 4 CEDAW
1. Vorübergehende Sondermaßnahmen der Vertragsstaaten zur beschleunigten Herbeiführung der De-facto-Gleichberechtigung von Mann und Frau gelten nicht als Diskriminierung im Sinne dieser Konvention, dürfen aber keinesfalls die Beibehaltung ungleicher oder gesonderter Maßstäbe zur Folge haben; diese Maßnahmen sind aufzuheben, sobald die Ziele der Chancengleichheit und Gleichbehandlung erreicht sind.
2. Sondermaßnahmen der Vertragsstaaten zum Schutz der Mutterschaft, einschließlich der in dieser Konvention angeführten Maßnahmen, gelten nicht als Diskriminierung.

Die UN Konvention wurde 1980 anlässlich der 2. UN Weltfrauenkonferenz in Kopenhagen von der zuständigen Staatssekretärin im Bundeskanzleramt, Johanna Dohnal, unterzeichnet. Der österreichische Nationalrat hat die Konvention 1982 genehmigt und die Artikel 1–4 in den Rang von Verfassungsgesetzen gehoben. Die Konvention steht in Österreich unter einem Erfüllungsvorbehalt, das heißt sie ist durch einfache Gesetze umzusetzen. Ein einheitliches Ausführungsgesetz wurde in Österreich nicht erlassen. Mehrere einschlägige Gesetze können jedoch als „Erfüllungsgesetze" angesehen werden. Die Familienrechtsreformen der 70er Jahre zählen ebenso dazu wie das Gleichbehandlungsgesetz aus 1979. Eine der wichtigsten Umsetzungen ist die Verankerung einer Staatszielbestimmung zur tatsächlichen Gleichstellung der Geschlechter und der expliziten Zulässigkeit von Frauenförderung in Artikel 7 Bundes Verfassungsgesetz (Sporrer 2002, 208).

3.2.2. Gleichheitsgarantien im Recht der Europäische Union

Allgemeines

Österreich ist seit dem 1. Jänner 1995 Mitglied der EU. Dem Beitritt ging eine Volksabstimmung voraus, da nach überwiegender Auffassung der Beitritt eine Gesamtänderung der österreichischen Bundesverfassung bewirkte. Vor allem die weitreichende Übertragung von Kompetenzen zur Rechtssetzung auf die Organe der EU bewirkte eine Veränderung (Abschwächung) des demokratischen Prinzips. Das Recht der europäischen Union ist nun auch für Österreich verbindlich.

Bei den Rechtsquellen der EU unterscheidet man das so genannte primäre Gemeinschaftsrecht, das innerhalb des Gemeinschaftsrechts den obersten Rang hat und in den Mitgliedstaaten unmittelbar gilt. Dazu zählen die Gründungsverträge der EG und der EU, spätere Änderungen und die Beitrittsverträge.

Die wichtigsten Rechtsquellen des sekundären Gemeinschaftsrechts sind Verordnungen und Richtlinien. Verordnungen gelten ebenfalls unmittelbar in den Mitgliedstaaten, der Inhalt von Verordnungen ist unmittelbar verbindlich für alle Bürgerinnen und Bürger der Union. Richtlinien sind hinsichtlich des zu erreichenden Zieles verbindlich, überlassen jedoch den innerstaatlichen Stellen die Wahl der Form und Mittel ihrer Durchsetzung. In Österreich müssen die Richtlinien durch Gesetze oder Rechtsverordnungen umgesetzt werden.

Gleichbehandlungsrecht

Primärrecht
Die Europäische Gemeinschaft ist seit fast vierzig Jahren treibender Motor für die Entwicklung der rechtlichen Standards zur Gleichbehandlung von erwerbstätigen Frauen und Männern.

Schon in den Gründungsverträgen wurde in Artikel 119 das Verbot der unterschiedlichen Entlohnung aufgrund des Geschlechts festgelegt. Dieses Lohngleichheitsgebot wurde durch die so genannte Lohngleichheitsrichtlinie konkretisiert. Für die Gleichbehandlung von Frauen und Männern neben der Lohngleichheit wurden mehrere Richtlinien erlassen.

Die Rechtsgrundlagen im Bereich der Gleichbehandlung im Primärrecht sind im Vertrag von Amsterdam festgelegt.

In Art 2 wird als ausdrückliches Ziel der Gemeinschaft die Gleichstellung von Frauen und Männern anerkannt.

Artikel 2 Vertrag von Amsterdam

Aufgabe der Gemeinschaft ist es, durch die Errichtung eines Gemeinsamen Marktes und einer Wirtschafts- und Währungsunion sowie durch die Durchführung der in den Artikeln 3 und 4 genannten gemeinsamen Politiken und Maßnahmen in der ganzen Gemeinschaft eine harmonische, ausgewogene und nachhaltige Entwicklung des Wirtschaftslebens, ein hohes Beschäftigungsniveau und ein hohes Maß an sozialem Schutz, die Gleichstellung von Männern und Frauen, ein beständiges, nichtinflationäres Wachstum, einen hohen Grad von Wettbewerbsfähigkeit und Konvergenz der Wirtschaftsleistungen, ein hohes Maß an Umweltschutz und Verbesserung der Umweltqualität, die Hebung der Lebenshaltung und der Lebensqualität, den wirtschaftlichen und sozialen Zusammenhalt und die Solidarität zwischen den Mitgliedstaaten zu fördern.

Artikel 3 zählt in Absatz 1 die verschiedenen Tätigkeitsbereiche der Gemeinschaft wie die gemeinsame Handelspolitik, Verkehrspolitik, Landwirtschaft, Sozialpolitik und viele andere mehr umfassend auf. Im Absatz 2 wird das Gender Mainstreaming Prinzip verankert.

Artikel 3 Vertrag von Amsterdam

Die Tätigkeit der Gemeinschaft im Sinne des Artikel 2 umfasst nach Maßgabe dieses Vertrages und der darin vorgesehenen Zeitfolge:

a) das Verbot von Zöllen und mengenmäßigen Beschränkungen bei der Ein- und Ausfuhr von Waren sowie aller sonstigen Maßnahmen gleicher Wirkung zwischen den Mitgliedstaaten;

b) eine gemeinsame Handelspolitik …

u) Maßnahmen in den Bereichen Energie, Katastrophenschutz und Fremdenverkehr.

Bei allen in diesem Artikel genannten Tätigkeiten wirkt die Gemeinschaft darauf hin, Ungleichheiten zu beseitigen und die Gleichstellung von Männern und Frauen zu fördern.

Art 13 schafft eine allgemeine Kompetenzgrundlage für die Maßnahmen zur Bekämpfung von Diskriminierungen aus Gründen des Geschlechts, der Rasse, der ethnischen Herkunft, der Religion oder Weltanschauung, einer Behinderung, des Alters oder der sexuellen Ausrichtung.

Artikel 13 Vertrag von Amsterdam
Unbeschadet der sonstigen Bestimmungen dieses Vertrages kann der Rat im Rahmen der durch den Vertrag auf die Gemeinschaft übertragenen Zuständigkeiten auf Vorschlag der Kommission und nach Anhörung des Europäischen Parlaments einstimmig geeignete Vorkehrungen treffen, um Diskriminierungen aus Gründen des Geschlechts, der Rasse, der ethnischen Herkunft, der Religion oder der Weltanschauung, einer Behinderung, des Alters oder der sexuellen Ausrichtung zu bekämpfen.

Art 137 Abs 1 lit i bildet die Kompetenzgrundlage für Chancengleichheit von Männern und Frauen auf dem Arbeitsmarkt und Gleichbehandlung am Arbeitsplatz.

Art 141 EG wurde infolge des Amsterdamer Vertrages durch eine Verknüpfung von Art 119 EGV (Lohngleichheit) und Art 6 des Sozialabkommens geschaffen. Der Grundsatz der Lohngleichheit von Frauen und Männern war bereits in den Gründungsverträgen der EWG, den Römischen Verträgen vom 25.3.1957 enthalten. Dieser Grundsatz wird neben wenigen anderen Grundsätzen als eines der Grundrechte nach den Gemeinschaftsverträgen angesehen. Dieser Grundsatz wurde auf Initiative Frankreichs in die Gründungsverträge aufgenommen, das wegen seiner fortschrittlichen Gesetzgebung Wettbewerbsnachteile befürchtete.

Artikel 141 Vertrag von Amsterdam
1. Jeder Mitgliedsstaat stellt die Anwendung des Grundsatzes des gleichen Entgelts für Männer und Frauen bei gleicher oder gleichwertiger Arbeit sicher.
2. Unter „Entgelt" im Sinne dieses Artikels sind die üblichen Grund- oder Mindestlöhne und -gehälter sowie alle sonstigen Vergütungen zu verstehen, die der Arbeitgeber aufgrund des Dienstverhältnisses dem Arbeitnehmer unmittelbar oder mittelbar in bar oder in Sachleistungen zahlt.

Gleichheit des Arbeitsentgelts ohne Diskriminierung aufgrund des Geschlechts bedeutet,
- dass das Entgelt für eine gleiche nach Akkord bezahlte Arbeit aufgrund der gleichen Maßeinheit festgesetzt wird,
- dass für eine nach Zeit bezahlte Arbeit das Entgelt bei gleichem Arbeitsplatz gleich ist.

> Der Rat beschließt gemäß dem Verfahren des Artikels 251 und nach Anhörung des Wirtschafts- und Sozialausschusses Maßnahmen zur Gewährleistung der Anwendung des Grundsatzes der Chancengleichheit und der Gleichbehandlung von Männern und Frauen in Arbeits- und Beschäftigungsfragen, einschließlich des Grundsatzes des gleichen Entgelts bei gleicher oder gleichwertiger Arbeit.
>
> Im Hinblick auf die effektive Gewährleistung der vollen Gleichstellung von Männern und Frauen im Arbeitsleben hindert der Grundsatz der Gleichbehandlung die Mitgliedsstaaten nicht daran, zur Erleichterung der Berufstätigkeit des unterrepräsentierten Geschlechts oder zur Verhinderung bzw. zum Ausgleich von Benachteiligungen in der beruflichen Laufbahn spezifische Vergünstigungen beizubehalten oder zu beschließen.

Auf den in Artikel 141 (Ex-Artikel 119 EGV) aufgestellten Grundsatz der Gleichheit des Arbeitsentgelts für weibliche und männliche Arbeitnehmerinnen und Arbeitnehmer können sich die Betroffenen vor den innerstaatlichen Gerichten unmittelbar berufen. Diese Gerichte sind verpflichtet, die Rechte zu schützen, welche die genannte Bestimmung den Rechtsbürgern verleiht; dies gilt insbesondere im Fall von Diskriminierungen, die ihren Ursprung unmittelbar in Rechtsvorschriften oder in Tarifverträgen haben, sowie in dem Falle, dass weibliche und männliche Arbeitnehmer für die gleiche Arbeit im gleichen privaten oder öffentlichen Betrieb oder Dienst ein ungleiches Entgelt erhalten (EuGH 8.4.1976, Rs 43/75, Fall Defrenne II).

Der Entgeltbegriff des Art 141 ist sehr weit. Der Begriff umfasst nach ständiger Rechtsprechung des EuGH alle gegenwärtigen oder künftigen in bar oder in Sachleistungen gewährten Vergütungen, vorausgesetzt, dass sie die Arbeitgeberin oder der Arbeitgeber der Arbeitnehmerin oder dem Arbeitnehmer wenigstens mittelbar aufgrund des Dienstverhältnisses gewährt. Grundlage kann der Arbeitsvertrag, eine Rechtsvorschrift oder eine freiwillige Leistung sein.

Als Entgelt gilt daher auch:

- überkollektivvertragliche Löhne, Zulagen, Prämien, Remunerationen und Gratifikationen
- Abfindungen, Abfertigungen
- besondere Reisevergünstigungen, die auch nach Eintritt des Ruhestandes gewährt werden
- Krankenentgelt
- Krankenentgelt während schwangerschaftsbedingter Fehlzeiten
- die Zahlung von Beiträgen zu einem Altersversorgungssystem durch den Arbeitgeber/die Arbeitgeberin
- betriebliche Renten
- Entgeltfortzahlung während einer Schulung für Betriebsratsmitglieder
- Lohnerhöhungen, auch wenn sie während des Mutterschaftsurlaubs erfolgen

- quasiautomatischer Aufstieg von einer Vergütungsgruppe in eine andere unter Zugrundelegung der Dienstzeit
- Überbrückungsgeld während der Arbeitslosigkeit
- kollektivvertragliche Überstundenzuschläge

Kein Entgelt sind unmittelbar durch Gesetz geregelte, keinerlei vertragliche Vereinbarungen zwischen Arbeitgeberin oder Arbeitgeber und Arbeitnehmerin oder Arbeitnehmer erforderte Leistungen, die zwingend für allgemein umschriebene Gruppen von Arbeitnehmerinnen oder Arbeitnehmer gelten. (z.B. Pensionszahlungen aus der gesetzlichen Sozialversicherung).

Artikel 119 EGV erwähnte nur die gleiche Arbeit, der EuGH interpretierte diese Bestimmung jedoch wie den Wortlaut des Art 1 der Lohngleichheitsrichtlinie (siehe unten). Der novellierte Text des Art 141 bezieht sich jetzt expressis verbis auf gleichwertige Arbeit. Zum Grundsatz des gleichen Lohns für gleichwertige Arbeit und zur diskriminierungsfreien Arbeitsbewertung siehe unten.

Sekundärrecht
Richtlinien sind nur hinsichtlich des zu erreichenden Zieles verbindlich und begründen ohne nationalen „Umsetzungsakt" regelmäßig keine unmittelbaren Rechte und Pflichten der Bürgerinnen und Bürger der Union. Wird eine Richtlinie allerdings innerhalb der vorgesehen Frist nicht oder nicht vollständig in nationales Recht umgesetzt, kann sich die oder der Einzelne vor den innerstaatlichen Behörden oder Gerichten auf die Bestimmungen in der Richtlinie berufen. Die Richtlinie muss dafür inhaltlich präzise genug sein.

Lohngleichheitsrichtlinie 75/117[2]
Diese Richtlinie konkretisiert das Lohngleichheitsgebot des ex Art 119 des EG Vertrages und erweitert das Gebot des gleichen Lohnes für gleiche Arbeit auf Arbeiten, die gleichwertig sind. Diese Richtlinie wurde durch das Gleichbehandlungsgesetz in das österreichische Recht umgesetzt.

> **Artikel 1 Lohngleichheitsrichtlinie**
> Der in Artikel 119 des Vertrages genannte Grundsatz des gleichen Entgelts für Männer und Frauen, im folgenden als „Grundsatz des gleichen Entgelts" bezeichnet, bedeutet bei gleicher Arbeit oder einer Arbeit, die als gleichwertig anerkannt wird, die Beseitigung jeder Diskriminierung aufgrund des Geschlechts in Bezug auf sämtliche Entgeltbestandteile und -bedingungen. Insbesondere muss dann, wenn zur Festlegung des Entgelts ein System beruflicher Einstufung verwendet wird, dieses System auf für weibliche und männliche Arbeitnehmerinnen und Arbeitnehmer gemeinsamen Kriterien beruhen und so beschaffen sein, dass Diskriminierungen aufgrund des Geschlechts ausgeschlossen sind.

Gleichbehandlungsrichtlinie RL 76/207[3] in der Fassung der RL 2002/73/EG
Die Richtlinie des Rates vom 9. Februar 1976 zur Verwirklichung des Grundsatzes der Gleichbehandlung von Männern und Frauen hinsichtlich des Zugangs zur Beschäftigung, zur Berufsbildung und zum beruflichen Aufstieg sowie in Bezug auf die Arbeitsbedingungen ergänzte das Lohngleichheitsgebot und weitete das Diskriminierungsverbot aufgrund des Geschlechts im Zusammenhang mit einem Arbeitsverhältnis aus. Im Jahre 2002 erfolgte die Änderung der Gleichbehandlungsrichtlinie aus 1976 durch die RL 2002/73/EG. Die Bestimmungen dieser Richtlinie sind bis 2005 in den Mitgliedstaaten umzusetzen. In Österreich wurde diese Richtlinie mit dem neuen Gleichbehandlungsgesetz umgesetzt.

Beweislastrichtlinie 97/80[4]
Die Richtlinie des Rates vom 15. Dezember 1997 über die Beweislast bei Diskriminierung aufgrund des Geschlechts regelt die Beweislast bei gerichtlicher Geltendmachung von Diskriminierungen aufgrund des Geschlechts. Mit der Richtlinie soll eine wirksamere Durchführung der Maßnahmen gesetzt werden, die von den Mitgliedstaaten in Anwendung des Gleichbehandlungsgrundsatzes getroffen werden. Die mit dieser Richtlinie vorgeschriebene „Beweislastumkehr" besagt, dass Personen die sich diskriminiert fühlen, die Tatsachen, die zur Diskriminierung führen lediglich glaubhaft machen müssen und es dem Beklagten obliegt zu beweisen, dass keine Verletzung des Gleichbehandlungsgrundsatzes vorliegt. Diese Richtlinie wurde durch das Gleichbehandlungsgesetz 2004 und das Bundesgleichbehandlungsgesetz umgesetzt.

Betriebspensionsrichtlinie 86/378[5]
Die Betriebspensionsrichtlinie setzt sich die Verwirklichung des Grundsatzes der Gleichbehandlung von Frauen und Männern bei den betrieblichen Systemen der sozialen Sicherheit zum Ziel. Die Richtlinie verbietet u.a. unterschiedliche Zugangsbedingungen für Frauen und Männer, unterschiedliche Altersregelungen und unterschiedliche Bedingungen für die Gewährung der Leistungen.

Der Ausschluss von Teilzeitbeschäftigten aus betrieblichen Altersversorgung verletzt sowohl Art 141 EG als auch Art 6 der Richtlinie. Auch diese Richtlinie ist durch das Gleichbehandlungsgesetz umgesetzt.

Soziale Sicherheit 79/7[6]
In Artikel 1 Absatz 2 der Richtlinie 76/207/EWG des Rates vom 9. Februar 1976 zur Verwirklichung des Grundsatzes der Gleichbehandlung von Männern und Frauen hinsichtlich des Zugangs zur Beschäftigung, zur Berufsbildung und zum beruflichen Aufstieg sowie in Bezug auf die Arbeitsbedingungen ist vorgesehen, dass der Rat im Hinblick auf die schrittweise Verwirklichung des Grundsatzes der Gleichbehandlung im Bereich der sozialen Sicherheit auf Vorschlag der Kommission Bestimmungen erlässt, in denen dazu insbesondere der Inhalt, die Tragweite und die

Anwendungsmodalitäten angegeben sind. Im Vertrag sind die besonderen, hierfür erforderlichen Befugnisse nicht vorgesehen.

Artikel 4 bestimmt, dass der Grundsatz der Gleichbehandlung den Fortfall jeglicher unmittelbaren oder mittelbaren Diskriminierung aufgrund des Geschlechts, insbesondere unter Bezugnahme auf den Ehe- oder Familienstand beinhaltet und zwar im Besonderen betreffend:

- den Anwendungsbereich der Systeme und die Bedingungen für den Zugang zu den Systemen,
- die Beitragspflicht und die Berechnung der Beiträge,
- die Berechnung der Leistungen, einschließlich der Zuschläge für den Ehegatten und für unterhaltsberechtigte Personen, sowie die Bedingungen betreffend die Geltungsdauer und die Aufrechterhaltung des Anspruchs auf die Leistungen.

Elternurlaubsrichtlinie 96/34[7]
Mit dieser Richtlinie soll die am 14. Dezember 1995 zwischen den europäischen Sozialpartnern (UNICE, CEEP und EGB) geschlossene Rahmenvereinbarung über Elternurlaub durchgeführt werden. In dieser Vereinbarung sind Mindestanforderungen niedergelegt, die darauf abzielen, die Vereinbarkeit von Berufs- und Familienleben erwerbstätiger Eltern zu erleichtern.

Diese Vereinbarung gilt für alle Arbeitnehmer, Frauen und Männer, die nach den Rechtsvorschriften, Tarifverträgen oder Gepflogenheiten in dem jeweiligen Mitgliedstaat über einen Arbeitsvertrag verfügen oder in einem Arbeitsverhältnis stehen.

Nach dieser Vereinbarung haben erwerbstätige Frauen und Männer ein individuelles Recht auf Elternurlaub im Fall der Geburt oder Adoption eines Kindes, damit sie sich bis zu einem bestimmten Alter des Kindes – das Alter kann bis zu acht Jahren gehen – für die Dauer von mindestens drei Monaten um dieses Kind kümmern können. Die genauen Bestimmungen sind von den Mitgliedstaaten und/oder Sozialpartnern festzulegen. Die österreichischen Bestimmungen gehen über den Mindeststandard hinaus.

Empfehlungen – Entschließungen
Neben den gesetzlichen Regelungen kennt die EU noch eine Reihe von Regelungsmöglichkeiten. Durch Empfehlungen und Entschließungen soll eine gemeinsame Politik der Mitgliedstaaten erreicht werden. Für die Gleichstellung relevante Empfehlungen und Entschließungen sind:

- Empfehlungen zur Kinderbetreuung 92/241
- Empfehlungen und Verhaltenskodes gegen sexuelle Belästigung 92/131
- Entschließung über eine ausgewogene Teilhabe von Frauen und Männern am Berufs- und Familienleben 2000/218.

Neben den rechtlichen Regelungen ist es vor allem die Rechtsprechung des EuGH die die Entwicklung des Gleichbehandlungsrechts vorantreibt. Mit seinen Urteilen zur Quotenregelung, zum Schadenersatz bei Einstiegsdiskriminierung und vor allem mit der Entwicklung des Begriffes der mittelbaren Diskriminierung war der EuGH wesentlicher Motor für die Weiterentwicklung und inhaltliche Ausgestaltung der gesetzlichen Grundlagen für die Gleichstellung der Geschlechter.

Gemeinschaftscharta der sozialen Grundrechte der Arbeitnehmer vom 9.12.1989

Die Gemeinschaftscharta der sozialen Grundrecht der Arbeitnehmer sollte zum einen die Fortschritte festschreiben, die im sozialen Bereich durch das Vorgehen der Mitgliedstaaten, der Sozialpartner und der Gemeinschaft bis 1989 bereits erreicht wurden. Zum anderen war es eine feierliche Bekräftigung, dass bei Durchführung der Einheitlichen Europäischen Akte die soziale Dimension der Europäischen Gemeinschaft vollauf berücksichtigt wird. Auf Grund des Subsidiaritätsprinzips sind für die Schritte der Verwirklichung dieser sozialen Rechte die Mitgliedstaaten und ihre Gebietskörperschaften und im Rahmen ihrer Befugnisse die Europäische Gemeinschaft zuständig. Artikel 16 der Charta sieht die Gleichbehandlung von Frauen und Männern als ein soziales Grundrecht an.

> **Artikel 16 Gemeinschaftscharta der sozialen Grundrechte der Arbeitnehmer vom 9.12.1989**
> Die Gleichbehandlung von Männern und Frauen ist zu gewährleisten. Die Chancengleichheit für Männer und Frauen ist weiter auszubauen.
> Zu diesem Zweck sind überall dort, wo dies erforderlich ist, die Maßnahmen zu verstärken, mit denen die Verwirklichung der Gleichheit von Männern und Frauen, vor allem in Hinblick auf den Zugang zu Beschäftigung, Arbeitsentgelt, sozialen Schutz, allgemeine und berufliche Bildung sowie beruflichen Aufstieg, sichergestellt wird.
> Auch sind die Maßnahmen auszubauen, die es Männern und Frauen ermöglichen, ihre beruflichen und familiären Pflichten besser miteinander in Einklang zu bringen.

3.2.3. Übereinkommen der Internationalen Arbeitsorganisation

Ziel der Internationalen Arbeitsorganisation – IAO (International Labour Organization – ILO) ist es, mit Hilfe international gültiger Normen Mindeststandards für die Arbeits- und Lebensbedingungen zu schaffen, für das soziale Wohl der Arbeitenden zu sorgen und fundamentale Menschenrechte in allen Ländern zu schützen (*http://www.ilo.org/public/german/region/eurpro/bonn/ilo_verfassung.htm*).

Seit Anbeginn der IAO im Jahre 1919 wurde der Chancengleichheit von Frauen und Männern innerhalb der Aktionsprogramme Priorität eingeräumt. Die Übereinkommen Nr. 100 (Übereinkommen über die Gleichheit des Entgelts weiblicher und männlicher Arbeitskräfte für gleichwertige Arbeit) und Nr. 111 (Übereinkommen über die Diskriminierung in Beschäftigung und Beruf) gehören zu den Kernübereinkommen der IAO, deren zugrunde liegenden Prinzipien als grundlegende Menschenrechte betrachtet werden (Lindmayr 2002, 159). Das Übereinkommen Nr. 100 trat für Österreich 1954 in Kraft (BGBl 1954/39), das Nr. 111 im Jahr 1974 (BGBl 1973/111).

3.2.4. Gleichheitsgarantien in der österreichischen Bundesverfassung

Art 2 StGG und Artikel 7 des Bundes Verfassungsgesetzes sind die gesetzliche Grundlage für den verfassungsrechtlichen Gleichheitssatz. Seit 1998 enthält die Bundesverfassung das Bekenntnis des Bundes, der Länder und Gemeinden zur tatsächlichen Gleichstellung von Frau und Mann. Maßnahmen zur Förderung der faktischen Gleichstellung von Frauen und Männern insbesondere durch Beseitigung tatsächlich bestehender Ungleichheiten sind zulässig. Diese Bestimmung kann als Durchführungsbestimmung zu Art 4 CEDAW gesehen werden und gilt als die verfassungsrechtliche Legitimation für die gesetzliche Verankerung von Quoten.

Gleichheitssatz der Bundesverfassung: Artikel 7

(1) Alle Bundesbürger sind vor dem Gesetz gleich. Vorrechte der Geburt, des Geschlechtes, des Standes, der Klasse und des Bekenntnisses sind ausgeschlossen. Niemand darf wegen seiner Behinderung benachteiligt werden. Die Republik (Bund, Länder und Gemeinden) bekennt sich dazu, die Gleichbehandlung von behinderten und nichtbehinderten Menschen in allen Bereichen des täglichen Lebens zu gewährleisten.

(2) Bund, Länder und Gemeinden bekennen sich zur tatsächlichen Gleichstellung von Mann und Frau. Maßnahmen zur Förderung der faktischen Gleichstellung von Frauen und Männern insbesondere durch Beseitigung tatsächlich bestehender Ungleichheiten sind zulässig.

(3) Amtsbezeichnungen können in der Form verwendet werden, die das Geschlecht des Amtsinhabers oder der Amtsinhaberin zum Ausdruck bringt. Gleiches gilt für Titel, akademische Grade und Berufsbezeichnungen.

Eine Ungleichbehandlung muss, damit sie verfassungskonform ist, sachlich gerechtfertigt sein. Eine sachliche Rechtfertigung ergibt sich zweifellos aus dem Bekenntnis des Gesetzgebers, die (tatsächliche) Gleichstellung der Geschlechter herstellen zu wollen (Rosenkranz 1997, 56).

Nach heute allgemein herrschender Lehre und Rechtsprechung bindet der Gleichheitssatz gemäß Art 7 B-VG den Gesetzgeber. Die Normen des einfachen Rechts sind daher am Gleichheitssatz der Verfassung zu messen.

Demnach sind Differenzierungen nach dem Geschlecht gestattet, wenn sie sachlich gerechtfertigt sind. Gesetzliche Regelungen, welche nach dem Geschlecht unterscheiden und das politische Ziel verfolgen, einen Abbau der Benachteiligung von Frauen in der Gesellschaft zu bewirken, müssen, um dem verfassungsrechtlichen Gleichheitssatz zu genügen, sachlich gerechtfertigt sein und geeignet sein, das verfolgte Ziel zu erreichen.

Die Frage, die es heute zu beurteilen gilt, ist, ob das geltende System der Rechtsordnung Frauen immer noch mittelbar diskriminiert, weil es für viele typische Tätigkeiten weiblicher Lebenssachverhalte keine sachgerechte gesetzliche Regelung gibt. Der Vergleich der stattfinden muss, ist der Vergleich der Notwendigkeit der rechtlichen Regelung und der Übereinstimmung mit den Grundrechten.

3.3. Spezifische Begriffsbestimmungen

3.3.1. Gleichheit

Zur Gleichheit vor dem Gesetz, im Gesetz und durch das Gesetz siehe oben.

3.3.2. Gleichbehandlung und Gleichstellung

Die Definitionen im Gleichbehandlungsgesetz

Das Gleichbehandlungsgesetz definiert ein Gleichbehandlungsgebot im Zusammenhang mit einem Arbeitsverhältnis und ein Gleichbehandlungsgebot in der sonstigen Arbeitswelt. Gleichbehandlung ist ein Benachteiligungsverbot. Gleichstellung wird im Gesetz lediglich als Ziel definiert.

---

§ 2 GlbG Gleichstellung
Ziel dieses Abschnittes ist die Gleichstellung von Frauen und Männern.

§ 3 GlbG Gleichbehandlungsgebot im Zusammenhang mit einem Arbeitsverhältnis
Auf Grund des Geschlechtes, insbesondere unter Bezugnahme auf den Ehe- oder Familienstand, darf im Zusammenhang mit einem Arbeitsverhältnis niemand unmittelbar oder mittelbar diskriminiert werden, insbesondere nicht

---

1. bei der Begründung des Arbeitsverhältnisses,
2. bei der Festsetzung des Entgelts,
3. bei der Gewährung freiwilliger Sozialleistungen, die kein Entgelt darstellen,
4. bei Maßnahmen der Aus- und Weiterbildung und Umschulung,
5. beim beruflichen Aufstieg, insbesondere bei Beförderungen,
6. bei den sonstigen Arbeitsbedingungen,
7. bei der Beendigung des Arbeitsverhältnisses.

§ 4 GlbG Gleichbehandlungsgebot in der sonstigen Arbeitswelt
Auf Grund des Geschlechtes, insbesondere unter Bezugnahme auf den Ehe- oder Familienstand, darf niemand unmittelbar oder mittelbar diskriminiert werden
1. beim Zugang zur Berufsberatung, Berufausbildung, beruflichen Weiterbildung und Umschulung außerhalb eines Arbeitsverhältnisses,
2. bei der Mitgliedschaft und Mitwirkung in einer Arbeitnehmer/innen/- oder Arbeitgeber/innen/organisation oder einer Organisation, deren Mitglieder einer bestimmten Berufsgruppe angehören, einschließlich der Inanspruchnahme der Leistungen solcher Organisationen,
3. bei den Bedingungen für den Zugang zu selbstständiger Erwerbstätigkeit.

Vom Gleichbehandlungsrecht hin zur aktiven Gleichstellungsgesetzgebung

Gleichbehandlung
Rechtlich gleich zu behandeln, heißt sachliche Rechtfertigung für unterschiedliche Behandlungen zu finden, innerhalb eines bestehenden Systems, einer bestehenden Organisation. Gleiches Recht soll für alle gelten, die diesem Rechtssystem unterliegen. Verbot von unsachlichen Differenzierungen = Diskriminierungen.

Gleichstellung der Geschlechter
Das System, die Organisation (Rahmenbedingungen) werden so verändert, dass es eine inhaltliche Gleichstellung der Geschlechter gibt. Verschiedenste Methoden und Konzepte können zur Gleichstellung führen. Frauenfördermaßnahmen, aktive Gleichstellungsmaßnahmen, Quotenregelungen oder Gender Mainstreaming.

Im Wortlaut und der Entstehungsgeschichte des Art 7 der österreichischen Bundesverfassung lässt sich die Unterscheidung aufzeigen:

Im älteren Absatz 1 wird von Gleichbehandlung gesprochen und gemeint ist ein Benachteiligungsverbot, bzw. noch vorher das Abschaffen von Bevorzugungen.

> **Art 7 Absatz 1 B-VG**
> Alle Bundesbürger sind vor dem Gesetz gleich.
> Vorrechte der Geburt, des Geschlechtes, des Standes, der Klasse und des Bekenntnisses sind ausgeschlossen.
> Niemand darf wegen seiner Behinderung benachteiligt werden. Die Republik (Bund, Länder und Gemeinden) bekennt sich dazu, die Gleichbehandlung von behinderten und nichtbehinderten Menschen in allen Bereichen des täglichen Lebens zu gewährleisten.

Absatz 2 formuliert als Zielbestimmung die inhaltliche volle Gleichstellung von Frauen und Männern. Um dies zu erreichen sind vorübergehende Bevorzugungen des unterrepräsentierten Geschlechts wieder erlaubt.

> **Art 7 Absatz 2 B-VG**
> Bund, Länder und Gemeinden bekennen sich zur tatsächlichen Gleichstellung von Mann und Frau.
> Maßnahmen zur Förderung der faktischen Gleichstellung von Frauen und Männern insbesondere durch Beseitigung tatsächlich bestehender Ungleichheiten sind zulässig.

In der ursprünglichen Fassung (erster Satz Abs 1) ging es um die Abschaffung der Privilegien, damit auch wohl um die Abschaffung von Diskriminierungen. Die Gleichbehandlung (sic!) von behinderten Menschen ist in diesem Begriffsumfeld zu sehen.

Die Gleichstellung der Geschlechter ist davon unterschieden. Es kann der Verfassungsgesetzgeberin nicht unterstellt werden, dass sie sich bei der unterschiedlichen Bezeichnung von Gleichbehandlung behinderter Menschen und Gleichstellung der Geschlechter nichts gedacht hat. Dass Frauenförderung so lange notwendig sein wird und damit als eine wichtige Ergänzung zum Gender Mainstreaming Ansatz auch immer noch existieren muss ist in Abs 2 ebenfalls festgehalten.

Auch im *Europarecht* lässt sich eine solche Entwicklung vom Gleichbehandlungsrecht hin zum aktiven Gleichstellungsrecht verfolgen:

- Verankerung des Prinzips des Gender Mainstreaming im Vertrag von Amsterdam
- Erweiterung des Lohngleichheitsgrundrechts durch Art 141 Abs 4 des EU Vertrages
- Änderung der Gleichbehandlungsrichtlinie 76/207/EWG durch die RL 2002/73/EG

> **Art 141 Abs 4 des Vertrages der Europäischen Union**
> „Im Hinblick auf die effektive Gewährleistung der vollen Gleichstellung von Männern und Frauen im Arbeitsleben hindert der Grundsatz der Gleichbehandlung die Mitgliedstaaten nicht daran, zur Erleichterung der Berufstätigkeit des unterrepräsentierten Geschlechts oder zur Verhinderung bzw. zum Ausgleich von Benachteiligungen in der beruflichen Laufbahn spezifische Vergünstigungen beizubehalten oder zu beschließen".

Die wichtigsten Neuerungen im Hinblick auf volle Gleichstellung durch die so genannte „Änderungsrichtlinie":

> **Art 1 der RL 76/207**, der den Grundsatz der Gleichbehandlung festlegt, wird durch einen Abs 1a ergänzt:
> „Die Mitgliedstaaten berücksichtigen aktiv das Ziel der Gleichstellung von Frauen und Männern bei der Formulierung und Umsetzung der Rechts- und Verwaltungsvorschriften, Politiken und Tätigkeiten …"
>
> **Art 2 Abs 8 lautet:**
> „Die Mitgliedstaaten können im Hinblick auf die Gewährleistung der vollen Gleichstellung von Frauen und Männern Maßnahmen im Sinne von Art 141 Abs 4 des Vertrages beibehalten oder beschließen".

Um eine tatsächliche Chancengleichheit herzustellen, damit in der Folge auch eine Ergebnisgleichheit und damit volle Gleichstellung erreicht werden kann, bedarf es daher weiterhin speziell frauenfördernder Maßnahmen in den Betrieben, neben der Reorganisation im Sinne des Gender Mainstreaming.

3.3.3. Frauenförderung

Gesetzliche Grundlage für Maßnahmen zur Frauenförderung sind der Gleichheitsgrundsatz der Verfassung, Art 4 CEDAW und auf einfachgesetzlicher Ebene das Gleichbehandlungsgesetz und das Bundes Gleichbehandlungsgesetz, sowie die Gleichbehandlungsgesetze der Länder.

Unter den Begriff Frauenförderung wird ein Bündel an strukturell wirksamen Maßnahmen verstanden, welche die Ausgangsposition von Frauen im Berufsleben verbessern soll. Solche Maßnahmen sollten so früh wie möglich ansetzen, damit die geschlechtliche Segregation des Arbeitsmarktes aufgebrochen wird (Holzleitner 2002, 11). Programme, um Mädchen in technische Berufe zu bringen oder Männer in Pflegeberufe, gehören ebenso dazu wie betriebliche Frauenförderpläne oder die Frauenförderpläne im öffentlichen Dienst. Auch die Quote ist eine Frauenfördermaßnahme. Innerbetriebliche Gleichstellungspläne sind ein sehr effizientes Mittel zur Erreichung von Geschlechtergerechtigkeit im Betrieb. Solche Pläne oder Programme können entweder seitens der Belegschaft oder der Belegschaftsvertretung/Betriebsrat (bottom up) oder seitens der Unternehmensführung/Personalmanagements (Top-Down) initiiert werden.

Es gibt in Österreich einige Betriebe/Unternehmen, die Gleichstellungspläne in Kraft gesetzt haben. Je nach Unternehmen haben diese mehr programmatischen Charakter (zB. die Pläne der Diözesen Linz, Graz, Eisenstadt und Innsbruck), andere wiederum sind sehr präzise und schon des öfteren überarbeitet (z.B. AMS, siehe dazu: *http://www.ams.or.at/amsallg/txt407.htm*; „Powercurity" das Frauenförderprogramm des bfi OÖ & Berufliches Bildungs- und Rehabilitationszentrum Linz). Die Frauenabteilung der Gewerkschaft der Privatangestellten (GPA) hat einen Musterfrauenförderplan entwickelt.

---

§ 92b Arbeitsverfassungsgesetz
Betriebliche Frauenförderung sowie Maßnahmen zur besseren Vereinbarkeit von Betreuungspflichten und Beruf
(1) Der Betriebsinhaber hat mit dem Betriebsrat im Rahmen der Beratung nach § 92 Maßnahmen der betrieblichen Frauenförderung bzw. der Vereinbarkeit von Betreuungspflichten und Beruf zu beraten.

Solche Maßnahmen betreffen insbesondere die Einstellungspraxis, Maßnahmen der Aus- und Weiterbildung und den beruflichen Aufstieg, die auf den Abbau einer bestehenden Unterrepräsentation der Frauen an der Gesamtzahl der Beschäftigten bzw. an bestimmten Funktionen oder auf den Abbau einer sonst bestehenden Benachteiligung abzielen, sowie Maßnahmen, die auf eine bessere Vereinbarkeit der beruflichen Tätigkeit mit Familien- und sonstigen Betreuungspflichten der Arbeitnehmerinnen und Arbeitnehmer abzielen.
(2) Der Betriebsrat hat das Recht, Vorschläge in diesen Angelegenheiten zu erstatten und Maßnahmen zu beantragen. Der Betriebsinhaber ist verpflichtet, mit dem Betriebsrat über dessen Vorschläge und Anträge zu beraten.
(3) Maßnahmen der betrieblichen Frauenförderung sowie Maßnahmen zur besseren Vereinbarkeit von Betreuungspflichten und Beruf können in einer Betriebsvereinbarung geregelt werden.

---

§ 40 Bundesgleichbehandlungsgesetz Frauenförderungsgebot
(1) Die Vertreterinnen oder Vertreter des Dienstgebers sind verpflichtet, nach Maßgabe der Vorgaben des Frauenförderungsplanes auf eine Beseitigung
   1. einer bestehenden Unterrepräsentation von Frauen an der Gesamtzahl der dauernd Beschäftigten und der Funktionen sowie
   2. von bestehenden Benachteiligungen von Frauen im Zusammenhang mit dem Dienstverhältnis hinzuwirken (Frauenförderungsgebot).

(2) Frauen sind unterrepräsentiert, wenn der Anteil der Frauen an der Gesamtzahl
  1. der dauernd Beschäftigten in der betreffenden Verwendungsgruppe oder
  2. der Funktionen, welche auf die in der betreffenden Verwendungsgruppe dauernd Beschäftigten entfallen, im Wirkungsbereich der jeweiligen Dienstbehörde weniger als 40 beträgt. Steht einer Verwendungsgruppe eine entsprechende Entlohnungsgruppe gegenüber, ist diese in den Vergleich miteinzubeziehen.

§ 41 Bundesgleichbehandlungsgesetz Frauenförderungspläne

(1) Nach Einholung eines Vorschlages der Arbeitsgruppe für Gleichbehandlungsfragen haben die Leiterin und der Leiter einer Zentralstelle einen Frauenförderungsplan für das Ressort zu erlassen.

(2) Der Frauenförderungsplan ist auf der Grundlage des zum 1. Juli jedes zweiten Jahres zu ermittelnden Anteiles der Frauen an der Gesamtzahl der dauernd Beschäftigten sowie der zu erwartenden Fluktuation für einen Zeitraum von sechs Jahren zu erstellen und fortzuschreiben. Nach jeweils zwei Jahren ist er an die aktuelle Entwicklung anzupassen.

(3) Im Frauenförderungsplan ist jedenfalls festzulegen, in welcher Zeit und mit welchen personellen, organisatorischen sowie aus- und weiterbildenden Maßnahmen in welchen Verwendungen eine bestehende Unterrepräsentation sowie bestehende Benachteiligungen von Frauen beseitigt werden können. Dabei sind jeweils für zwei Jahre verbindliche Vorgaben zur Erhöhung des Frauenanteils in jeder Verwendungsgruppe im Wirkungsbereich jeder Dienstbehörde festzulegen. Steht einer Verwendungsgruppe eine entsprechende Entlohnungsgruppe gegenüber, ist diese mit der Verwendungsgruppe gemeinsam zu behandeln.

3.3.4. Quote

Quotenregelungen durch Gesetze und im speziellen Fall durch das Bundesgleichbehandlungsgesetz bewirken eine rechtliche Ungleichbehandlung vergleichbarer Sachverhalte. Frauen und Männer werden unterschiedlich behandelt, weil bei Vorliegen der gleichen Situation – Bewerbung um eine Stelle mit der gleichen Qualifikation – die Frau den Vorrang erhält.

Inhalt des Gleichheitsgrundsatzes ist, dass die Gesetze auf alle Bürgerinnen und Bürger ohne Bezugnahme auf das Geschlecht anzuwenden sind und rechtliche Differenzierungen sind nur zulässig, wenn sie:

- sachlich gerechtfertigt sind, es also einen vernünftigen, nachvollziehbaren Grund für die Ungleichbehandlung gibt
- geeignet sind das angestrebte Ziel zu erreichen
- erforderlich sind und
- insgesamt verhältnismäßig sind

Die sachliche Rechtfertigung ergibt sich aus dem Bekenntnis des Gesetzgebers, die tatsächliche Gleichstellung herstellen zu wollen und aus völkerrechtlichen Verpflichtungen. Quotenregelungen sind sehr geeignet tatsächliche Gleichstellung zu erreichen und sie sind erforderlich, weil alle anderen, weniger rigiden Maßnahmen nicht zum erwünschten Ziel geführt haben. Deshalb sind sie auch verhältnismäßig.

---

§ 42 Bundesgleichbehandlungsgesetz: Bevorzugte Aufnahme in den Bundesdienst

Bewerberinnen, die für die angestrebte Planstelle nicht geringer geeignet sind als der bestgeeignete Mitbewerber, sind entsprechend den Vorgaben des Frauenförderungsplanes so lange bevorzugt aufzunehmen, bis der Anteil der Frauen in der betreffenden Verwendungsgruppe im Wirkungsbereich der jeweiligen Dienstbehörde mindestens 40 der Gesamtzahl der dauernd Beschäftigten beträgt. Steht einer Verwendungsgruppe eine entsprechende Entlohnungsgruppe gegenüber, ist diese in den Vergleich miteinzubeziehen. Verwendungen gemäß § 1 Abs 2 sind dabei nicht zu berücksichtigen.

3.3.5. Positive Maßnahmen

Positive Maßnahmen sind ebenfalls Maßnahmen zur Frauenförderung. Auch die Quote wird manchmal als positive Maßnahme bezeichnet.

---

§ 8 Gleichbehandlungsgesetz: Positive Maßnahmen

Die in Gesetzen, in Verordnungen, in Instrumenten der kollektiven Rechtsgestaltung oder in generellen mehrere Arbeitnehmerinnen umfassende Verfügungen der/des Arbeitgeberin/Arbeitgebers getroffenen Maßnahmen zur Förderung der Gleichstellung von Frauen und Männern, insbesondere durch Beseitigung tatsächlich bestehender Ungleichheiten im Sinne des Art 7 Abs 2 B-VG, gelten nicht als Diskriminierungen im Sinne dieses Gesetzes. Der Bund kann für besondere Aufwendungen, die Arbeitgeber/inne/n bei der Durchführung solcher Maßnahmen entstehen, Förderungen gewähren.

3.3.6. Gender Mainstreaming

Der Amsterdamer Vertrag nennt die Gleichstellung von Frauen und Männern als grundlegendes Prinzip der Gemeinschaft. In Art 3 Absatz 1 des Vertrages werden die Politiken aufgezählt, die ein gemeinschaftliches Handeln erfordern. Die Liste reicht vom Verbot mengenmäßiger Beschränkungen und aller sonstigen Maßnahmen bei gleicher Wirkung zwischen den Mitgliedstaaten über die Sozialpolitik mit einem europäischen Sozialfonds bis zu den Maßnahmen in den Bereichen Energie, Katastrophenschutz und Fremdenverkehr. Bei allen diesen Tätigkeiten „wirkt die Gemeinschaft darauf hin, Ungleichheiten zu beseitigen und die Gleichstellung von Männern und Frauen zu fördern". Die Geschlechterperspektive ist damit in allen Politikbereichen zu integrieren.

Die Politik der Gleichbehandlung von Frauen und Männern hat mit dem Vertrag von Amsterdam einen einzigartigen Charakter erhalten (Rust 2003, 116).

Art 3 Abs 2 des Vertrages von Amsterdam gilt als rechtliche Grundlage der Strategie des Gender Mainstreaming in der Europäischen Gemeinschaft. Die Verpflichtung der Gemeinschaftsorgane diese Strategie anzuwenden um die tatsächliche Gleichstellung von Frauen und Männern auf allen Ebenen und in allen Bereichen zu erreichen, ist nach herrschender Meinung nicht einklagbar. Die Gleichstellung von Frauen und Männern ist eine klassische „Querschnittsmaterie". Nachdem es eine praktisch alle Politiken berührende Querschnittsmaterie ist, kommt es im Verfolgen dieses Zieles unvermeidlich zu Zielkonflikten mit anderen Zielen der Gemeinschaft (Vollbeschäftigung, Sozialpolitik, Beschäftigungspolitik etc). Einen generellen Vorrang des Gleichstellungszieles vor allen anderen Zielen lässt sich weder aus der Judikatur des EuGH ableiten noch ist dies herrschende Lehre. Die Gleichstellung von Frauen und Männern ist eine Zielbestimmung, positive Maßnamen sind in gewisser Hinsicht auch gemeinschaftsrechtskonform. Die Fachliteratur ist sich auch einig, dass diese Querschnittsaufgabe für alle Tätigkeitsbereiche der Gemeinschaft verbindlich ist. Rechtsanspruch auf Herstellung der Gleichheit besteht aber keiner. Eine Verschlechterung der derzeitigen Standards wäre allerdings rechtswidrig (Rust 2003, 119).

In Österreich gibt es eine Selbstbindung sowohl der Bundesregierung als auch einiger Landesregierungen, die Strategie des Gender Mainstreaming zu verfolgen.

Selbstbindungen haben selten einklagbare Wirkung, sondern stellen eine Interpretationshilfe dar. In Gesetzestexten findet man Gender Mainstreaming in Ausbildungsverordnungen oder auch in Frauenförderplänen oder bei Geschäftseinteilungen der Verwaltung.

---

§ 2 der Grundausbildungsverordnung des Bundeskanzleramtes nennt die Ziele der Grundausbildung

(1) Das Bundeskanzleramt bekennt sich zu einer zukunftsorientierten, individuell abgestimmten und die Grundsätze des Gender Mainstreaming berücksichtigenden Ausbildung nach den neuesten Erkenntnissen der Wissenschaft und Technik.

(2) Die vorrangigen Ziele der Grundausbildung sind, den Bediensteten
1. Kenntnisse und Fähigkeiten, die für die Wahrnehmung der Aufgaben von Arbeitsplätzen einer bestimmten Verwendungsgruppe bzw. Entlohnungsgruppe grundsätzlich erforderlich sind,
2. spezielle Kenntnisse und Fähigkeiten des Arbeitsplatzes, den der Bedienstete zu Beginn der Grundausbildung innehat oder anstrebt,
3. Besonderheiten des Dienstes im Ressortbereich des Bundeskanzleramtes und
4. umfassende Kenntnisse über die Funktionsweise der österreichischen staatlichen Institutionen und der Europäischen Union zu vermitteln.

3.3.7. Diskriminierung

Das Bundesgesetz über die Gleichbehandlung von Männern und Frauen im Arbeitsleben von 1979 statuierte ein Gleichbehandlungsgebot und definierte in § 2 (1) Diskriminierung als jede benachteiligende Differenzierung, die ohne sachliche Rechtfertigung vorgenommen wird. Das Bundesgesetz über die Gleichbehandlung vom 23. Juni 2004 (Gleichbehandlungsgesetz – GlBG) definiert den Begriff der Diskriminierung im Allgemeinen nicht mehr. Es enthält eine Definition der Begriffe „unmittelbare Diskriminierung" und „mittelbare Diskriminierung". Darüber hinaus bestimmt § 5 (3), dass auch die Anweisung einer Person zur Diskriminierung als Diskriminierung gilt. Ebenso sind die sexuelle und die geschlechtliche Belästigung verbotene Diskriminierungen.

---

§ 5 GlbG

(1) Eine unmittelbare Diskriminierung liegt vor, wenn eine Person auf Grund ihres Geschlechtes in einer vergleichbaren Situation eine weniger günstige Behandlung erfährt, als eine andere Person erfährt, erfahren hat oder erfahren würde.

(2) Eine mittelbare Diskriminierung liegt vor, wenn dem Anschein nach neutrale Vorschriften, Kriterien oder Verfahren Personen, die einem Geschlecht angehören, in besonderer Weise gegenüber Personen des anderen Geschlechtes

---

benachteiligen können, es sei denn, die betreffenden Vorschriften, Kriterien oder Verfahren sind durch ein rechtmäßiges Ziel sachlich gerechtfertigt und die Mittel sind zur Erreichung dieses Zieles angemessen und erforderlich.

(3) Eine Diskriminierung liegt auch bei Anweisung einer Person zur Diskriminierung vor.

Anmerkungen

1 §§ 253, 253a, 253b, 253c, ASVG, §§ 121, 122, 122a, 122b BSVG, §§ 130, 131, 131a, 131b GSVG.
2 RL 75/117/EG, Abl Nr 45 v. 19.2.1975
3 RL 76/207/EG, Abl 1976 L 39/40 v 9.2. 1976
4 RL 97/80/EG, ABl 1998 L 014 v 20/01/1998
5 RL 86/378/EG v 24.7.1986
6 RL 79/7/EG v 19.12.1978
7 RL 96/34/EG v. 3. 6. 1996, ABl Nr. L 145 vom 19/06/1996.

Geschlechterverhältnisse und Arbeit

Eva Fleischer

4. Geschlechtsspezifisch segmentierter Arbeitsmarkt

Der Arbeitsmarkt ist in doppelter Weise geschlechtsspezifisch geteilt (segmentiert):

- einerseits durch die Aufteilung in meist besser bezahlte und abgesicherte „Männerberufe" und meist schlechter bezahlte „Frauenberufe" (horizontale Segregation)
- andererseits durch die hierarchische Struktur der Berufe selber, die Frauen am unteren Ende der Verantwortungs- und Einkommenspyramide anordnet und Männer am oberen (vertikale Segregation).

4.1. Horizontale Segregation

Entscheidungen für Bildungs- und Berufswege sind vom Geschlecht mitbestimmt (weitere Faktoren wären Klasse oder Ethnie – das österreichische Schulsystem fördert in hohem Maße gesellschaftliche Ungleichheit über Bildung, u.a. durch fehlende Ganztagsschulen). Im Bereich der Bildung zeigt sich eine deutliche Trennung der Geschlechter. Mädchen haben zwar bezüglich der Bildung an sich aufgeholt: Bei den 60–69-Jährigen sind noch 60 % der Frauen (34 % der Männer) ohne Sekundarabschluss (Abschluss über die Pflichtschule hinaus), während es bei den 20- bis 24-Jährigen nur mehr 15 % sind (Männer 15,4 %) (BMSG 2002, 29), die Auswahl der Bildungswege erfolgt aber immer noch getrennt. Mädchen besuchen eher berufsbildende mittlere Schulen bzw. AHS und BHS, während Burschen eher eine Lehre absolvieren (Männer 46,8 %, Frauen 27 %). (Bergmann et al 2004, 14). Frauen sind zwar auf allen Bildungsebenen gleich stark vertreten wie Männer (Ausnahme: universitäre Zweitabschlüsse sowie Fachhochschulen), es besteht aber weiterhin eine starke Trennung in Bezug auf die Bereiche. Frauen dominieren die wirtschafts- und sozialberuflichen und kaufmännischen Ausbildungen, während Männer die technischen Ausbildungen dominieren (vgl. ebd. 14).

Dies zeigt sich besonders deutlich bei den Lehrberufen. Mädchen konzentrieren sich sehr stark auf wenige Lehrberufe: 2001 verteilten sich 62,8 % weiblichen Lehrlinge auf folgende Berufe:

- Einzelhandelskauffrau
- Bürokauffrau

- Friseurin
- Damenkleidermacherin
- Köchin/Restaurant

„Unter den zehn von Mädchen am häufigsten Lehrberufen findet sich ... kein Produktions- oder technischer Beruf. Im Gegensatz dazu die Situation bei männlichen Lehrlingen: unter den zehn am häufigsten erlernten Lehrberufen finden sich mit zwei Ausnahmen (,Einzelhandelskaufmann' und ,Koch') ausschließlich Produktionsberufe" (ebd., 15)

Der Frauenanteil in nicht-traditionellen Lehrberufen erhöhte sich in den letzten 30 Jahren zwar leicht, in einigen Lehrberufen hat jedoch eine Trendumkehr stattgefunden: Mit einer allgemeinen Abnahme der Lehrstellen war gleichzeitig eine Abnahme der Mädchen unter den Lehrlingen verbunden. Insgesamt sind Mädchen in traditionellen „Männerberufen" immer noch eine Ausnahmeerscheinung. Dabei ist interessant, dass gerade die Berufe sich für Mädchen öffneten, wo sich die Einkommenschancen verschlechterten und Burschen deshalb abwanderten (Tischler, Maler) (vgl. Rabe-Kleberg 2002, 8).

Frauenanteil in von Männern häufig erlernten Lehrberufen 2001

Beruf	Frauenanteil in %
Tischlerin	4,1 %
Maschinenbautechnikerin	1,8 %
Kraftfahrzeugtechnikerin	1,2 %
Elektroinstallationstechnikerin	1,0 %
Sanitär- und Klimatechnikerin	0,5 %

(Tabelle aus Bergmann et al 2004, 21)

Die Segmentierung des Arbeitsmarktes betrifft jedoch nicht nur die Lehrberufe, sondern alle Bildungsebenen.

Mehr als drei Viertel der Frauen waren 2001 in neun Berufsgruppen tätig, die alle einen Frauenanteil von über 50 % aufweisen und als segregierte Frauenberufe gelten. Dazu gehören Berufe im Bildungsbereich (Lehrerin, Kindergärtnerin), im Gesundheits- und sozialen Bereich (Krankenschwester, Hebamme, verschiedene weitere Pflegeberufe), im Büro (Sekretärin, Buchhalterin), im Gastgewerbe (Kellnerin, Köchin), im Einzelhandel (Verkäuferin) sowie Dienstleistungshilfskräfte (Reinigungskraft, Haushaltshilfe). (Bergmann et al 2004, 33)

Auch für die IKT Branche, die als mögliche Zukunftsbranche für Frauen angesehen wurde, hat sich eine Männerdominanz etabliert, dort findet sich ein unterdurchschnittlicher Frauenanteil von 31 %, der Anteil weiblicher Lehrlinge ist rückläufig und lag 2001 bei 14,4 %, zudem ergibt sich eine geschlechtsspezifische Aufteilung innerhalb der IKT-Berufe: Männer konzentrieren sich in den Kernberufen wie Programmierung, Systembetreuung, während Frauen vorwiegend in den Anwendungsberufen als Sekretärinnen oder Sachbearbeiterinnen zu finden sind (vgl. ebd., 38ff).

Zentrale Faktoren für die Berufswahl

Im Laufe des Aufwachsens engen sich die Berufswünsche von Mädchen immer mehr ein, eine wesentliche Rolle spielen dabei Zuschreibungsprozesse, die Berufe als „männlich" bzw. „weiblich" codieren.

„Meiner Mutter wäre sicher lieber gewesen, ich hätte noch etwas klassischer Weiblicheres gemacht. So ein bisschen was mit Kochen oder Nähen, oder so. Da ist die Richtung Lehrerin gerade noch so gegangen. Wir sind so die erste Generation, die ins Akademikerinnen- und Akademikerleben eingestiegen sind. Aber dass es zu mindestens doch eine sehr weibliche Schiene war, so mit Lehramt ist es relativ klar." (Selbstständige in Partnerschaft ohne Betreuungspflichten; Hafelekar 2003)

Bestimmte Fähigkeiten, die für Berufe benötigt werden, werden als „männlich" bzw. „weiblich" beschrieben, wobei diese Zuschreibungen nicht unbedingt Realitätsgehalt haben, z.B. wird körperliche Anstrengung mit Berufen im Baugewerbe assoziiert, nicht aber mit Krankenpflege (vgl. Bergmann et al 2004, 61). Dazu ein Beispiel, wie wichtig soziale Fähigkeiten bei „männlich" konnotierten Tätigkeiten im IKT-Bereich sind:

„Beim Programmieren ist man zumindest bei größeren Projekten in ein Team integriert, hier werden die Aufgaben geteilt, man muss sich abstimmen. Jedoch sitzt man hier oft auch für längere Zeit nur vor seinem Bildschirm und hat wiederum so gut wie keinen Kontakt zu anderen Menschen. Bei der Netzwerkadministration ist darüber hinaus bedeutend, dass man mit Menschen umgehen kann. Reklamationsmanagement und einfühlsame Bewertung von Fehlermeldungen usw. Bezüglich gestalterischer Dinge ist es natürlich erforderlich, dass man ästhetisches Gefühl hat, anwenderbezogene Betrachtungen durchführen kann, entsprechend auch anwender- bzw. kundenfreundliche Bedienung und Informationsvermittlung." (weibliche Personalverantwortliche in Partnerschaft ohne Betreuungspflichten; Hafelekar 2003)

Mädchen und Burschen haben außerdem unterschiedliche Kriterien für ihre Berufswahlen, bei Mädchen steht Interesse, Freude am Beruf im Vordergrund, während Burschen neben dem Interesse den Verdienstmöglichkeiten weit größere Wichtigkeit zuschreiben. Damit spiegelt sich die Geschlechterordnung, die Männer auf die Rolle der durchgehenden Berufstätigkeit mit der impliziten Verpflichtung, einmal Familienernährer zu werden, festschreibt, während für Mädchen diese Verpflichtung eher so gehalten ist, dass sie für sich aufkommen sollen, nicht aber für eine Familie.

> „Ich glaube, wenn ich als Junge aufgewachsen wäre – wäre mir dieses „Geldbeschaffen und Anerkennung gewinnen" leichter gefallen, weil ich es einfach als meinen Part der Gesellschaft begriffen hätte. So war mir lange nicht klar, dass es wichtig ist, einen Beruf zu haben." (weiblich in Partnerschaft, Betreuungspflichten; Hafelekar 2003)

Die Auswahl nach den Interessen ist insofern problematisch, als Interessen durch Schule und Familie wesentlich wahrgenommen und gefördert werden oder auch nicht. Hier schlagen ebenfalls geschlechtsspezifische Zuschreibungen durch, wenn etwa Mädchen, die einen technischen Beruf anstreben, ihre Umgebung erst überzeugen müssen, dass sie das auch wirklich wollen (vgl. Bergmann et al 2004, 63). Eine Berufsorientierung, die geschlechtsspezifische Berufswahlen problematisiert, findet leider noch zu wenig statt.

4.2. Vertikale Segregation

Während die horizontale Segregation die Aufteilung der Erwerbsarbeit nach Branchen meint, bezieht sich die vertikale Segregation auf die Hierarchien in den einzelnen Berufen bzw. Branchen.

> „Es gibt eine Hierarchie zwischen Männerarbeit und Frauenarbeit, die sich auf allen Ebenen der Berufsstruktur, und weitgehend unabhängig von den Inhalten der jeweiligen Berufe, Positionen und/oder Arbeitsplätzen durchsetzt." (Wetterer 1993, 75)

Stiegler beschreibt diese Hierarchie anhand von Professionalisierungsprozessen. Sie unterscheidet drei Phasen (vgl. Stiegler 2003, 47):

1. Frauen sind generell von dem Beruf ausgeschlossen, z.B. Ausschluss von Frauen vom Studium
2. Der Beruf wird Frauen geöffnet, aber nur in bestimmten Segmenten, die wiederum mit Weiblichkeitsbildern assoziiert werden, z.B. Frauen dürfen Kinderärztinnen werden, nicht aber Chirurginnen

3. Frauen erhalten Zugang zu den Segmenten, die „eine größere Laiennähe haben, die weniger in der Öffentlichkeit sind, die weniger Fachkompetenz fordern und die weniger gut bezahlt und angesehen sind" (ebd.). Frauen in IKT-Berufen werden in der KundInnenbetreuung und in der Schulung eingesetzt, nicht aber als Systemadministratorinnen. Wenn Frauen in die an sich Männern vorbehaltenen Positionen aufsteigen, gelten sie als Ausnahmen. Der Effekt ist, dass Frauen ihre Kompetenzen nicht voll einsetzen können, auch nicht die Anerkennung erlangen, die ihnen zu steht, es kann aber auch sein, dass sie aus ihrer Benachteiligung heraus besonders innovativ und kreativ sind. Dies darf jedoch keinesfalls legitimieren, dass Frauen von höheren Positionen de facto weiterhin ausgeschlossen sind („gläserne Decke").

„Ich glaube nicht, dass die Entscheidung zu meiner Ausbildung davon abhängig war, dass ich eine Frau bin. Ich hatte eben mehr Interesse in diesem Gebiet als in typischen „Männergebieten". Ich fühlte mich auch nie durch die Gesellschaft in diesen Beruf gedrängt. Als ich allerdings in der Privatwirtschaft zu arbeiten begann, war mir sofort klar, dass es die Chancengleichheit nur auf dem Papier gibt. Anfangs bezog ich mein niedrigeres Gehalt und meine geringeren Kompetenzen auf die Tatsache, dass ich keine technische Ausbildung hatte. Leider wurde mir bald klar, dass es wohl an meinem Geschlecht lag. Trotz harter (und erfolgreicher) Arbeit wurde ich nie in Erwägung gezogen, wenn es um Aufstiegsmöglichkeiten ging, obwohl ich in vielen Bereichen besser qualifiziert gewesen wäre. Diese ungerechte Behandlung führte schließlich dazu, dass ich mich bemühte, in den öffentlichen Dienst (Schule) hineinzukommen. Dort kann und konnte ich dieses Phänomen nicht beobachten." (Frau mit Betreuungspflichten und Karriereknick; Hafelekar 2003)

„Ich habe es selbst erlebt, was die Vergabe von Führungsaufgaben angeht. In unserem Unternehmen gab es lediglich im Personalwesen weibliche Verantwortliche. Der Bereich Project Consulting, in dem ich tätig war, wurde von einem Herrn geleitet, der letztes Jahr in Ruhestand ging. Obwohl ich schon etliche Jahre in dem Unternehmen war und in dieser Abteilung eine wesentliche Rolle spielte, wurde ich nicht bei der Neubesetzung berücksichtigt. Ganz im Gegenteil – der neue Chef hat mich letztlich rausgemobbt." (Personalverantwortliche in Partnerschaft ohne Betreuungspflichten; Hafelekar 2003)

Eva Fleischer

5. Gesellschaftliche Arbeitsteilung und Geschlecht

5.1. Frauen wollen beides und noch mehr

Grundsätzlich werden vier Arten von Arbeit unterschieden, die unterschiedlich strukturiert sind und auch den Geschlechtern unterschiedlich zugewiesen werden:

- Erwerbsarbeit: Diese wird bezahlt und über das Beschäftigungssystem organisiert, sie ist gesetzlich geregelt, eher sachorientiert, die Organisation ist vorgegeben. Der Arbeitsmarkt ist nach Geschlecht, Ethnie und Klasse aufgeteilt, wobei für Männer die Erwartung durchgehender Erwerbsarbeit besteht.
- Sorgetätigkeit: Diese ist unbezahlt, gesetzlich ungeregelt, in der privaten Lebenswelt verortet, personenorientiert, selbstorganisiert und Frauen zugewiesen.
- Ehrenamt/Gemeinnützige Tätigkeit: Diese ist unbezahlt, findet in der privaten Lebenswelt oder auch im Rahmen öffentlicher Dienste bzw. von Non-Profit-Organisationen statt. Hier finden sich beide Geschlechter, wobei Männer vor allem Funktionen einnehmen, die zumindest soziale Anerkennung und Status „einbringen", z.B. als Vereinsvorstände, während Frauen vielfach unsichtbare Arbeit im Hintergrund leisten, z.B. als Tischmütter bei Erstkommunions- und Firmungsvorbereitung oder in der unbezahlten Aufbauarbeit von Sozialprojekten.
- Subsistenzarbeit: Diese ist unbezahlt, dient der Schaffung der Grundlagen für das alltägliche Überleben z.B. durch Kleinstlandwirtschaft, ist insbesondere in den Ländern des Südens unverzichtbar für das Überleben, überwiegend Frauen zugewiesen.

Im Folgenden konzentriere ich mich auf das Spannungsfeld Erwerbsarbeit und Sorgetätigkeit. Beide Arbeitsbereiche sind hochgradig ambivalent, Frauen stehen vor dem Dilemma „Eines ist zu wenig, beides ist zuviel". Negative Erfahrungen im Beruf lassen den Wunsch nach der (zumindest zeitweisen) Hausfrauentätigkeit entstehen, negative Erfahrungen als Hausfrau rufen den Wunsch nach Berufstätigkeit hervor:

> „Am optimalsten wäre, wenn das eine Ausgleich zum anderen wäre. D.h. die Flucht vor familiärem Stress in die selbstwertsteigernde Berufstätigkeit und Flucht vor berufsbedingtem Stress in die Freiheit und Idylle des Privatlebens. Das eine ergänzt das andere!" (Frau in Partnerschaft mit Betreuungspflichten und Karriereknick; Hafelekar 2003)

Ambivalenzen in Erwerbsarbeit und Sorgetätigkeit

Erwerbsarbeit	Sorgetätigkeit
Positiv: Produktion von Markenqualität, Orientierung an KundInnenbedürfnissen, NutzerInnen, Teamgeist und Kooperation, Bezahlung und gesellschaftliche Anerkennung, Autonomie durch materielle Absicherung	*Positiv:* hoher Grad von Selbstbestimmung, langfristige persönliche Beziehungen, Sinnhaftigkeit, Ideal der Partnerschaftlichkeit, Solidarität
Negativ: Gewinnmaximierung, strenges Zeitreglement, hohe Ausnutzung der Arbeitskraft, Konkurrenz und individueller Ehrgeiz als Ressource von Arbeitsintensität	*Negativ:* keine angemessene Honorierung (weder materiell noch ideell), Abhängigkeitsverhältnis, äußere Zwänge stark vorhanden, einsame Tätigkeit

(Tabelle vgl. Becker-Schmidt 2003, 120, 122)

Die politische Diskussion wird nach wie vor von drei Grundmodellen zur Gestaltung des Miteinanders von Familien- und Erwerbsarbeit von Frauen dominiert.

*   Zwei-Phasen-Modell: Berufstätigkeit nur bis zur Geburt des ersten Kindes, dann Berufsaufgabe
*   Drei-Phasen-Modell: Nach der Ausbildung kurze Berufstätigkeit, nach der Geburt des ersten Kindes langer Berufsausstieg. Der Wiedereinstieg erfolgt erst, nachdem die Kinder aus dem Haus sind, eine Variante davon ist der Berufswiedereinstieg nach Ablauf der Karenz
*   Doppelbelastung: Nach der Ausbildung und Berufstätigkeit, erfolgt Berufsausstieg nach der Geburt nur für die gesetzliche Frist (Mutterschutz), die Weiterarbeit erfolgt Vollzeit oder Teilzeit.

Die Forschung hat mittlerweile aber schon erheblich differenziertere Modelle erhoben.

*   *„Berufsfortsetzerinnen* steigen unmittelbar nach Ablauf der Mutterschutzfrist wieder ins Berufsleben ein. Die gesetzlich vorgeschriebene Unterbrechung beträgt in Österreich 16 Wochen. Diese Frauen haben so gut wie keine beruflichen Wiedereinstiegsprobleme. Die Vereinbarkeit von Familie und Beruf ist allerdings weniger leicht.
*   *Berufsrückkehrerinnen* setzen ihren Berufsweg nach Ablauf der Karenz fort. Sie sehen sich beim Wiedereinstieg insbesondere bei einem neuen Dienstgeber mit Wiedereinstiegsproblemen konfrontiert. Die Vereinbarkeit stellt sich etwas leichter dar als bei den Fortsetzerinnen, da die Kinder schon älter sind.

- *Berufsunterbrecherinnen* bleiben dem Arbeitsmarkt für mehr als zwei, höchstens aber für sechs Jahre fern. Je mehr Kinder sie haben, desto länger wird die Unterbrechung.
- *Wiedereinsteigerinnen* weisen eine Familienphase von mehr als sechs, aber weniger als zwölf oder fünfzehn Jahren auf. Hier stehen Wiedereinstiegsprobleme im Vordergrund.
- *Volleinsteigerinnen* wechseln nach einer mehr oder weniger langen familienbedingten Teilzeitphase in eine Vollzeitbeschäftigung. Der Wiedereinstieg ist insofern problembehaftet, als es weder ein gesetzliches noch ein kollektivvertragliches Recht auf einen derartigen Umstieg gibt. Der volle Einstieg in die Berufswelt hängt vom Alter der Kinder ab.
- *Späte Wiedereinsteigerinnen* verzichten mehr als zwölf bis fünfzehn Jahre bzw. bis zur Selbstständigkeit ihrer Kinder auf den Beruf. Vereinbarkeitsprobleme treten stark in den Hintergrund, die Wiedereinstiegsproblematik ist evident."(BMUJF 1999a, 116)

Generell verfehlt die Alternative zwischen Berufs- oder Hausfrau die Wirklichkeit von Frauen heute. Angemessener ist das Modell der „doppelten Lebensführung" (Geissler, Oechsle 1994, 93) oder auch doppelte Orientierung, d. h. Mütter versuchen, auch in der Zeit des Berufsausstiegs einen Fuß in der Erwerbstätigkeit drinnen zu behalten bzw. geben berufstätige Frauen Jobs wieder auf, wenn sich Betreuungsverhältnisse wieder zerschlagen oder keine adäquate Lösung für die Betreuung zu finden ist, die Belastung zu groß wird, Probleme mit dem Kind entstehen, Schwierigkeiten vom Arbeitgeber kommen oder auch bei Kündigung. Erwerbstätigkeit von Müttern wird so zu einem ein Kontinuum zwischen stundenweiser Beschäftigung und Vollerwerb. Es geht also nicht um ein Entweder-Oder zwischen Erwerbsarbeit und Sorgetätigkeit, sondern um ein Sowohl-als-auch. Es handelt sich auch nicht um eine einmalige Wahl, die getroffen wird, sondern um eine ständige Abfolge von Entscheidungen. Diese doppelte Lebensführung hat das Doppelgesicht von „Befreiung und Zwang" (ebd., 94), d.h. einerseits ist die eigenständige materielle Absicherung mit der damit verbundenen Autonomie eine Befreiung aus Abhängigkeitsverhältnissen, andererseits bietet die Existenz als Hausfrau nicht nur keine Sicherheit mehr, da eine Scheidung als mögliches Risiko mit eingeplant wird, sie wird auch vom sozialen Umfeld und auch von den Selbstkonzepten der Frauen her immer weniger als legitime Lebensform akzeptiert.

Die bisherige Sichtweise, dass Frauen durchgängig als „doppelt vergesellschaftet", d.h. durch Sozialisation und Ausbildung auf Erwerbsarbeit und private Versorgungsarbeit orientiert wären, erfährt durch neuere Forschungsergebnisse Differenzierung. Es gibt Lebensinteressen von jungen Frauen jenseits der klassischen Kombinationen von Beruf und Familie. Barbara Keddi nennt diese Orientierungen „Lebensthemen": Neben den bekannten Lebensthemen wie „Doppelorientierung auf Beruf und Familie", (Beruf und Familie werden nebeneinander geplant und gelebt), „Familie" (Die Familiengründung dient als Orientierung für Pläne und Handlungen, berufliche Ambitionen werden zurückgestellt, beide Partner leben im traditionellen Rollenverständnis), „Beruf" (Der Beruf hat absoluten Vorrang, falls Kinder vorhanden sind, wird die Arbeit des Alltags stark mit dem Partner geteilt), nennt sie die Themen

- „eigener Weg": Es gibt keine konkreten, materiell formulierbaren Lebensziele wie ein Haus oder eine bestimmte berufliche Position, die erreicht werden sollen. Im Zentrum stehen die Selbstverwirklichung, der persönliche Lebensstil, Freundschaften. Kinder können als Aspekt der Selbstverwirklichung verstanden werden, aber nicht zwingend,
- „gemeinsamer Weg": Die Partnerschaft hat oberste Priorität, Kinderwünsche sind eher diffus, werden nicht verwirklicht,
- „Aufrechterhalten des Status quo": „Auskommen, FreundInnen, manchmal ein Partner sind vorhanden; es existieren weder Kinderwünsche noch andere Lebensziele"
  sowie
- „Suche nach Orientierung": Frauen mit „ungünstigen Ausgangsbedingungen und fehlenden Ressourcen" versuchen „eigene Vorstellungen, z.B. hinsichtlich des Berufs, einer Partnerschaft oder Familiengründung zu entwickeln und umzusetzen", was ihnen aber meist nicht gelingt (Keddi 1999). Die jungen Frauen treten auf der Stelle und können ihre Wünsche nicht umsetzen.

Auch bei jungen Männern finden sich diese Lebensthemen, die angenommene ausschließliche Orientierung an Beruf und Karriere muss vom Hintergrund dieser Forschungsergebnisse hinterfragt werden (Keddi 2004, 115).

5.2. Verteilung bezahlte Arbeit – unbezahlte Arbeit

Wenn man alle Tätigkeiten erfasst, die auch von Dritten erledigt werden können, also hauswirtschaftliche und handwerkliche Tätigkeiten, Pflege und Betreuung inklusive Kinderbetreuung und ehrenamtliche Tätigkeiten und die geleistete unbezahlte und bezahlte Arbeit gleichermaßen mit einbezieht, so kommt man zu dem Ergebnis, dass Frauen durchwegs mehr als Männer arbeiten (einzig wenn die Frauen nicht erwerbstätig sind, kommen beide Geschlechter auf ca. 9 Stunden Gesamtarbeitszeit am Tag im Wochendurchschnitt.) Das Verhältnis bezahlte/unbezahlte Arbeit liegt für Frauen bei 31:69, für Männer bei 70:30. Die folgenden Tabellen beziehen sich auf die tägliche Arbeitszeit im Wochendurchschnitt, d.h. inklusive Samstag und Sonntag.

Arbeitszeit Frauen – Männer gesamt

	Frauen	Männer
Erwerbsarbeitszeit	2 h 30 min	5 h
Hausarbeit	5 h 30 min	2 h 15 min
Gesamtarbeitszeit	*8 h*	*7 h 15 min*
Verhältnis Erwerb : Haus	*31 : 69*	*70 : 30*

Arbeitszeit bei Paaren mit mindestens einem Kind unter 15 Jahren

	Frau vollzeitberufstätig	Mann
Erwerbsarbeit	4 h 45 min	6 h 45 min
Hausarbeit	5 h 45 min	2 h 15 min
Gesamt	*10 h 30 min*	*9 h*

	Frau teilzeitberufstätig	Mann
Erwerbsarbeit	3 h 30 min	7 h
Hausarbeit	6 h 15 min	2 h
Gesamt	*9 h 45 min*	*9 h*

	Frau nicht erwerbstätig	Mann
Gesamt	*9 h*	*9 h*

(Tabellen vgl. BMJF, o. J., 10, 14)

Die folgende Statistik gibt den täglichen Zeitaufwand im Wochendurchschnitt an, erfasst sind Partnerschaften mit mindestens einem Kind unter 15 Jahren.

Hausarbeit

Tätigkeiten	Zeitaufwand in Stunden und Minuten	
	Frauen	Männer
Kochen	1 h 18 min	09 min
Putzen	1 h 06 min	09 min
Waschen, bügeln	45 min	01 min
Einkaufen	27 min	13 min
Gartenarbeit	10 min	09 min

(Tabelle vgl. BMJF o. J., 18)

5.3. Kinderbetreuung: den Frauen die Windeln, den Männern das Spiel

Bei der Kinderbetreuung übernehmen die Männer, wenn sie sich beteiligen, eher die angenehmen Arbeiten. Generell wenden Väter weniger Zeit für ihre Kinder auf als Mütter, unabhängig von der Erwerbsbeteiligung der Mütter. Auch wenn die Mütter einer vollen Erwerbsarbeit nachgehen, verwenden sie während der Woche eine volle Stunde mehr Zeit für die Kinder als die Väter. Bei den nicht erwerbstätigen Müttern fällt auf, dass sie auch am Wochenende bedeutend mehr Zeit für die Kinder aufwenden als die Väter – für sie gibt es also kein Wochenende.

Zeitaufwand pro Tag für Kinderbetreuung, mindestens 1 Kind unter 15

Paarkonstellation	Mo–Fr	Samstag	Sonntag
Frau vollzeit	1 h 24 min	49 min	39 min
Mann erwerbstätig	24 min	46 min	54 min
Frau teilzeit	1 h 23 min	1 h 30 min	37 min
Mann erwerbstätig	27 min	1 h 00 min	30 min
Frau nicht erwerbstätig	2 h 44 min	1 h 37 min	1 h 32 min
Mann erwerbstätig	27 min	44 min	46 min

(Tabelle aus BMJF o. J., 20)

Wer macht nun was mit den Kindern? Hier gilt die Regel, Frauen sind für den Alltag zuständig, machen die Basisarbeit der Versorgung der Kinder, sprich füttern, anziehen, waschen. Sie sind es, die mit den Kindern lernen und diejenigen, die mit ihnen durch die Gegend fahren, sei es zum Zahnarzt oder zum Kindergeburtstag. Die Väter spielen mit den Kindern.

Zeitaufwand pro Tag für Kinderbetreuung, mindestens 1 Kind unter 15

	Kinderver-sorgung	Lernen, Sprechen	Spielen	Sport, Kultur
Durchschnittlicher Zeitaufwand, wenn beide Elternteile berufstätig sind				
Frauen erwerbstätig	56 min	14 min	20 min	15 min
Männer erwerbstätig	11 min	3 min	21 min	10 min
Durchschnittlicher Zeitaufwand, wenn nur der Mann berufstätig ist				
Frauen nicht erwerbstätig	1 h 31 min	14 min	33 min	31 min
Männer erwerbstätig	08 min	03 min	20 min	05 min

(Tabelle adaptiert aus BMJF o. J., 20)

Es fragt sich, ob sich an diesen Zahlen in Zukunft viel ändern wird, denn in den durchschnittlichen Familien wird nach wie vor den Kindern das traditionelle Rollenbild vermittelt. Burschen haben wenig Gelegenheit, ihre Väter bei partnerschaftlicher Teilung der Familienarbeit zu erleben. Verstärkend wirkt, dass sie auch viel weniger für diese Arbeiten herangezogen werden: Einerseits müssen mehr Mädchen mithelfen, andererseits müssen sie auch mehr Zeit für ihre Hilfe aufwenden.

Kinder zwischen 10–18 arbeiten durchschnittlich täglich 35,7 Minuten im Haushalt, Burschen täglich 21,4 Minuten, Mädchen täglich 50,4 Minuten. „Insgesamt arbeiten 31 % der Burschen im Alter von 10 bis 18 Jahren und 45 % der Mädchen im Haushalt." (Beham, Huter, Nowak 1998, 15)

5.4. Arbeitsteilung im Haushalt – (k)ein Problem zwischen den Geschlechtern?

Nun ist es zwar so, dass jüngere Männer sich im Haushalt mehr engagieren, aber selbst bei den Fortschrittlichen bleibt es ja doch im Wesentlichen beim „Mithelfen". Die Arbeit in der Familie wird nicht als ein gemeinsam zu lösendes Problem betrachtet. Welche Erklärungsansätze gibt es für dieses Phänomen? Gleich vorweg: die eine Erklärung gibt es nicht. Es ist eine fatale Verflechtung von Ursachen, die zugleich Wirkungen und Wirkungen, die zugleich Ursachen sind. Da wird zunächst einmal Familien- und Hausarbeit generell den Frauen zugeschrieben, diese Arbeit gilt als weiblich. Wenn Frauen diese Arbeiten erledigen, handeln sie im Rahmen kulturell vorgefertigter weiblicher Identität. Dass Männer Familienarbeit leisten, gehört (noch) nicht zum selbstverständlichen Teil ihrer Identität. Dabei wirkt verschärfend, dass Familienarbeit ein symbolisches Mittel für Frauen ist, ihre Zuneigung und Liebe auszudrücken. Männer tun dies, indem sie via Erwerbsarbeit für die Familie „sorgen".

So gaben bei einer repräsentativen Studie 1994 41 % aller Männer an, dass die Frau für den Haushalt und die Kinder zuständig sein soll, der Mann hingegen für den Beruf und die finanzielle Versorgung (Zulehner, Slama 1994, 37). 68 % meinten, dass die Frau „von Natur aus besser dazu geeignet (sei), Kinder aufzuziehen" (ebd., 39).

Die AutorInnen dieser Studie ordneten 36 % der Männer einem traditionellen Männerbild zu, 51 % einem Mittelbereich (jene, die viele Aspekte des Traditionellen respektieren) und nur 13 % einem nicht-traditionellen Männerbild. Der Gerechtigkeit halber muss allerdings erwähnt werden, dass es hier nicht um eine Frontstellung zwischen traditionellen Männern und fortschrittlichen Frauen geht, im Gegenteil, die Fronten liegen quer zu den Geschlechtern. So sind sich die Mehrheit der traditionellen Männer und Frauen einig (50 % bzw. 46 %), dass es eine Zumutung ist, wenn ein Mann in Karenz gehen soll, um sein Kleinkind zu betreuen, von den „neuen" Männern und Frauen tun dies nur 8,2 bzw. 9 % (ebd., 105).

Aber selbst diese Zahlen sind noch nach unten zu revidieren, wenn es darum geht, Ernst zu machen. Bei aller verbaler Aufgeschlossenheit schaut die Realität dann doch oft anders aus. Auch wenn rational eingesehen wird, dass eine partnerschaftliche Arbeitsteilung gerecht wäre, schleichen sich „unter der Hand" dann doch wieder die altbekannten Muster ein. Frauen geht die Arbeit leichter dank jahrelanger Übung von der Hand, sie haben höhere Qualitätsansprüche, Männer sind „schwer von Begriff", haben eine höhere Schmutzschwelle und auch oft gute Ausreden. Dies trifft besonders im „individualisierten Milieu" der gebildeten Mittelschicht zu, das sich verbal den Werten der Gleichberechtigung und Selbstverwirklichung zugehörig fühlt. Da Individualität hier einen sehr hohen Wert hat, wird alles diskutabel: Soll gebügelt werden oder nicht? Von wem? Muss aufgeräumt werden, auch wenn kein Besuch erwartet wird, muss aufgeräumt werden, wenn Besuch erwartet wird? Eine übliche Folge ist, dass derjenige, der größere Wünsche an Sauberkeit, Ordnung usw. hat als der andere, quasi selber schuld ist (vielleicht noch seine repressive Sauberkeitserziehung hinterfragen sollte) und damit auch für die Verwirklichung dieser Wünsche selber zuständig ist, sprich eben aufräumen, putzen muss. Wer den Schmutz, die Unordnung am besten ignorieren kann, hat gewonnen. Das sind meistens die Männer. Fataler Nebeneffekt solcher Arrangements: Die getane Arbeit wird dadurch entwertet, weil sie als persönliche Marotte erscheint, nicht als Beitrag zur gemeinsamen Lebensführung (vgl. Koppetsch, Burkart 1999, 215–219).

> „[Aufteilung der Betreuungspflichten?] Ja, das wäre jetzt Familienthematik, vor dem stehe ich mit meiner Frau auch, und das ist ein sehr schwer lösbares Problem, denke ich, weil Frauen immer einen anderen Anspruch haben an die Qualität des Familienlebens. Also da müsste man eigentlich auf die Ansprüche an die Qualität eingehen – warum muss eigentlich immer alles gewaschen und immer alles in Ordnung sein und Tipptop. Das ist überhaupt kein Thema, sich nicht zu beteiligen, aber der unterschiedliche Anspruchslevel, da kommen wir zum Zug. Das ist alles schon gemacht, bevor mein Aktivitätspotential ausreicht, dass ich was mache." (erwerbstätiger Mann in Partnerschaft ohne Betreuungspflichten; Hafelekar 2003)

> „Flexible Arbeitszeiten und das Zusammenhelfen innerhalb der Familie (Partner und wenn die Kinder alt genug sind, auch die Kinder) sind unbedingt nötig, um Berufstätigkeit und privates Leben gut vereinbaren zu können. Außerdem müsste man als Frau eine gewisse Großzügigkeit haushalterischen Dingen gegenüber besitzen, die mir leider abgeht." (Frau in Ausbildung in Partnerschaft mit Betreuungspflichten; Hafelekar 2003)

Es sind aber nicht nur subtile, oft auch unbewusste Mechanismen, die die gleiche Beteiligung beider Geschlechter – sofern diese überhaupt angestrebt wird – an der Familienarbeit sabotieren. Die Wiederherstellung der alten Muster von Männlichkeit und Weiblichkeit wird auch von Strukturen gestützt, denen sich die Einzelnen schwer entziehen können. Wenn eine kinderlose Beziehung noch relativ partnerschaftlich[1] gestaltet werden kann, so finden sich die Betroffenen sehr schnell im traditionellen Schema wieder, wenn das erste Kind kommt. Ein Sachzwang, der die besten Absichten aller Beteiligten ungemein wirkungsvoll unterläuft, sind dabei die Zeitstrukturen der Erwerbsarbeit. Jobs mit weit mehr als 40 h Wochenarbeitszeit sind keine Ausnahme, im Gegenteil, in Zeiten der Flexibilisierung nehmen die Arbeitszeitanforderungen zu, die Bereitschaft zu Überstunden wird vorausgesetzt. Solche Jobs sind aber nur mit Familie zu vereinbaren, wenn jemand das Hinterland organisiert. Dieser Jemand ist zumeist eine Jefrau, da Frauen die schlechteren Einkommenschancen haben. Damit schließt sich der Kreis.

> „Der Kreislauf der Privilegierung der Männer wird durch das Zusammenspiel der Ebenen Arbeitsmarkt, Erwerbsorganisation und Familie bzw. Paarbeziehung aufrecht erhalten: Die geschlechtspezifischen Erwartungen und beruflichen Möglichkeiten und Perspektiven am organisationsexternen und -internen Arbeitsmarkt erzeugen Arbeitsmarktvorteile, die es den Männern erlauben, Familien- und Hausarbeit zu verweigern und diese Verweigerung gibt ihnen wiederum Vorteile am Arbeitsmarkt." (Auer 2000, 253)

Frauen übernehmen immer mehr Erwerbsarbeit, ihre Männer engagieren sich aber nicht entsprechend mehr in der Familienarbeit. Den Frauen ist dies durchaus bewusst, den Männern weniger. So gaben in einer repräsentativen Studie die Frauen zu 52–63 % an, Kinderbetreuung und Hausarbeit vorwiegend alleine zu leisten, während nur bis 27–39 % der Männer auch der Meinung waren, dass ihre Partnerinnen alleine zuständig seien (Hager, Huemer 1999, 5). Auch bei den vorwiegend von Männern verrichteten Arbeiten klafften Fremd- und Selbstwahrnehmung auseinander, allerdings waren die Differenzen geringer. Mehr als 60 % der Frauen wie Männer (Männer etwas weniger) finden eine partnerschaftliche Arbeitsteilung ideal, aber nur die Hälfte der Frauen, die dieses Ideal haben, sehen dieses in ihrem Alltag erfüllt.

> „Während jeweils rund 60 % der Frauen eine gleiche Arbeitsteilung bezüglich Hausarbeit und Kinderbetreuung als ideal erachten, so sieht rund ein Drittel der Frauen diese als verwirklicht an. Für rund 40 % der Männer ist die gleiche Arbeitsteilung von Hausarbeit und Kinderbetreuung verwirklicht und etwas mehr als die Hälfte aller Männer betrachten diese auch als persönlich ideal." (ebd., 10)

Das müsste doch Anlass zu Auseinandersetzungen geben. Das Gegenteil ist der Fall. 73 % aller Frauen finden, dass die bestehende Arbeitsteilung „zumindest eher gerecht" ist, Männer finden dies zu 80 %. Insbesondere die Frauen wünschen sich zwar mehr Unterstützung von ihren Partnern (31 %, Männer zu 13 %), aber diese Wünsche werden nicht geäußert (ebd., 12).

Wie ist das zu erklären? Eine These ist, dass Gerechtigkeit nicht absolut gemessen wird, sondern im Verhältnis zur jeweiligen kulturellen Norm. Frauen wie Männer vergleichen die Leistungen der Männer mit der Leistung des (fiktiven) Durchschnittsmannes. Wenn nun ein Mann „mithilft", mehr macht als der Nachbar, der gar nichts tut, dann wird dies schon als Besonderheit empfunden, wofür die Frau eigentlich dankbar sein sollte und dieses Wenige nicht noch durch einen Konflikt gefährden. Die Übernahme von (zusätzlicher) Familienarbeit ist ja für Männer nur wenig attraktiv. Warum sollten sie freiwillig etwas übernehmen, das keine Anerkennung bringt? Die Frauen wiederum haben kaum Sanktionsmöglichkeiten, wenn der Mann sich weigert. Dies leitet auch schon zur nächsten These: Frauen scheuen den offenen Konflikt, weil sie sich in abhängiger Position befinden (ebd., 24). Wen wundert es da, dass partnerschaftlichere Arbeitsteilung vor allem bei Paaren zu finden ist, wo die Frauen hohe, meist akademische Bildung und eine ausgeprägte Berufsorientierung haben. Sie verfügen über Jobs mit Möglichkeiten zu flexibler Zeiteinteilung bzw. zu Arbeitszeitreduktion und trotzdem noch ausreichendem Einkommen. Diese Frauen fordern von ihren Männern die Mitarbeit ein (vgl. Busch, Hess-Diebäcker, Stein-Hilbers 1988, Bürgisser 1998).

Es gibt aber noch eine weitere Erklärung: die Ambivalenz der Frauen. Sie wollen zwar einerseits eine partnerschaftliche Arbeitsteilung, andererseits ist es ihnen aber wichtig, Hausarbeit und Kinderbetreuung (65 % bzw. 76 %) selber zu machen (Haager, Hueber 1999, 13). Damit stellen sich Frauen selbst ein Bein. Dies könnte nun mehrere Gründe haben: Sie könnten Angst haben, Macht und Kontrolle über traditionelle Bereiche abzugeben, oder auch Angst, gesellschaftliche Erwartungen an eine Mutter nicht zu erfüllen. Ein weiterer Grund könnte sein, dass insbesondere bei der Kinderbetreuung Frauen den Männern die entsprechende Kompetenz nicht zutrauen, da sie das Leitbild der „intensiven Kindererziehung"(Hays 1999, 26) nicht teilen. D.h. die Männer lesen in der Zeitung, während sie die Kinder beaufsichtigen, aber sie beschäftigen sich nicht mit ihnen, sie lesen nicht die entsprechenden Erziehungsratgeber, um sich das notwendige Wissen anzueignen, sie fühlen sich nicht in der Weise umfassend für ihre Kinder verantwortlich wie es die Mütter tun. So kommt es zu der Ambivalenz, dass Mütter sich zwar wünschen, dass sich die Väter mehr um die Kinder kümmern, „aber sie befürchten, dass Männer nicht wissen, wie man das richtig macht, dass sie es einfach nicht richtig können oder es nicht richtig machen wollen" (ebd., 142).

So kommt es dazu, dass sie, wenn sie delegieren (wollen), dies am ehesten an andere Frauen tun. Damit vermeiden sie Konflikte mit den Männern, darüber hinaus werden anderen Frauen die entsprechenden Fähigkeiten eher zugesprochen.

Forscherinnen untersuchten Paare in flexiblen Arbeitszeitverhältnissen und hatten die Erwartung, dass durch die Erwerbsarbeit der Frauen Männer mehr Familienarbeit übernehmen würden. Sie fanden Arbeitsumverteilung, aber zwischen verschiedenen Frauengruppen. Jüngere, höher qualifizierte, wohlhabendere einheimische Frauen (und natürlich auch Männer) werden durch ältere, gering qualifizierte, sozial benachteiligte und oft auch ausländische Frauen in der familiären Arbeit entlastet. (Rerrich 1993, 331)

Ob es sich um die (schwarz arbeitende) Putzfrau oder Pflegerin, das informelle Freundinnen- und Mütternetzwerk, das Au-pair-Mädchen, die Großmutter oder die Kinderfrau handelt, die Arbeit des Alltags liegt weiterhin in Frauenhand. Es sind die Mütter, die den Alltag und die damit befassten Frauen organisieren und damit die Väter für ihre Berufsarbeit freistellen. Damit entstehen neue Hierarchien zwischen Frauen, die das Ergebnis des Zusammentreffens zweier Faktoren sind: Einerseits ist die mütterliche Erwerbstätigkeit im Wohlfahrtsstaat von seinen unterstützenden Institutionen nicht wirklich vorgesehen, was zu großen Alltagsbelastungen führt, wofür die Frauen Hilfe suchen. Andererseits sind viele Frauen auf schlecht bezahlte, ungesicherte Arbeitsverhältnisse im Haushalt verwiesen, weil sie nichts anderes finden bzw. offiziell nicht arbeiten dürfen.

5.5. Institutionelle Angebote zur Betreuung von Kindern und Pflegebedürftigen

In Österreich liegt die Verantwortung für die Betreuung der Kinder traditionellerweise in den Händen der Familie, d.h. der Frauen. Die einzige Ausnahme bildet der Kindergartenbesuch für Kinder ab 4 bzw. 5 Lebensjahren, der zur akzeptierten Norm geworden ist, so werden in der Altergruppe von 5 bis unter 6 Jahren 90 % aller Kinder institutionell betreut (BMSG 2002, 87). Schlecht sieht es dagegen für die Altersgruppe der jüngeren Kinder, insbesondere der 0 bis 3-Jährigen und der Schulkinder, der 6 bis 11jährigen aus.

> „Während von den Jüngsten (bis 2 Jahre) nur 8 % institutionell betreut werden, sind es im Alter von 3 bis 5 Jahren 78 %; bei den 6- bis 11-Jährigen sinkt der Anteil der betreuten Kinder … wieder auf 6 %." (ebd., 87)[2]

Angebote zur Kinderbetreuung konzentrieren sich in den östlichen Bundesländern bzw. in den Landeshauptstädten, die Versorgung am Land ist völlig unzureichend. Abgesehen davon, ob es überhaupt eine Möglichkeit zur Kinderbetreuung gibt, stellt sich insbesondere die Frage der Öffnungszeiten, wenn es um die Vereinbarung von Berufs- und Sorgetätigkeit geht. Auch hier hat Österreich Nachholbedarf: Ganztageseinrichtungen sind ebenso Mangelware wie solche, die zu leistbaren Preisen während des ganzen Jahres geöffnet haben.

Dies hat zur Konsequenz, dass Berufstätigkeit von Müttern, die fast ausschließlich für die Betreuung der Kinder zuständig sind, nur unter großen Schwierigkeiten realisiert werden kann. Individuell werden Lösungen gesucht durch private Netzwerke, Kombinationen von mehreren Betreuungsverhältnissen, Teilzeitarbeit oder die Erwerbsarbeit wird resignierend aufgegeben, weil die Kosten für die Kinderbetreuung die erwarteten Einnahmen übersteigen bzw. der logistische Aufwand zu groß ist.

Ganz abgesehen davon wäre auch noch eine Qualitätsdiskussion zu führen, wo auch das „Wie" der Betreuung diskutiert wird, etwa das Verhältnis BetreuerInnen – Kinder, die Aus- und Weiterbildung der BetreuerInnen, deren Bezahlung oder auch die räumliche Gestaltung der Einrichtungen.

Auch die Pflege von älteren Menschen liegt überwiegend in der Hand der (Schwieger)-Töchter und Partnerinnen. Die Zahl der Heimplätze ist schon jetzt nicht ausreichend, ebenso wenig wie die unterstützenden ambulanten Strukturen. Das Problem wird sich aber in Zukunft noch verschärfen.

Dazu Zahlen aus einer aktuellen Studie der Arbeiterkammer Tirol:

> „In Tirol gibt es rund 23.000 pflegebedürftige Menschen. Von diesen 23.000 pflegebedürftigen Menschen werden ca. 4.700 Personen stationär gepflegt. Das bedeutet, dass in Tirol rund 80 Prozent der Pflege in der Familie erfolgt. 87 % (der Pflegenden) sind Frauen. Rund 20 % der Pflegenden mussten ihren Beruf für die Pflege ganz oder zumindest teilweise aufgeben. Zwei Drittel der Pflegenden sind bereits in Pension oder Hausfrauen, ein Drittel übt noch einen Beruf aus. Mehr als ein Viertel der Pflegenden haben keine Pensionsversicherung, 8 % wissen nicht, inwieweit sie überhaupt versichert sind. Bis 2020 sind aufgrund der demographischen Entwicklung zusätzlich 1.000 Pflegepersonen und 2.500 Pflegebetten erforderlich." (Arbeiterkammer Tirol 2004)

Dies heißt nicht nur, dass der Druck auf den Staat zur Einrichtung von Heimen größer werden wird, sondern auch der Druck auf das ohnehin schon überlastete Personal in den Heimen, für die pflegenden Frauen erhöht sich ebenfalls der Druck: Mangels Alternativen werden sie um so mehr gezwungen sein, entweder selber die Pflege zu übernehmen oder die zu Betreuenden mit schlechtem Gewissen in unzureichenden Institutionen unterbringen. Die Frage der Altenbetreuung im Zusammenhang mit der Erwerbsbeteiligung von Frauen wird noch viel zu wenig diskutiert.

5.6. Flexible Frauenarbeit

Flexibilität gilt als eine der zentralen Schlüsselqualifikationen am Arbeitsmarkt, Flexibilisierung der Arbeitsverhältnisse als der Königsweg zur Bekämpfung der Arbeitslosigkeit. Gleichzeitig gilt Flexibilisierung auch als ein Weg, um Beruf und Sorgepflichten zu vereinbaren. Flexible Arbeit umfasst weit mehr als Gleitzeit- oder Teilzeitregelungen. Ich werde nun zunächst einen Überblick über die vielen Möglichkeiten der Flexibilisierung des Arbeitsmarktes geben und dann auf die spezifische Betroffenheit bzw. Interessenslage von Frauen eingehen. Was ist mit Flexibilität gemeint, bzw. was soll denn mit der Flexibilisierung überwunden werden? Als inflexibel im Beschäftigungssystem gilt:

- Mangelnde Mobilität (regional und beruflich)
- Starrheit des Lohnniveaus (Kollektivverträge mit Untergrenzen)
- Starre Arbeitszeitregelungen
- Nivellierte Lohnstruktur (Sockelbeträge bei Lohnerhöhungen)
- Bestandsschutz der Arbeitsverhältnisse (Kündigungsfristen, Sozialleistungen) (vgl. Altvater 1996, 312)

Dementsprechend gibt es unterschiedliche Ansatzpunkte für die Flexibilisierung am Arbeitsmarkt:

- Arbeitszeit: Entkoppelung von Betriebszeiten und individuellen Arbeitszeiten; Einführung von mehr Wahlfreiheit für Arbeitnehmer und Arbeitgeber (z.B. KAPOVAZ = Kapazitätsorientierte variable Arbeitszeit oder Arbeit auf Abruf, MitarbeiterInnen werden für ein bestimmtes Stundenausmaß mit Schwankungsbreite angestellt, z.B. 10–15 Stunden pro Woche, aber ohne fixe Arbeitszeiten, sie erfahren dann sehr kurzfristig, z.B. am Tag davor ihre jeweiligen Arbeitszeiten)
- Arbeitsentgelte: Senkung der Zuwächse der Löhne, Senkung der Lohnnebenkosten, Differenzierung der Lohnstrukturen, Einführung von Billiglöhnen mit staatlicher Unterstützung, Zeitausgleich statt Überstundenentgelte
- ArbeitnehmerInnenschutz: Änderung der Kündigungsschutzfristen, der Vorschriften über Sozialleistungen und des Arbeitszeitenschutz
- Mobilität: Senkung der Arbeitslosenunterstützung zur Minderung der Suchzeiten, Erhöhung der Einkommensunterschiede in Branchen und Qualifikationen (vgl. Hohenemser 1993, 61ff).

5.6.1. „Atypische Arbeitsverhältnisse"

„Atypische Arbeitsverhältnisse" sind alle Arbeitsverhältnisse, die nicht dem Normalarbeitsverhältnis entsprechen, das durch unbefristete regelmäßige 40h-Arbeit (möglichst zwischen 8 und 16 Uhr täglich ohne Wochenendarbeit) gekennzeichnet ist. Das „Atypische" ergibt sich aus zwei Variablen, die entweder einzeln oder auch gemeinsam auftreten können (Arbeitszeit bzw. Arbeitsverhältnis). Die Assoziation von „atypisch" mit „selten" trifft immer weniger zu. Gerade EinsteigerInnen am Arbeitmarkt finden zunehmend zunächst nur atypische Beschäftigungen. Die Flexibilisierung der Arbeitszeit ist möglich durch

- Teilzeitarbeit (regelmäßige Wochenarbeitszeit unter 40 bzw. 38,5 Stunden pro Woche, Altersteilzeit oder auch Job-Sharing, wenn zwei Teilzeitkräfte zu je 20 Stunden sich einen Arbeitsplatz teilen, geringfügige Beschäftigung) oder durch
- Zeitarbeit (befristete Beschäftigung, Leiharbeit, Saisonarbeit, Gelegenheitsarbeit) oder durch
- variable/unzusammenhängende Arbeit: Schichtarbeit, Blockarbeit (4 Tage arbeiten, 2 Tage frei), Nachtarbeit, Wochenendarbeit, Arbeit auf Abruf (KAPOVAZ), Sabbatical (4 Jahre bei 80 % Einkommen arbeiten, 1 Jahr Freistellung mit 80 % Einkommen), Karenz, dänisches Modell der Job-Rotation (5 Personen teilen sich 4 Arbeitsplätze, abwechselnd hat jeweils eine Person Weiterbildungsphasen)

5.6.2. Flexible Arbeitszeit

Teilzeitarbeit ist ein Frauenphänomen, 2000 waren 29 % aller Frauen teilzeitbeschäftigt, lediglich 3 % der Männer, verheiratete Frauen zwischen 30 und 44 Jahren arbeiten am häufigsten Teilzeit, während Männer, die Teilzeit arbeiten, eher „zwischen 20 und 30 Jahre alt" sind, „geschieden oder ledig" (BMSG 2002, 51). Während Frauen aufgrund ihrer Sorgetätigkeit Teilzeit arbeiten (64,7 %, Männer 16,9 %), sind es bei Männern vor allem Weiterbildungsinteressen, die Ablehnung von Vollzeitarbeit oder sonstige Gründe, die sie dazu bewegen (ebd.). Teilzeitarbeit wird oft als Lösung für die Vereinbarkeitsproblematik angesehen, die Vor- und Nachteile sind aber durchaus differenziert zu bewerten.

Vor- und Nachteile der Teilzeitarbeit

Vorteile	Nachteile
ArbeitgeberIn • Erweiterung der Betriebszeit • Teilzeitarbeit kann kostengünstiger sein • belastungsgerechter Personaleinsatz • bessere Position am Arbeitsmarkt • besseres Firmenimage • Vermeidung oder Abmilderung von Personalabbau durch freiwillige Teilzeitarbeit • Vermeidung von ungewollter Personalaufstockung • höhere Arbeitsproduktivität • Wünsche von Vollzeitkräften und BerufsrückkehrerInnen können berücksichtigt werden	*ArbeitgeberIn* • höhere Personalbetreuungskosten • Höhere Infrastruktur und Personalnebenkosten[3] • höhere Arbeitsvorbereitungs-, Organisations- und Führungskosten • zusätzliche Kosten wegen Überschreitung gesetzlicher Schwellenwerte • höhere Anlauf- und Rüstzeiten

ArbeitnehmerIn	ArbeitnehmerIn
• mehr Zeit für die Familie • mehr Zeit für sich selbst • mehr Zeit für Aus- und Weiterbildung bzw. Nebenbeschäftigung • geringere Belastung durch Arbeit • geringere Steuerbelastung • geringere private Ausgaben (Inanspruchnahme von Dienstleistungen) • Teilnahme am Erwerbsleben • Kontinuität des Erwerbslebens • (Zu-)Verdienst	• geringes Einkommen (Arbeitszeitverkürzung ohne Lohnausgleich) • geringere Pension und reduzierter Anspruch auf Arbeitslosengeld • geringere betriebliche Sozialleistungen • Nebenkosten der Erwerbstätigkeit sinken nicht (unbedingt) proportional • Verzögerung des beruflichen Aufstieges • Teilzeitarbeit ist in Bereichen mit hohem Leistungsdruck und geringem Einkommen am häufigsten, selten bei qualifizierten Tätigkeiten • oft kein Aufstieg bzw. Rückkehr auf Vollzeit möglich

(Tabelle in Bundesministerium für Familie, Senioren, Frauen und Jugend: Familienfreundliche Maßnahmen im Betrieb. Bonn: o. J., 39)

Frauen suchen Teilzeitarbeitsplätze, weil ihnen die Angebote zur Kinderbetreuung und zur Pflege von Angehörigen keine andere Wahl lassen, in bestimmten Branchen ist es jedoch schwierig, solche Arbeitsplätze zu erhalten.

> Ich wollte flexible Zeiten oder ich wollte auch einen Teil zu Hause arbeiten, das war überhaupt nicht möglich. Das XX ist die einzige Firma in Tirol, glaube ich, die das macht. Ich habe mich auch angemeldet für einen Kurs beim AMS. Ich war sehr interessiert, aber ich musste eine Firma finden, die sagte, dass sie mich nach diesem Kurs nehmen werden. Ich habe keine Firma gefunden, obwohl ich jedes Mal, wenn ich meinen [Vorstellungs-] Termin gehabt habe, der sagte, ja, Sie haben wirklich einen Lebenslauf, Sie haben sehr viel gemacht, Frau XXX. Aber niemand war interessiert! (Frau, selbstständig tätig, mit Betreuungspflichten in Partnerschaft; Hafelekar 2003)

Flexible Arbeitszeit muss nicht Teilzeitarbeit heißen, die Flexibilität kann sich auch auf die eigene Einteilung der Arbeitszeit und/oder auf umfassendere Verfügbarkeit je nach Arbeitsanfall bedeuten. Während die erstere Flexibilität Vereinbarung erleichtert, können bei der zweiten Variante auch neue Betreuungsprobleme entstehen, weil die Arbeitszeit oftmals auch nicht planbar quer zu den Angeboten der Betreuungsinstitutionen liegt.

> In der IT-Branche jetzt [für Alleinerziehende] umso schwieriger, weil eben diese doch flexible Arbeitszeit notwendig ist. Die kann sich nicht verlassen, dass sie um 16 Uhr daheim ist, weil die Babysitterin abgelöst werden muss, das kann nämlich bis 23 Uhr auch gehen, gerade in der IT-Branche, also das ist eher schwierig von dem her. (männlicher Personalverantwortlicher in Partnerschaft mit Kind; Hafelekar 2003)

5.6.3. Flexible Arbeitsverhältnisse

Flexibilisierung des *Arbeitsverhältnisses* betrifft alle Arbeitsverhältnisse jenseits des Schutzes durch Kollektivverträge, oft bewegen sich diese in einem Graubereich zwischen Angestelltenverhältnis und Selbstständigkeit. Die wichtigsten atypische Arbeitsverhältnisse sind:

- Abhängige Selbstständigkeit: Die Selbstständigen arbeiten zwar auf eigene Verantwortung, haben aber nur einen Auftraggeber/eine Auftragnehmerin. Oft kommt es zu abhängigen Selbstständigen im Zuge von Outsourcing, wenn Firmen Teilbereiche auslagern, z.B. die Buchhaltung und die ehemals Angestellten als WerkvertragsnehmerInnen nun die gleiche Arbeit machen, aber alleine das Risiko tragen.
- Werkverträge: Ein Werk bzw. Erfolg wird geschuldet, das Honorar wird für das Werk bezahlt, nicht für den Zeitaufwand, die Vertragsdauer ist von der Dauer der Werkleistung unabhängig und die Leistung des Werks ist durch Dritte möglich.
- Freie Dienstverträge: Der Vertrag wird auf bestimmte oder unbestimmte Zeit abgeschlossen, die DienstnehmerInnen schulden nur die Arbeitskraft, nicht den Erfolg, das Entgelt wird für die Arbeitsdauer bezahlt, nicht für das Werk und die Leistung muss persönlich erbracht werden. Freie DienstnehmerInnen sind arbeitsrechtlich wesentlich schlechter gestellt als ArbeitnehmerInnen, da wichtige arbeitsrechtliche Schutzgesetze für sie nicht gelten. Damit bestehen – mangels besonderer Vereinbarung – keine Ansprüche auf: Kollektivvertragslohn, Sonderzahlungen, Abfertigung, Urlaub, Dienstfreistellungen, Krankenentgelt, Kündigungsschutz. Da freie DienstnehmerInnen auch nicht arbeiterkammerzugehörig sind, können diese keine Leistungen der Arbeiterkammer (z.B. Rechtsschutz) in Anspruch nehmen.
- Geringfügige Beschäftigung: Geringfügig Beschäftigte verdienen unter der Geringfügigkeitsgrenze (Stand 2004) von € 316,19 pro Monat, sie sind primär nicht kranken-, pensions- und arbeitslosenversichert. Seit 1. 1. 1998 besteht jedoch die Möglichkeit, sich selber Kranken- und Pensionsversicherungsbeiträge zu zahlen, wenn ein Einkommen unter der Geringfügigkeitsgrenze vorliegt. Bei mehreren geringfügigen Beschäftigungsverhältnissen und einem Einkommen über € 316,19 (Stand 2004) besteht Versicherungspflicht. Ebenso, wenn zusätzlich

zu einem versicherungspflichtigen Arbeitsverhältnis eine geringfügige Beschäftigung ausgeübt wird. Die Möglichkeit der Selbstversicherung nutzt aber nur ein geringer Teil der geringfügig Beschäftigten. Geringfügig Beschäftigte sind jedoch nicht arbeitslosenversichert, es besteht auch keine Möglichkeit, sich selber für die Arbeitslosenversicherung zu entscheiden, d. h. es gibt keinen Anspruch auf Arbeitslosengeld, Notstandshilfe, Schulungsarbeitslosengeld. Derzeit nehmen geringfügige Beschäftigungen zu, die voll versicherten ab, der Frauenanteil liegt bei 72 %, besonders betroffen sind weibliche Arbeiterinnen, die 61 % der geringfügig Beschäftigten ausmachen (BMSG 2002, 52).

Anmerkungen

1 Auch für diese Konstellation liefern Koppetsch und Burkart ernüchternde Befunde in ihren Interviews, sie sprechen in diesem Zusammenhang von einer „Gleichheitsillusion" (Koppetsch, Burkart 1999, 160).

2 Aktuelle Daten zur Situation in Tirol siehe Zoller 2003 bzw. 2004.

3 Dass Teilzeit auf jeden Fall für die ArbeitgeberInnen zu höheren Kosten führt, kann nicht so eindeutig behauptet werden, wie es in dieser Auflistung scheint. Neben den laufenden Lohnkosten müssen die Investitionskosten pro Arbeitsplatz, Aus- und Weiterbildungskosten, Kosten der Personalgewinnung, Dauer der Betriebszugehörigkeit sowie die Produktivität pro Stunde verglichen werden. Dies geht auf der Ebene der Einzelfaktoren gut, schwieriger ist der Vergleich der Gesamtkosten. Mittlerweile wurde ein „interaktives Simulationswerkzeug" entwickelt, mit dem eine differenzierte quantitative wie qualitative Bewertung von Teilzeit und Vollzeitarbeit möglich ist *(http://www.ximes. net/teilzeit/index.jsp)*

Eva Fleischer

6. Arbeitsbewertung: „Gleicher Lohn für gleiche Arbeit"

6.1. Einkommen durch Erwerbsarbeit

Unselbstständig tätige Frauen verdienten 2002 in Österreich 32,8 % weniger als Männer (Arbeiterkammer Salzburg 2004). Werden die Einkommen rechnerisch um die Teilzeittätigkeit „bereinigt", beträgt der Unterschied nur mehr 18,5 % (ebd.). Die Einkommen von Frauen und Männern differieren je nach Bildungsstand und Branche bzw. DienstgeberInnen unterschiedlich stark. Nach Bundesländern betrachtet, gibt es die größten Unterschiede in Oberösterreich und der Steiermark. Am geringsten ist der Einkommensnachteil der Frauen in Wien und in Tirol ausgeprägt. Von den Berufsgruppen und Funktionen her ist bei Vollzeiterwerbsarbeit der geringste Einkommensunterschied im öffentlichen Dienst festzustellen (6 %), der größte bei FacharbeiterInnen, VorarbeiterInnen und MeisterInnen (29 %) (BMSG 2002, 203). Von der Ausbildung her gibt es die größten Unterschiede bei Pflichtschul- und Uni-

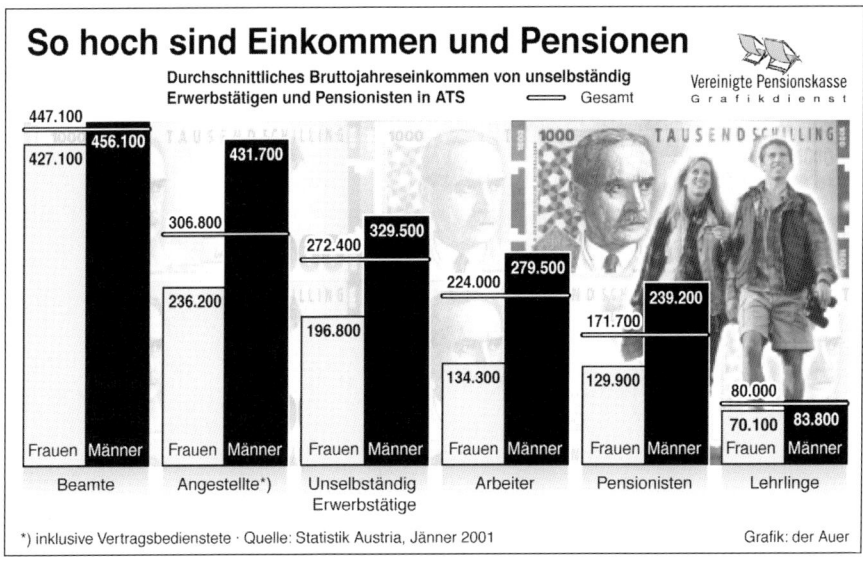

(http://www.auer.at/schaubild/schaub13_01.pdf http://infografik.at)

versitätsabsolventInnen (27 % bzw. 26 %), die geringsten bei Hochschulverwandten Lehranstalten (Sozialakademien, Pädagogische Akademien) (3 %) (ebd.). Das heißt, dass auch akademische Bildung nicht vor Lohndiskriminierung schützt.

Da Teilzeitarbeit bzw. geringfügige Beschäftigung für viele Frauen Realität ist, sind die effektiven Einkommensunterschiede erheblich. So lag 1998 das mittlere Fraueneinkommen bei 67,2 % des mittleren Männereinkommens (Mairhuber 2001, 138). In Folge gibt es auch bei den Arbeitslosenentgelten deutliche Unterschiede zwischen Frauen und Männern. 1998 erhielten „75 % der Frauen und 30 % der Männer weniger (Arbeitslosenentgelt) als die Ausgleichszulage (7.992,--)" (ebd., 139). „Frauen erhielten 2000 nur 73 % der durchschnittlichen Arbeitslosenbezüge der Männer bzw. 2.718 S weniger" (BMSG 2002, 68) Auch ungeschützte Beschäftigungsverhältnisse sind vorwiegend ein Frauenproblem. 1997 waren 72,8 % der geringfügig Beschäftigten Frauen, wobei sie in der Gruppe derjenigen, die ausschließlich geringfügig beschäftigt waren, 82,1 % ausmachten (Talos o.J., 403).

Was sind nun die Gründe für diese Einkommensunterschiede?

- „Typische" Frauenberufe werden niedriger bewertet als „typische" Männerberufe. Diese Niedrigbewertung setzt sich wiederum aus mehreren Faktoren zusammen (vgl. Stiegler 2003, 41ff): Anforderungen, die bei „Männerberufen" zu einer höheren Entlohnung führen, werden bei „Frauenberufen" nicht wahrgenommen bzw. nicht belohnt (Körperkraft beim Pflegepersonal, Verantwortung bei KindergärtnerInnen). Kriterien zur Arbeitsbewertung werden geschlechtsspezifisch interpretiert (als physische Belastung gilt der Einsatz von Muskelkraft, nicht aber langes Stehen oder monotone feinmotorische Bewegungen). Bewertungskriterien werden gebündelt: wenn ein Kriterium nicht vorhanden ist, werden auch andere höherwertige Kriterien nicht anerkannt, z.B. wird besondere Verantwortung nur dann besonders entlohnt, wenn „gründliche, umfassende Fachkenntnisse und selbstständige Leistungen erfüllt sind, was zur Folge hat, dass bei der Eingruppierung der Arbeit von Erzieherinnen das Kriterium der Verantwortung überhaupt nicht herangezogen wird" (ebd., 42). Männern zugewiesene Kriterien werden besser entlohnt als solche, die Frauen zugewiesen werden. D.h. Arbeit an und mit Apparaten gilt „mehr" als Arbeit für und an Menschen. Als typische Hochlohnbranchen gelten Industrie und Gewerbe, so finden sich die höchsten Verdienste von männlichen Angestellten in der Mineralölverarbeitung bzw. im Bergbau, Niedriglohnbranchen finden sich vor allem im Dienstleistungssektor, z.B. im Handel.
- „Frauenberufe" sind Sackgassenberufe, weder Aufstiegschancen bieten noch die Möglichkeit, sich selbstständig zu machen wie z.B. die Arzthelferin, die Rechtsanwaltsgehilfin, die Zahnarzthelferin.
- Frauen erhalten seltener als Männer die Chance, in leitende Positionen aufzusteigen oder sich weiterzubilden. Dies betrifft alle Frauen, aber insbesondere jene,

die aufgrund ihrer Sorgepflichten Teilzeit oder mit Unterbrechungen arbeiten. Frauen erhalten, wenn überhaupt, vor allem Zugang zu niedriger entlohnten Führungspositionen. „Eine relativ kleine Gruppe von Frauen verdient in der Berufsgruppe ‚Angestellte gesetzgebender Körperschaften, leitende Verwaltungsbedienste und Führungskräfte in der Privatwirtschaft am besten, nämlich 374.000 S. Gegenüber den männlichen Kollegen in dieser Gruppe zeigt sich jedoch ein Einkommensnachteil der Frauen von 47 %. Die Männer beziehen hier mit 701.700 S ebenfalls die höchsten Einkommen" (BMSG 2002, 61).

- Ein weiterer Grund für die Einkommensunterschiede ist die verringerte Erwerbsarbeitzeit. Weil Frauen den Großteil der unbezahlten Sorgearbeit übernehmen und deshalb vermehrt Teilzeit arbeiten, (88,1 % der Teilzeitbeschäftigten sind Frauen), erhalten Frauen auch entsprechend niedrige Löhne.

- Im Gegensatz zu Männern, deren Einkommen im Laufe des Lebens steigen, die also „aufstiegsorientierte Karriere" machen, kommt es bei Frauen zum Phänomen der „gleichbleibenden Karrieren", Frauen bleiben in ihrem gewählten Erstberuf bzw. auf der Position, mit der sie ins Berufsleben eingestiegen sind. Das heißt, dass sich die Einkommensunterschiede im Alter verschärfen:
„Bei den Frauen steigt das mittlere standardisierte Brutto-Jahreseinkommen von der Gruppe der 20- bis 29-jährigen bis zu den 50- bis 59-Jährigen von 214.600 S auf 268.700 S an (um 25 %). Bei den Männern erhöht sich das Einkommen im Schritt etwa um die Hälfte (+53 %, von 289.300 S auf 442.800 S) (BMSG 2002, 60).

- Zusätzlich wirken sich Berufsunterbrechungen wegen familiärer Sorgearbeit negativ auf die Einkommen aus. Anders als bei Männern sind Frauenbiographien durch zahlreiche Unterbrechungen der Erwerbstätigkeit gekennzeichnet: Karenzzeiten oder der längerfristige Ausstieg aus dem Beruf wegen Kinderbetreuungspflichten sind typisch. Während Männer ein Arbeitsverhältnis beenden, um eine besser bezahlte Tätigkeit aufzunehmen (27 %, Frauen 15 %), wechseln Frauen den Job bzw. geben ihn auf, um ihren Sorgepflichten besser nachkommen zu können (25 %, Männer 2 %) (ebd.). Einer verheirateten Frau kostet ein Kind durchschnittlich sieben Vollerwerbsjahre, zwei Kinder zehn und drei Kinder elf Berufsjahre. Damit senken Kinder das Lebenseinkommen der Frau: Ein Kind mindert das Lebenseinkommen um 18 %, zwei Kinder um 26 % und drei Kinder um 28 % (Ninz 1999, 33). Doch damit nicht genug, weitere Abstriche bringen die unterqualifizierten Jobs bzw. atypische Beschäftigungsverhältnisse, die Frauen nach der Kinderpause annehmen (müssen), diese vermindern das Lebenseinkommen um weitere 20 %. Das wirkt sich dann auch in der Pension aus, als Faustregel gilt: pro Kind ein Tausender (ca. € 73) weniger Pension pro Monat (ebd.).

54 Millionen Dollar für Frauen-Diskriminierung
New York – Die US-Broker-Firma Morgan Stanley hat am Montag einen Vergleich von 54 Mio. Dollar (43,6 Mill. Euro) wegen Vorwürfen systematischer Frauendiskriminierung an der Wall Street geschlossen. Durch die Zahlung vermeidet das Unternehmen ein öffentliches Gerichtsverfahren. Klägerin Allison Schieffelin hatte mit einer Beschwerde gegen ihren früheren Arbeitgeber Morgan Stanley das Verfahren ins Rollen gebracht. Dabei wurde sie von der Kommission für gleiche Beschäftigungschancen (EEOC – Equal Employment Opportunity Commission) unterstützt.

Geschlechtsspezifika
Die ehemalige Wertpapierhändlerin Schieffelin und weitere Beschwerdeführerinnen warfen Morgan Stanley vor, sie wegen ihres Geschlechts nicht befördert zu haben und Frauen sogar im Vergleich zu Männern, die weniger leisten, weniger zu bezahlen. Weiters herrsche in der Firma ein frauenfeindliches Klima, so gäbe es Ausflüge mit Kunden in Striptease-Lokale, von denen Frauen ausgeschlossen seien, Golftourniere nur für Männer und Geburtstagstorten in Form von Brüsten. Neben verbaler Belästigung durch sexistische Bemerkungen seien weibliche Angestellte auch körperlich belästigt, begrapscht und auf den Po geschlagen worden. Auch seien weiblichen Beschäftigten nach Mutterschutzurlaub Gehaltserhöhungen und Beförderungen verweigert worden.

Vergleich
Die im Jahr 2000 von Morgan Stanley gekündigte Klägerin erhält nun 12 Millionen Dollar aus dem Vergleich. 40 Millionen Dollar sind für Entschädigungszahlungen an weitere Beschwerdeführerinnen vorgesehen. Mit zwei Millionen Dollar sollen Anti-Diskriminierungsseminare für die Beschäftigten finanziert werden. Das Unternehmen hat das Recht, trotz der gezahlten Millionen weiterhin zu behaupten, es gebe keine Diskriminierung von Frauen bei Morgan Stanley. BeobachterInnen meinen aber, dass die Zahlung einer derart hohen Summe zumindest als teilweises Schuldeingeständnis verstanden wird. (APA) *http://diestandard.at 14. Juli 2004*

6.2. Ungleiches Lebenseinkommen – ungleiche Pension

Die Einkommensunterschiede während der Erwerbsarbeit, fehlende angemessene Anerkennung der Sorgezeiten, fehlende Versicherungszeiten und das Pensionsberechnungsverfahren wirken sich fatal aus. Die mittlere Pensionshöhe bei Neuzugängen (Unselbstständige) lag 2000 für Männer bei € 1444, für Frauen bei € 678 (Verschlechterung gegenüber 1999 € 14, Verbesserung bei Männern € 59). Die Schere zwischen den Frauen- und Männerpensionen geht immer weiter auseinander. Hat 1985 die mittlere Frauenpension noch 61,9 % der mittleren Männerpension betragen, waren es 1996 nur noch 55,2 % und 2000 nur mehr 47 %. (Mairhuber 2001, 141).

Medianpensionen der Pensionsneuzugänge in Österreich 2001

(Pensions-)/ (Sozial-)Versicherungsanstalt der/des (Beträge in €)	Direkt-pensionen		Pensionen weg. geminderter Arbeitsfähigkeit		Alters-pensionen		Witwen-/ Witwer-pensionen	
	Frauen	Männer	Frauen	Männer	Frauen	Männer	Frauen	Männer
ArbeiterInnen	520	1.104	530	975	515	1.351	594	185
österreichische Eisenbahnen	781	1.363	684	1.160	823	1.681	703	187
Angestellten	810	1.875	713	1.539	851	2.016	803	226
österreichische Bergbaus	1.028	1.827	1.059	1.261	1.028	1.904	806	418
Pensionsversicherung nach ASVG	635	1.431	608	1.108	662	1.768	640	200
gewerbliche Wirtschaft	718	1.434	584	1.054	768	1.572	584	196
Bauer/ Bäuerinnen	426	799	398	768	446	849	473	132
Pensionsversicherung gesamt	*616*	*1.397*	*547*	*1.083*	*647*	*1.718*	*613*	*187*

(Statistik Austria (2002), Statistisches Jahrbuch Österreichs 2003 zit. n. Institut für Frauen- und Geschlechterforschung Gender Studies 2003)

6.3. Auf dem Weg zu einer gerechten Einkommensverteilung

Die Parole „Frauen in Männerberufe" greift zu kurz, viel grundlegender gilt es, die generelle Bewertung dessen, was als Frauen- bzw. Männerarbeit gilt, in frage zu stellen. Was würde dies bedeuten?

Aufwertung der Sorgearbeit sowohl im Privaten wie auch im Öffentlichen durch Professionalisierung und angemessene Entlohnung der im Bereich Erziehung und Pflege Beschäftigten
Es ist nicht nachvollziehbar, wieso die Arbeit mit Kleinkindern nicht ähnlich bedeutungsvoll angesehen wird wie die mit Erwachsenen, deshalb sollte auch die Ausbildung derer, die mit Kleinkindern professionell arbeiten, auf Hochschulniveau angehoben werden. Professionalisierung heißt aber auch angemessene Entlohnung sowie Institutionalisierung der Arbeit. Damit würde sich auch die Attraktivität dieser Berufsfelder für Männer erhöhen. Verbunden mit einer Aufwertung der Sorgearbeit im Öffentlichen muss auch die private Sorgearbeit entsprechend honoriert werden, da selbst bei optimalen Angeboten dieser Bereich nicht gänzlich öffentlich

abgedeckt werden kann. Das hieße z.B. die Anrechnung von Sorgezeiten entsprechend des Verdienstentfalls bzw. Lohnersatz in ausreichender Höhe (und nicht bloß das Existenzminimum) für Pflege- bzw. Sorgezeiten. Diese Maßnahmen könnten ebenfalls dazu beitragen, dass sich die Zahl der Karenzväter nicht wie bisher bei mageren 2–3 % bewegt.

Gerechte Verteilung der Sorgezeiten zwischen Männern und Frauen
Neue Konzepte zur Verteilung von Erwerbszeit und Sorgezeit, etwa Reduktion der Normalarbeitszeit auf 30 Stunden für alle müssen ebenso diskutiert werden wie die Rollenvorstellungen von Frauen und Männern, um längerfristig eine gerechte Verteilung der notwendigen Arbeit zu erreichen. Es sollte bei Partnerschaften mit Kindern beiden möglich sein, gleichermaßen am Erwerbsleben teilzunehmen bzw. Sorgeverantwortung zu tragen.

Kriterien der Arbeitsbewertung hinterfragen und neu definieren
Dazu sind die Regeln, nach denen Arbeitsplätze bewertet sind, zu analysieren und auf ihre geschlechtsspezifischen Vorurteile hin zu untersuchen. Vor allem geht es darum, konkrete Tätigkeiten und deren Anforderungen zu beschreiben, um bei der Bewertung der „Frauenarbeit" diffuse Zuschreibungen von persönlichen Qualitäten durch differenzierte soziale Qualifikationen zu ersetzen. Entsprechende Instrumente wie das Arbeitsbewertungsinstrument Aba Kaba liegen vor (vgl. Stiegler 2003, 49).

Berufe „geschlechtsneutral" gestalten
Alle Berufe sollen Frauen wie Männern offen stehen, Männerberufe für Frauen ebenso wie Frauenberufe für Männer. Zusätzlich müssen auch die Verknüpfungen von Fähigkeiten mit dem Geschlecht aufgehoben werden: „Für Berufe darf es keine Eignung von Personen qua Geschlecht geben, sondern immer nur die Eignung nach der Entwicklung der je individuellen Fähigkeiten" (ebd. 48).

Christine Baur

7. Gesetzliche Gleichbehandlung und Gleichstellung von Frauen und Männern in der Arbeitswelt

7.1. Gleichbehandlungsrecht

Gleichbehandlungsgesetz für die Privatwirtschaft

Seit 1979 gibt es in Österreich ein Gleichbehandlungsgesetz (GlBG) für die Privatwirtschaft. Der volle Titel des Gesetzes lautet heute „Bundesgesetz über die Gleichbehandlung (Gleichbehandlungsgesetz – GlBG)"[1]. Für das Zustandekommen des Gesetzes vor mehr als zwanzig Jahren, waren mehrere Faktoren ausschlaggebend:

Zum einen hatte sich Österreich durch die Ratifizierung internationaler Übereinkommen verpflichtet, Lohndiskriminierungen auf Grund des Geschlechtes zu beseitigen, und war sowohl vom Europarat als auch von der Internationalen Arbeitsorganisation gemahnt worden, diesen Verpflichtungen nachzukommen.

Zum anderen hatten sich in den siebziger Jahren die Bestrebungen um die Gleichberechtigung der Frauen und die Chancengleichheit der Geschlechter in der Gesellschaft verstärkt. Diese Bestrebungen fanden sowohl auf internationaler Ebene (UN-Jahrzehnt der Frau) als auch auf nationaler Ebene (Aktivitäten von Frauenorganisationen, der autonomen Frauenbewegung, des Frauenstaatssekretariats sowie der Frauenabteilung des Sozialministeriums) ihren Niederschlag.

Mit der Einführung eines gesetzlichen Gleichbehandlungsgebotes sollte vor allem ein Prozess des Umdenkens und der Bewusstseinsbildung zum Stellenwert der Frauenarbeit in unserer Gesellschaft eingeleitet werden. Noch in den Materialien zur ersten Novelle[2] wird betont, dass die Beseitigung der Diskriminierung der Frau im Arbeitsleben ein Problem darstellt, dessen Lösung nicht so sehr von der formalen Einhaltung von Gesetzen oder der Möglichkeit der Inanspruchnahme bestimmter Verfahren als vielmehr von einem gesellschaftlichen Umdenken erwartet werden könne.

Verglichen mit den Gleichbehandlungsgesetzen, die in anderen europäischen Ländern etwa zur gleichen Zeit verabschiedet wurden, nahm sich das österreichische Gesetz anfangs bescheiden aus:

Der sachliche Anwendungsbereich beschränkte sich bis zur zweiten Novelle[3] auf ein Diskriminierungsverbot bei der Festsetzung des Entgelts, bei der Gewährung freiwilliger Sozialleistungen und bei Maßnahmen der betriebsinternen Aus- und

Weiterbildung. Das Gesetz enthielt auch damals ein Gebot zur grundsätzlich geschlechtsneutralen Stellenausschreibung. Zur Durchsetzung des geschlechtsspezifischen Gleichbehandlungsgebotes wurde eine – sozialpartnerschaftlich zusammengesetzte – Gleichbehandlungskommission gebildet.

1990 wurde das Gesetz umfassend novelliert. Der Diskriminierungsschutz wurde um die Tatbestände Begründung des Arbeitsverhältnisses, den beruflichen Aufstieg – insbesondere bei Beförderungen – die sonstigen Arbeitsbedingungen und die Beendigung des Arbeitsverhältnisses erweitert.

Neben dieser inhaltlichen Erweiterung des Diskriminierungsverbotes wurden Maßnahmen für eine effizientere Rechtsdurchsetzung gesetzt. Es wurden Schadenersatzregelungen bei Verstößen gegen das Diskriminierungsverbot, Beweislasterleichterungen und die Zulassung „positiver Aktionen" eingeführt. Die Einsetzung einer Ombudsperson (Anwältin für Gleichbehandlungsfragen) als direkte Ansprechstelle für diskriminierte Frauen und Männer sollte dazu beitragen, das Niveau des in Österreich bestehenden Diskriminierungsschutzes auf den Standard des Europäischen Gleichbehandlungsrechts zu heben.

Mit der dritten Novelle wurde das Verbot der sexuellen Belästigung in das Gleichbehandlungsgesetz aufgenommen.

Bundesgleichbehandlungsgesetz

Erst seit 1993 gibt es in Österreich ein Bundesgleichbehandlungsgesetz (B-GBG). Man wollte dem bis zu diesem Zeitpunkt zweimal novellierten GlBG für die Privatwirtschaft ein Regelungswerk für den Bundesdienst gegenüberstellen. Der bevorstehende Beitritt Österreichs zur Europäischen Gemeinschaft machte eine Anpassung an das Europäische Gemeinschaftsrecht zudem notwendig. Ein weiterer Punkt war die dem Bund zukommende besondere Vorbildwirkung im Bereich der Fördermaßnahmen für Frauen (Rosenkranz 1997, 157).

Dem B-GBG folgten die Gleichbehandlungsgesetze für die Länder. Derzeit haben acht Länder die berufliche Gleichbehandlung der Landes- und Gemeindebediensteten gesetzlich geregelt. In Vorarlberg gibt es bis heute kein eigenes Gesetz dafür.

7.2. Das Gleichbehandlungsgesetz

Der Geltungsbereich des Gesetzes erfasste bei der Einführung im Jahr 1979 Arbeitsverhältnisse aller Art, die auf privatrechtlichen Vertrag beruhen, mit Ausnahme der Arbeitsverhältnisse land- und forstwirtschaftlicher Arbeiterinnen[4] und der privaten Arbeitsverhältnisse zum Bund und zu den Gebietskörperschaften. Einbezogen in den Geltungsbereich waren auch die Heimarbeitsverhältnisse. Seit dem 1.7.2004 sind auch freie Dienstnehmerinnen und Dienstnehmer und arbeitnehmerähnliche Personen in den Geltungsbereich ausdrücklich einbezogen. Die Bestimmungen des ersten Teils, das ist jener der die Gleichbehandlung von Frauen und Männer in der Arbeitswelt betrifft, gelten auch für die Bedingungen für den Zugang zur selbstständigen Erwerbstätigkeit.

Der sachliche Geltungsbereich ist definiert als „Bereich der Arbeitswelt", dazu zählen
1. Arbeitsverhältnisse aller Art, die auf privatrechtlichem Vertrag beruhen;
2. der Zugang zu allen Formen und allen Ebenen der Berufsberatung, der Berufsausbildung, der beruflichen Weiterbildung und der Umschulung einschließlich der praktischen Berufserfahrung;
3. die Mitgliedschaft und Mitwirkung in einer Arbeitnehmer/innen/- oder Arbeitgeber/innen/organisation oder einer Organisation, deren Mitglieder einer bestimmten Berufsgruppe angehören, einschließlich der Inanspruchnahme der Leistungen solcher Organisationen;
4. Bedingungen für den Zugang zu selbstständiger Erwerbstätigkeit

Das Gleichbehandlungsgesetz formuliert ein Gebot der geschlechtsneutralen Stellenausschreibung.

---

§ 9 GlbG Gebot der geschlechtsneutralen Stellenausschreibung
Der/die Arbeitgeber/in oder private/r Arbeitsvermittler/in gemäß den §§ 4 ff des Arbeitsmarktförderungsgesetzes, BGBl. Nr. 31/1969, oder eine mit der Arbeitsvermittlung betraute juristische Person öffentlichen Rechts darf einen Arbeitsplatz weder öffentlich noch innerhalb des Betriebes (Unternehmens) nur für Männer oder nur für Frauen ausschreiben oder durch Dritte ausschreiben lassen, es sei denn, ein bestimmtes Geschlecht ist unverzichtbare Voraussetzung für die Ausübung der vorgesehenen Tätigkeit. Die Ausschreibung darf auch keine zusätzlichen Anmerkungen enthalten, die auf ein bestimmtes Geschlecht schließen lassen.

---

§ 10 GlbG Strafbestimmung
(1) Wer als Arbeitsvermittler/in entgegen den Bestimmungen des § 9 einen Arbeitsplatz nur für Männer oder Frauen ausschreibt, ist auf Antrag eines/einer Stellenwerbers/Stellenwerberin, der Anwältin für die Gleichbehandlung von Frauen und Männern in der Arbeitswelt oder einer Regionalanwältin von der Bezirksverwaltungsbehörde mit Geldstrafe bis 360 Euro zu bestrafen.
(2) Wer als Arbeitgeber/in entgegen den Bestimmungen des § 9 einen Arbeitsplatz nur für Männer oder nur für Frauen ausschreibt, ist auf Antrag eines/einer Stellenwerbers/Stellenwerberin, der Anwältin für die Gleichbehandlung von Frauen und Männern in der Arbeitswelt oder einer Regionalanwältin beim ersten Verstoß von der Bezirksverwaltungsbehörde zu verwarnen und bei weiteren Verstößen mit Geldstrafe bis 360 Euro zu bestrafen.

---

(3) In einem auf Antrag der Anwältin für die Gleichbehandlung von Frauen und Männern in der Arbeitswelt oder einer Regionalanwältin eingeleiteten Verwaltungsstrafverfahrens wegen Verletzung des § 9 sind die Anwältin für die Gleichbehandlung von Frauen und Männern in der Arbeitswelt oder die Regionalanwältin Partei. Der Anwältin für die Gleichbehandlung von Frauen und Männern in der Arbeitswelt oder der Regionalanwältin steht das Recht auf Berufung gegen Bescheide und Einspruch gegen Strafverfügungen zu.

Das Gleichbehandlungsgebot umfasst das gesamte Arbeitsverhältnis und verbietet sowohl eine unmittelbare als auch eine mittelbare geschlechtsbezogene Diskriminierung. Im Gesetz sind anschließend an diese Generalklausel einzelne Sachverhalte aufgezählt, an die das Gesetz verschiedene Rechtsfolgen knüpft:

- Bei einer *Verletzung des Gleichbehandlungsgebotes bei der Begründung des Arbeitsverhältnisses* ist die Arbeitgeberin oder der Arbeitgeber gegenüber der Stellenwerberin oder dem Stellenwerber zum Ersatz des Vermögensschadens und zu einer Entschädigung für die erlittene persönliche Beeinträchtigung verpflichtet. Der Ersatzanspruch beträgt

  - mindestens ein Monatsentgelt, wenn die Stellenwerberin oder der Stellenwerber bei diskriminierungsfreier Auswahl die Stelle erhalten hätte, oder
  - bis 500 Euro, wenn die Arbeitgeberin oder der Arbeitgeber nachweisen kann, dass der einer Stellenwerberin oder einem Stellenwerber durch die Diskriminierung entstandene Schaden nur darin besteht, dass die Berücksichtigung ihrer oder seiner Bewerbung verweigert wird.

- Bei *Verletzung des Gleichbehandlungsgebotes für gleiche Arbeit oder für eine Arbeit, die als gleichwertig anerkannt wird*, hat die Arbeitnehmerin oder der Arbeitnehmer gegenüber der Arbeitgeberin oder dem Arbeitgeber Anspruch auf die Bezahlung der Differenz und eine Entschädigung für die erlittene persönliche Beeinträchtigung.

- Bei *Verletzung des Gleichbehandlungsgebotes bei betrieblichen Sozialleistungen*, die kein Entgelt darstellen, hat die Arbeitnehmerin oder der Arbeitnehmer Anspruch auf Gewährung der betreffenden Sozialleistung oder Ersatz des Vermögensschadens und auf eine Entschädigung für die erlittene persönliche Beeinträchtigung.

- Bei *Verletzung des Gleichbehandlungsgebotes bei Maßnahmen der Aus- und Weiterbildung auf betrieblicher Ebene*, hat die Arbeitnehmerin oder der Arbeitnehmer Anspruch auf Einbeziehung in die entsprechenden betrieblichen Aus- und Weiterbildungsmaßnahmen oder auf Ersatz des Vermögensschadens und auf eine Entschädigung für die erlittene persönliche Beeinträchtigung.

- Ist eine Arbeitnehmerin oder ein Arbeitnehmer wegen *Verletzung des Gleichbehandlungsgebotes beim beruflichen Aufstieg* nicht beruflich aufgestiegen, so ist die Arbeitgeberin oder der Arbeitgeber zum Ersatz des Vermögensschadens und zu einer Entschädigung für die erlittene persönliche Beeinträchtigung verpflichtet. Der Ersatzanspruch beträgt,

  - die Entgeltdifferenz für mindestens drei Monate, wenn die Arbeitnehmerin oder der Arbeitnehmer bei diskriminierungsfreier Auswahl beruflich aufgestiegen wäre, oder
  - bis 500 Euro, wenn die Arbeitgeberin oder der Arbeitgeber nachweisen kann, dass der durch die Diskriminierung entstandene Schaden nur darin besteht, dass die Berücksichtigung der Bewerbung verweigert wird.

- Bei *Verletzung des Gleichbehandlungsgebotes bei den sonstigen Arbeitsbedingungen* hat die Arbeitnehmerin oder der Arbeitnehmer Anspruch auf Gewährung der gleichen Arbeitsbedingungen wie eine Person des anderen Geschlechtes oder auf Ersatz des Vermögensschadens und auf eine Entschädigung für die erlittene persönliche Beeinträchtigung.

- Ist das Arbeitsverhältnis von der Arbeitgeberin oder dem Arbeitgeber wegen des Geschlechtes der betroffenen Person oder wegen der nicht offenbar unberechtigten Geltendmachung von Ansprüchen nach diesem Gesetz *gekündigt oder vorzeitig beendet worden*, so kann die Kündigung oder Entlassung beim Gericht angefochten werden.

- Bei einer *sexuellen Belästigung oder einer geschlechtsbezogenen Belästigung* hat die betroffene Person gegenüber dem Belästiger Anspruch auf Ersatz des erlittenen Schadens. Soweit der Nachteil nicht nur in einer Vermögenseinbuße besteht, hat die betroffene Person zum Ausgleich der erlittenen persönlichen Beeinträchtigung Anspruch auf angemessenen, mindestens jedoch auf 400 Euro Schadenersatz, im Falle einer sexuellen Belästigung mindestens auf 720 Euro. Die Arbeitgeberin oder der Arbeitgeber ist zum Schadenersatz verpflichtet, wenn sie oder er es trotz Kenntnis der Belästigung unterlassen hat, angemessene Abhilfe zu schaffen.

§ 6 GlbG Sexuelle Belästigung

(1) Eine Diskriminierung auf Grund des Geschlechtes liegt auch vor, wenn eine Person

1. vom/von der Arbeitgeber/in selbst sexuell belästigt wird,

2. durch den/die Arbeitgeber/in dadurch diskriminiert wird, indem er/sie es schuldhaft unterlässt, im Falle einer sexuellen Belästigung durch Dritte (Z 3) eine auf Grund gesetzlicher Bestimmungen, Normen der kollektiven Rechtsgestaltung oder des Arbeitsvertrages angemessene Abhilfe zu schaffen,

3. durch Dritte in Zusammenhang mit seinem/ihrem Arbeitsverhältnis belästigt wird oder

4. durch Dritte außerhalb eines Arbeitsverhältnisses (§ 4) belästigt wird.

(2) Sexuelle Belästigung liegt vor, wenn ein der sexuellen Sphäre zugehöriges Verhalten gesetzt wird, das die Würde einer Person beeinträchtigt, für die betroffene Person unerwünscht, unangebracht oder anstößig ist und

1. eine einschüchternde, feindselige oder demütigende Arbeitsumwelt für die betroffene Person schafft oder

2. der Umstand, dass die betroffene Person ein der sexuellen Sphäre zugehöriges Verhalten seitens des/der Arbeitgebers/Arbeitgeberin oder von Vorgesetzten oder Kolleg/inn/en zurückweist oder duldet, ausdrücklich oder stillschweigend zur Grundlage einer Entscheidung mit Auswirkungen auf den Zugang dieser Person zur Berufsausbildung, Beschäftigung, Weiterbeschäftigung, Beförderung oder Entlohnung oder zur Grundlage einer anderen Entscheidung in der Arbeitswelt gemacht wird.

3. Eine Diskriminierung liegt auch bei Anweisung zur sexuellen Belästigung einer Person vor.

§ 7 GlbG Belästigung

(1) Eine Diskriminierung auf Grund des Geschlechtes liegt auch vor, wenn eine Person durch geschlechtsbezogene Verhaltensweisen

1. vom/von der Arbeitgeber/in selbst belästigt wird,

2. durch den/die Arbeitgeber/in dadurch diskriminiert wird, indem er/sie es schuldhaft unterlässt, im Falle einer Belästigung durch Dritte (Z 3) eine auf Grund gesetzlicher Bestimmungen, Normen der kollektiven Rechtsgestaltung oder des Arbeitsvertrages angemessene Abhilfe zu schaffen,

3. durch Dritte in Zusammenhang mit seinem/ihrem Arbeitsverhältnis belästigt wird oder

4. durch Dritte außerhalb eines Arbeitsverhältnisses (§ 4) belästigt wird.

(2) Geschlechtsbezogene Belästigung liegt vor, wenn ein geschlechtsbezogenes Verhalten gesetzt wird, das die Würde einer Person beeinträchtigt, für die betroffene Person unerwünscht ist und

1. eine einschüchternde, feindselige oder demütigende Arbeitsumwelt für die betroffene Person schafft oder

2. der Umstand, dass die betroffene Person eine geschlechtsbezogene Verhaltensweise seitens des/der Arbeitgebers/Arbeitgeberin oder Vorgesetzten oder Kolleg/inn/en zurückweist oder duldet, ausdrücklich oder stillschweigend zur Grundlage einer Entscheidung mit Auswirkungen auf den Zugang dieser Person zur Berufsausbildung, Beschäftigung, Weiterbeschäftigung, Beförderung und Entlohnung oder zur Grundlage einer anderen Entscheidung in der Arbeitswelt gemacht wird.

3. Eine Diskriminierung liegt auch bei Anweisung zur Belästigung einer Person vor.

Für die gerichtliche Geltendmachung dieser Ansprüche gilt eine *Beweislasterleichterung*. Das heißt, dass die betroffene Person, die sich auf einen Diskriminierungstatbestand beruft, diesen vor Gericht glaubhaft zu machen hat. Der oder dem Beklagten obliegt es dann zu beweisen, dass es bei Abwägung aller Umstände wahrscheinlich ist, dass ein anderes von der Beklagten oder vom Beklagten glaubhaft gemachtes Motiv für die unterschiedliche Behandlung ausschlaggebend war.

Neu im Gesetz verankert ist seit 1. Juli 2004 auch ein *Benachteiligungsverbot*. Als Reaktion auf eine Beschwerde darf eine Arbeitnehmerin oder ein Arbeitnehmer nicht entlassen, gekündigt oder anders benachteiligt werden. Auch eine Arbeitnehmerin oder ein Arbeitnehmer, die oder der als Zeugin oder Zeuge oder Auskunftsperson in einem Verfahren auftritt oder eine Beschwerde einer anderen Person unterstützt, darf als Reaktion auf eine solche Beschwerde oder auf die Einleitung eines solchen Verfahrens zur Durchsetzung des Gleichbehandlungsgebotes nicht entlassen, gekündigt oder anders benachteiligt werden.

Institutionen und Verfahren

Signifikant für die Durchsetzung der Ansprüche nach dem GlBG ist die schon seit der Stammfassung bestehende Verdoppelung des Rechtsschutzes. Einerseits steht den Betroffenen das arbeitsgerichtliche Verfahren offen und andererseits das Verfahren vor der Gleichbehandlungskommission. Damit hat die einzelne Arbeitnehmerin oder der Arbeitnehmer grundsätzlich mehrere Möglichkeiten zur Rechtsdurchsetzung:

- die gerichtliche Geltendmachung,
- die Antragstellung vor der Gleichbehandlungskommission oder
- beides.

Die Regelungen über die Institutionen Gleichbehandlungskommission und Anwaltschaft für Gleichbehandlungsfragen finden sich seit 1.7.2004 im Bundesgesetz über die Gleichbehandlungskommission und die Gleichbehandlungsanwaltschaft – GBK/GAW-Gesetz.[5]

Arbeits- und Sozialgerichte
Die Ansprüche nach dem GlBG sind vor den Arbeits- und Sozialgerichten durchsetzbar. Die Arbeits- und Sozialgerichte sind in allen Instanzen Senate aus Richterinnen und Richtern und fachkundigen Laienrichterinnen und -richtern, das sind Personen aus Berufsgruppen der beteiligten Parteien.

Es gibt keinen Anwaltszwang, allerdings ist die Vertretung durch qualifizierte Personen möglich.[6]

Die Gleichbehandlungskommission
Beim Bundesministerium für Gesundheit und Frauen ist die Gleichbehandlungskommission (GBK) errichtet. Senat 1 der Kommission ist zuständig für Diskriminierungen aufgrund des Geschlechts in der Arbeitswelt. Neben der Vorsitzenden gehören dem Senat seitens der Interessenvertretung der Arbeitgeberinnen und Arbeitgeber jeweils zwei Mitglieder von der Bundeskammer der gewerblichen Wirtschaft und der Industriellenvereinigung an. Seitens der Interessenvertretung der Arbeitnehmerinnen und Arbeitnehmer entsenden die Bundesarbeiterkammer und der Österreichische Gewerkschaftsbund jeweils zwei Vertreterinnen oder Vertreter. Dazu kommt noch jeweils eine Vertreterin oder Vertreter zweier Bundesministerien.

Die Sitzungen der GBK sind vertraulich und nicht öffentlich. Gegenüber der GBK und ihren Ausschüssen besteht eine Auskunftspflicht der Arbeitgeberinnen und Arbeitgeber und aller Beschäftigten des betroffenen Betriebes. Die sachliche Zuständigkeit der GBK ist sehr weit gefasst: sie muss sich mit allen die Diskriminierung berührenden Fragen und mit Verstößen gegen die Beachtung des Gleichbehandlungsgebotes regelnden Förderungsrichtlinien befassen.

Auf Antrag einer der Kommission angehörenden Interessenvertretung, auf Verlangen der Anwältin für Gleichbehandlungsfragen oder von Amts wegen hat die GBK Gutachten über Fragen der Verletzung des Gleichbehandlungsgebotes zu erstatten. Auf Antrag einer Arbeitnehmerin, einer Arbeitgeberin, einer Betriebsrätin, einer der Kommission angehörenden Interessenvertretung oder von Amts wegen oder auch auf Verlangen der Anwältin für Gleichbehandlungsfragen, hat die GBK im Einzelfall zu prüfen, ob eine Verletzung des Gleichbehandlungsgebotes vorliegt.

Die Befassung der Gleichbehandlungskommission im Einzelfall hemmt die Fristen für die gerichtliche Geltendmachung.

Stellt die Kommission eine Verletzung des Gleichbehandlungsgebotes fest, hat sie schriftliche Vorschläge an die Arbeitgeberin oder den Arbeitgeber zu erstatten und hat die Arbeitgeberinnen oder die Arbeitgeber zur Berichtslegung bei vermuteter Diskriminierung aufzufordern, die Diskriminierung zu beenden.

Die Anwältin für die Gleichbehandlung von Männern und Frauen in der Arbeitswelt
Gerade in Arbeitsrechtssachen wird ein besonders hoher Anteil der streitigen Fälle einem Vergleich zugeführt. Zudem gehen die meisten Menschen in Arbeitsrechtssachen erst zu Gericht, wenn das Arbeitsverhältnis schon beendet ist. Über 90 % der arbeitsgerichtlichen Klagen werden nach Beendigung des Arbeitsverhältnisses eingebracht.

Die Erfahrung hat gezeigt, dass Frauen den Weg zu Gericht noch viel mehr scheuen als Männer. Oft verzichten Frauen „um des lieben Friedens willens" auf eine gerichtliche Geltendmachung ihrer Ansprüche.

Ende 1990 wurde deshalb – als Ergänzung der Gleichbehandlungskommission – die Anwältin für Gleichbehandlungsfragen geschaffen. Unmittelbares Vorbild für diese Einrichtung war die schwedische Ombudseinrichtung für Gleichbehandlungsfragen (JämO). Wer sich im Beruf aufgrund seines Geschlechtes benachteiligt fühlt, hat mit der Gleichbehandlungsanwältin eine direkte Ansprechpartnerin.

Seit 1.7.2004 gibt es eine Anwaltschaft für Gleichbehandlung. Die Anwaltschaft für Gleichbehandlung besteht aus:

- der Anwältin für die Gleichbehandlung von Frauen und Männern in der Arbeitswelt
- der Anwältin oder dem Anwalt für die Gleichbehandlung ohne Unterschied der ethnischen Zugehörigkeit, der Religion oder der Weltanschauung, des Alters oder der sexuellen Orientierung in der Arbeitswelt
- der Anwältin oder dem Anwalt für die Gleichbehandlung ohne Unterschied der ethnischen Zugehörigkeit in sonstigen Bereichen
- den Regionalanwältinnen
- den erforderlichen Stellvertreterinnen und Stellvertretern der in Z 1 bis 4 genannten Personen
- der erforderlichen Zahl von Mitarbeiterinnen und Mitarbeitern.

Die Anwältin für die Gleichbehandlung von Frauen und Männern in der Arbeitswelt und ihre Stellvertreterinnen stehen allen, die sich im Sinne des Gleichbehandlungsgesetzes auf Grund des Geschlechts benachteiligt fühlen, mit Rat und Tat zur Seite. Sie geben direkt, rasch und unbürokratisch Hilfestellung. Sie informieren, beraten und unterstützen kostenlos.

Derzeit gibt es drei Anwältinnen für die Gleichbehandlung von Frauen und Männern in der Arbeitswelt in Wien und jeweils eine Regionalanwältin in Innsbruck, Graz, Klagenfurt und Linz.

7.3. Vereinbarkeit von Beruf und Familie

Verschiedenste gesetzliche Regelungen beziehen sich auf die Möglichkeit der Vereinbarkeit von Beruf und Privatleben.

7.3.1. Arbeitsverfassungsgesetz

Um die im Arbeitsleben bestehenden Benachteiligungen von Frauen gegenüber Männern abzubauen wurde eine Rechtsgrundlage im Arbeitsverfassungsgesetz geschaffen, so genannte freiwillige Betriebsvereinbarungen abzuschließen. Freiwillige Betriebsvereinbarungen können nicht erzwungen werden, sie kommen ausschließlich durch Einigung seitens der Arbeitgeberin/des Arbeitgebers und des Betriebsrates zustande. Es steht der Arbeitgeberin/dem Arbeitgeber aber frei, Maßnahmen der Frauenförderung oder der Förderung von Vereinbarkeitsmaßnahmen durch einseitige Anordnung zu regeln.

§ 97 Arbeitsverfassungsgesetz (ArbVG):
Betriebsvereinbarungen im Sinne des § 29 (das sind fakultative oder freiwillige Betriebsvereinbarungen, Anm. d. Verf.) können in folgenden Angelegenheiten abgeschlossen werden:
Ziffer 25: Maßnahmen der betrieblichen Frauenförderung (Frauenförderpläne) sowie Maßnahmen zur besseren Vereinbarkeit von Betreuungspflichten und Beruf …

7.3.2. Arbeitszeitrecht

Vorschriften über die Arbeitszeit finden sich in erster Linie im Arbeitszeitgesetz und im Arbeitsruhegesetz. Unter Arbeitszeit versteht das Gesetz die Zeit vom Beginn bis zum Ende der Arbeit ohne die Ruhepausen. Die Arbeitszeit beginnt mit der Aufnahme der vereinbarten Arbeit. Wegzeiten, also Zeiten, die die Arbeitnehmerin oder der Arbeitnehmer für den Weg von der Wohnung zur Arbeitsstätte und zurück benötigt zählen nicht zur Arbeitszeit. Bei der Frage der Arbeitszeit geht es um die zeitliche Dimension der Arbeitspflicht. Dabei sind zwei Aspekte wesentlich:

- der Umfang der Arbeitspflicht, also die Dauer der Arbeitszeit
- die Lage der Arbeitszeit, also zu welcher Zeit das geschuldete Pensum zu leisten ist

Sowohl der zeitliche Umfang der Arbeitspflicht wie auch die Lage der Arbeitszeit sind in erster Linie zwischen der Arbeitgeberin oder dem Arbeitgeber und der Arbeitnehmerin oder dem Arbeitnehmer zu vereinbaren.

Gesetzliche Regelungen betreffen vor allem

- Höchstgrenzen für die Tages- und Wochenarbeitszeit
- Ruhepausen und Ruhezeiten
- Bestimmungen über die Lage der Arbeitszeit innerhalb des Tages
- Arbeitsruhe an Wochenenden und Feiertagen

Das österreichische Arbeitszeitrecht ist relativ flexibel.

Für die Gleichstellung von Frauen und Männern besonders bedeutsam sind die Bestimmungen über die Teilzeitarbeit. Unter Teilzeitbeschäftigung versteht man Arbeitsverhältnisse, deren wöchentliches Arbeitsausmaß die gesetzliche oder eine durch Kollektivvertrag festgelegte kürzere Normalarbeitszeit im Durchschnitt unterschreitet. § 19d Arbeitszeitgesetz definiert Teilzeitarbeit und legt verschiedene Diskriminierungsverbote fest.

---

§ 19d Arbeitszeitgesetz

(1) Teilzeitarbeit liegt vor, wenn die vereinbarte Wochenarbeitszeit, die gesetzliche Normalarbeitszeit oder eine durch Normen der kollektiven Rechtsgestaltung festgelegte kürzere Normalarbeitszeit im Durchschnitt unterschreitet.

(2) Ausmaß und Lage der Arbeitszeit und ihre Änderung sind zu vereinbaren, sofern sie nicht durch Normen der kollektiven Rechtsgestaltung festgesetzt werden. § 19c Abs 2 und 3 sind anzuwenden.

(3) Teilzeitbeschäftigte Arbeitnehmer sind zur Arbeitsleistung über das vereinbarte Arbeitszeitausmaß (Mehrarbeit) nur insoweit verpflichtet, als

   1. gesetzliche Bestimmungen, Normen der kollektiven Rechtsgestaltung oder der Arbeitsvertrag dies vorsehen,
   2. ein erhöhter Arbeitsbedarf vorliegt oder die Mehrarbeit zur Vornahme von Vor- und Abschlussarbeiten (§ 8) erforderlich ist, und
   3. berücksichtigungswürdige Interessen des Arbeitnehmers der Mehrarbeit nicht entgegenstehen.

(4) Sofern in Normen der kollektiven Rechtsgestaltung oder Arbeitsverträgen Ansprüche nach dem Ausmaß der Arbeitszeit bemessen werden, ist bei Teilzeitbeschäftigten die regelmäßig geleistete Mehrarbeit zu berücksichtigen, dies insbesondere bei der Bemessung der Sonderzahlungen.

(5) Arbeitnehmern, deren Arbeitszeit bei demselben Arbeitgeber wegen Inanspruchnahme der Gleitpension auf ein im § 253c Abs 2 ASVG genanntes Ausmaß vermindert wird, gebühren im Kalenderjahr der Umstellung sonstige, insbesondere einmalige Bezüge im Sinne des § 67 Abs 1 EStG 1988 in dem der Vollzeitbeschäftigung und der Beschäftigung mit verminderter Arbeitszeit entsprechenden Ausmaß im Kalenderjahr.

> (6) Teilzeitbeschäftigte Arbeitnehmer dürfen wegen der Teilzeitarbeit gegenüber vollzeitbeschäftigten Arbeitnehmern nicht benachteiligt werden, es sei denn, sachliche Gründe rechtfertigen eine unterschiedliche Behandlung. Freiwillige Sozialleistungen sind zumindest in jenem Verhältnis zu gewähren, das dem Verhältnis der regelmäßig geleisteten Arbeitszeit zur gesetzlichen oder kollektivvertraglichen Normalarbeitszeit entspricht. Im Streitfall hat der Arbeitgeber zu beweisen, dass eine Benachteiligung nicht wegen der Teilzeitarbeit erfolgt.
>
> (7) Durch Kollektivvertrag kann festgelegt werden, welcher Zeitraum für die Berechnung der regelmäßig geleisteten Mehrarbeit (Abs 4) und für die Berechnung der Sozialleistungen (Abs 6) heranzuziehen ist.
>
> (8) Die Abs 2 bis 4 gelten nicht für Teilzeitbeschäftigungen gemäß den §§ 15h oder 15i des Mutterschutzgesetzes 1979, BGBl. Nr. 221, §§ 8 oder 8a des Väter-Karenzgesetzes, BGBl. Nr. 651/1989, oder vergleichbarer österreichischer Rechtsvorschriften.

Die Diskriminierung von Teilzeitbeschäftigten ist *der* klassische Tatbestand einer mittelbaren geschlechtsbezogenen Diskriminierung. Zahlreiche Urteile des EuGH und auch einige Erkenntnisse des Verfassungsgerichtshofes beschäftigen sich mit der Benachteiligung von Teilzeitbeschäftigten.

Ein von Arbeitgebern häufig vorgebrachtes Argument bei den Verhandlungen um die Gewährung von Teilzeitbeschäftigung ist, dass die Teilung eines Arbeitsplatzes auf zwei oder mehr Personen zusätzliche Kosten verursachen würde. Diese Aussage entbehrt jeder rechtlichen Grundlage. Alle Lohnkosten und Lohnnebenkosten fallen bei der Teilung eines Arbeitsplatzes anteilig an.

Anspruch auf Elternteilzeit

Ab 1. 7. 2004[7] haben Eltern, deren Kinder nach dem 30. 6. 2004 geboren werden (bzw. bei einer Geburt vor diesem Termin bei Vorliegen bestimmter Umstände), einen Rechtsanspruch auf Herabsetzung der Arbeitszeit, sofern sie in einem Betrieb mit durchschnittlich mehr als 20 Arbeitnehmern arbeiten und das Beschäftigungsverhältnis bereits mindestens 3 Jahre gedauert hat. Beginn, Dauer, Ausmaß und Lage der Teilzeitbeschäftigung sind mit dem Arbeitgeber zu vereinbaren. Die Elternteilzeit kann frühestens mit dem Ende der Schutzfrist nach dem Mutterschutzgesetz beginnen und dauert längstens bis zum 7. Geburtstag oder einem späteren Schuleintritt des Kindes; nach dem Ende der Elternteilzeit hat der Elternteil jedenfalls das Recht auf Rückkehr zur bisherigen Arbeitszeit.

Im Gegensatz zur bisherigen Teilzeitkarenz kann die Elternteilzeit unabhängig vom Ausmaß der in Anspruch genommenen Karenz vereinbart werden und auch gleichzeitig mit einer Elternteilzeit des anderen Elternteils oder im Anschluss an eine eigene Karenz bzw. eine Karenz des anderen Elternteils in maximal vorgesehener Dauer genommen werden, selbst wenn die Karenz bis zum 2. Geburtstag des Kindes dauert. Nimmt jedoch ein Elternteil Karenz in Anspruch, so kann der andere Elternteil nicht gleichzeitig für dieses Kind eine Elternteilzeit ausüben.

Die Elternteilzeit kann pro Elternteil und Kind nur einmal in Anspruch genommen werden und muss in der Schutzfrist bzw. bei Antritt zu einem späteren Zeitpunkt 3 Monate vorher gemeldet werden. Eine Änderung bzw. eine vorzeitige Beendigung ist von beiden Arbeitsvertragsparteien jeweils nur einmal möglich.

Nach der Geburt eines weiteren Kindes hat die Mutter die Möglichkeit, entweder die Elternteilzeit in der ursprünglich vorgesehenen Dauer fortzusetzen oder Karenz oder Elternteilzeit für das Neugeborene in Anspruch zu nehmen, wodurch die Elternteilzeit für das erste Kind beendet wird.

7.3.3. Mutterschutz

Allgemeines

Der Schutz der Gesundheit werdender und junger Mütter am Arbeitsplatz ist eine spezifische Ausformung des Arbeitnehmerschutzrechts.

Bestimmungen über den Schutz von werdenden und stillenden Müttern, sowie über die Möglichkeit der Inanspruchnahme von Karenz zur Betreuung eines Kleinkindes sind im Mutterschutzgesetz (MSchG) geregelt. Die Bestimmungen über die sozialrechtlichen Leistungen während der Zeiten des Beschäftigungsverbotes (Anspruch auf Wochengeld) sind im ASVG geregelt. Die Bestimmungen bezüglich des Bezuges von Kinderbetreuungsgeld sind im Kinderbetreuungsgeldgesetz geregelt, das das Karenzgeldgesetz abgelöst hat.

Der Mutterschutz wurde in Österreich durch das Inkrafttreten des Bundesgesetzes vom 13.3.1957 über den Mutterschutz verwirklicht. Auf das Zustandekommen dieses Gesetzes hatten internationale Übereinkommen einen wesentlichen Einfluss, vor allem das von der IAO angenommenen Übereinkommens Nr. 103 über den Mutterschutz. Dieses Übereinkommen wurde nach einer Novelle zum MSchG im Jahre 1968 von Österreich ratifiziert.

Das Internationale Recht hatte große Auswirkungen auf das Zustandekommen gesetzlicher Regelungen über den Schutz werdender und junger Mütter. Die Internationale Arbeitsorganisation erließ zahlreiche Übereinkommen und Empfehlungen, die Vereinten Nationen nehmen sowohl in der Allgemeinen Erklärung über die Menschenrechte als auch im Pakt über wirtschaftliche, soziale und kulturelle Rechte und besonders in der „Konvention zur Beseitigung jeder Diskriminierung der Frau" auf den Mutterschutz Bezug. In der europäischen Sozialcharta des Europarates werden im Art 8 die Rechte der Arbeitnehmerinnen auf besonderen Schutz normiert. Diesen Artikel hat Österreich für sich als bindend erklärt.

Die Richtlinie 92/85/EWG über die Durchführung von Maßnahmen zur Verbesserung der Sicherheit und des Gesundheitsschutzes von schwangeren Arbeitnehmerinnen, Wöchnerinnen und stillenden Arbeitnehmerinnen am Arbeitsplatz wird durch das österreichische Mutterschutzgesetz umgesetzt. Teilweise sind die Schutzbestimmungen in Österreich strenger, als sie in der Richtlinie vorgegeben sind.

Der Geltungsbereich des Mutterschutzgesetzes erstreckt sich praktisch auf alle Dienstnehmerinnen, öffentlich Bedienstete und Heimarbeiterinnen. Es gibt auch Mutterschutzbestimmungen für selbstständig erwerbstätige Frauen.

Der Mutterschutz für Bäuerinnen und für die in der gewerblichen Wirtschaft selbstständig erwerbstätigen Frauen wurde erst im Jahre 1982 durch das *Betriebshilfegesetz* (Bundesgesetz vom 30.6.1982 über die Gewährung der Leistung der Betriebshilfe (des Wochengeldes, der Teilzeitbeihilfe) an Mütter, die in der gewerblichen Wirtschaft oder in der Land- und Forstwirtschaft selbstständig erwerbstätig sind (Betriebshilfegesetz – BHG) BGBl 1982/359 idF 1994/22) eingeführt.

Gefahrenevaluierungspflicht

Arbeitsplätze müssen in Hinsicht auf Gefahren für die Sicherheit und Gesundheit von werdenden und stillenden Müttern bewertet werden. Zu ermitteln sind Gefahren, die z.B. durch Stöße oder Erschütterungen, Heben schwerer Lasten, Einwirkung von Strahlen oder anderen gefährlichen Stoffen entstehen können. Über die Ergebnisse dieser Ermittlungen und Beurteilung der Gefahren müssen Sicherheits- und Gesundheitsschutzdokumente angelegt werden und der Betriebsrat und die Sicherheitsvertrauenspersonen bzw. alle Arbeitnehmerinnen sind darüber zu informieren.

Ergeben sich aufgrund der Evaluierung tatsächlich Gefährdungen für geschützte Arbeitnehmerinnen so ist vorrangig eine Änderung der Beschäftigung am bisherigen Arbeitsplatz vorgesehen.

Verbot bestimmter Arbeiten

§ 4 Abs 1 MSchG bestimmt in Form einer Generalklausel ein Arbeitsverbot für werdende Mütter. Demnach dürfen werdende Mütter nicht mit schwerer körperlichen Arbeiten und nicht mit Arbeiten beschäftigt werden, die nach der Art des Arbeitsvorganges oder der verwendeten Arbeitsstoffe oder -geräte für ihren Organismus während der Schwangerschaft oder für das werdende Kind schädlich sind. Ab der zwanzigsten Schwangerschaftswoche besteht ein absolutes Verbot für Akkordarbeiten, akkordähnliche Arbeiten, leistungsbezogene Prämienarbeiten und Fließbandarbeiten mit vorgeschriebenem Arbeitstempo.

Wenn sich aufgrund der Beurteilung des Arbeitsplatzes gem. § 4a MSchG Gefahren für die Sicherheit und Gesundheit von werdenden oder stillenden Müttern ergeben, muss der Dienstgeber die Arbeitsbedingungen ändern oder die Frau an einem anderen Arbeitsplatz beschäftigen. Ist dies nicht möglich, so ist die Dienstnehmerin freizustellen.

Das Verbot bestimmter Arbeiten besteht auch bis zu zwölf Wochen nach der Entbindung. Ein verschärftes Verbot gilt für stillende Mütter.

Sind Dienstnehmerinnen über die Achtwochenfrist nach der Entbindung hinaus arbeitsunfähig, so dürfen sie nicht zu Arbeiten zugelassen werden. Diese Arbeitsunfähigkeit ist unverzüglich dem Dienstgeber anzuzeigen und auf sein Verlangen eine ärztliche Bestätigung darüber vorzulegen. Bei Versäumnis dieser Pflicht verliert die Arbeitnehmerin für die Dauer der Säumnis ihren Entgeltanspruch.

Sonstige Schutzbestimmungen

Daneben bestehen Bestimmungen bezüglich Nichtraucherschutz, Freistellung für Vorsorgeuntersuchungen und der Einrichtung von Ruhemöglichkeiten. Arbeitszeitschutz sieht ein Nachtarbeitsverbot und Verbot der Sonn- und Feiertagsarbeit für werdende und stillende Mütter sowie das Verbot der Leistung von Überstunden vor.

Die tägliche Arbeitszeit darf keinesfalls neun Stunden und die wöchentliche Arbeitszeit 40 Stunden überschreiten. Innerhalb dieser zeitlichen Grenzen darf Mehrarbeit geleistet werden oder gleitende Arbeitszeit vereinbart werden. Überstunden, welche diese Grenzen überschreiten, dürfen weder vom Arbeitgeber angeordnet werden, noch von der Arbeitnehmerin mit dem Arbeitgeber vereinbart werden. Auch eine Arbeitsbereitschaft, die über die wöchentliche Normalarbeitszeit von 40 Stunden hinausgeht, ist unzulässig.

Schutz stillender Mütter

Auf Verlangen der Mutter ist die zum Stillen erforderliche Zeit (45 Minuten) freizugeben. Nach der Wiederaufnahme des Dienstes nach der Entbindung sind bestimmte Arbeiten, wie das regelmäßige Heben von größeren Lasten, Arbeiten bei denen man gesundheitsgefährdenden Stoffen ausgesetzt ist, für stillende Mütter verboten. Die Arbeitnehmerin muss den Arbeitgeber darüber informieren, dass sie stillt bzw. wenn sie nicht mehr stillt.

Entgeltfortzahlung

Wenn aufgrund der Beschäftigungsverbote eine Änderung der Tätigkeit im Betrieb erforderlich wird, sollen der Arbeitnehmerin keine Entgelteinbußen entstehen. Sie hat Anspruch auf die Weiterzahlung des Durchschnittverdienstes, den sie während der letzten dreizehn Wochen des Dienstverhältnisses vor dieser Änderung bezogen hat, durch den Arbeitgeber. Zeiten der Krankheit oder Kurzarbeit bleiben bei der Berechnung des Durchschnittsverdienstes außer Betracht.

Der Anspruch auf Entgeltfortzahlung besteht nicht für Zeiten, während derer Wochengeld oder Krankengeld nach dem ASVG bezogen werden kann.

Die Beschäftigungsverbote

Die Beschäftigungsverbote richten sich an den Arbeitgeber und sind zwingender Natur, d.h. sie können durch Einzelvertrag nicht abgeändert werden. Bestimmungen in KV, BV und Arbeitsordnungen, die den Dienstnehmerinnen vor und nach der Entbindung einen weitergehenden Schutz als das MSchG gewähren, sind aber zulässig (§ 38 MSchG). Das Nichteinhalten der Beschäftigungsverbote und Mitteilungspflichten seitens des Arbeitgebers steht unter Sanktion (§ 37 MSchG).

Beschäftigungsverbote im engeren Sinn untersagen die Beschäftigung einer Dienstnehmerin vor und nach der Entbindung innerhalb der sog „Schutzfrist" (absolutes Beschäftigungsverbot) sowie bei Gefahr für die Gesundheit von Mutter oder Kind (individuelles Beschäftigungsverbot). Daneben gibt es noch Arbeitsverbote für Schwangere bzw. Wöchnerinnen oder stillende Mütter.

Damit die Schutzvorschriften zur Anwendung kommen können, treffen die Arbeitnehmerin Mitteilungspflichten gegenüber dem Arbeitgeber.

Werdende Mütter müssen die Schwangerschaft, sobald sie ihnen bekannt ist, dem Dienstgeber bekannt geben und wenn es dieser verlangt, ein ärztliches Zeugnis vorlegen. Bei vorzeitigem Ende der Schwangerschaft ist der Dienstgeber ebenfalls zu verständigen. An das Unterlassen dieser Mitteilungspflichten sind keine Sanktionen geknüpft, insbesondere stellt die Nichteinhaltung dieser Mitteilungspflichten keinen Kündigungs- oder Entlassungsgrund dar. Die Mitteilung hat vor allem den Sinn, die im MSchG normierten Beschäftigungsverbote wirksam werden zu lassen.

In den letzten acht Wochen („Schutzfrist") vor der voraussichtlichen Entbindung dürfen werdende Mütter nicht beschäftigt werden (§ 3 Abs 1 MSchG). Der Tag der voraussichtlichen Entbindung ist aufgrund eines ärztlichen Zeugnisses zu berechnen. Erfolgt die Entbindung früher oder später als zum errechneten Zeitpunkt, so verkürzt bzw. verlängert sich die Frist entsprechend.

Dieses Beschäftigungsverbot gilt unabhängig vom Gesundheitszustand der werdenden Mutter. Die Dienstnehmerin muss den Dienstgeber innerhalb der letzten vier Wochen vor dem Beginn der Achtwochen Frist auf ihre Freistellung aufmerksam machen, das Inkrafttreten des Beschäftigungsverbotes hängt davon aber nicht ab.

Bis zum Ablauf von acht Wochen nach der Entbindung gilt ebenfalls ein absolutes Beschäftigungsverbot für Dienstnehmerinnen (§ 5 Abs 1 MSchG).

Bei Frühgeburten, Mehrlingsgeburten oder Kaiserschnittentbindungen beträgt die Dauer dieses absoluten Beschäftigungsverbotes mindesten 12 Wochen. Ist vor der Entbindung eine Verkürzung der Achtwochenfrist eingetreten, so verlängert sich die Schutzfrist nach der Entbindung im Ausmaß dieser Verkürzung, längstens jedoch auf 16 Wochen.

Die Schutzfrist nach der Entbindung dient in erster Linie der Erholung der Wöchnerin und erst in zweiter Hinsicht der Pflege des eigenen Kindes. Deshalb gilt auch infolge einer Totgeburt oder des Ablebens des Neugeborenen innerhalb der Schutzfrist das Beschäftigungsverbot. Bei einer Fehlgeburt greifen diese Bestimmungen nicht, da ein Abortus nicht als Geburt gilt und daher die gesetzlichen Regelungen des MSchG nicht zur Anwendung kommen.

Kündigungs- und Entlassungsschutz

Werdende und junge Mütter stehen unter einem besonderen Bestandsschutz, d.h. die Beendigung des AV einer schwangeren Mutter bzw. einer Mutter bis zu vier Monaten nach der Entbindung ist nur unter sehr strengen Voraussetzungen möglich.

Dienstnehmerinnen kann während der Schwangerschaft und bis zum Ablauf von vier Monaten nach der Entbindung nicht rechtswirksam gekündigt werden, es sei denn, dass dem Dienstgeber die Schwangerschaft, bzw. Entbindung nicht bekannt ist. Eine Kündigung ist auch rechtsunwirksam, wenn die Schwangerschaft bzw. Entbindung dem Dienstgeber binnen fünf Arbeitstagen nach Ausspruch der Kündigung bekannt gegeben wird.

Eine einvernehmliche Auflösung muss zu ihrer Rechtswirksamkeit schriftlich erfolgen.

Wochengeld

Die Leistung aus dem Versicherungsfall des Arbeitsausfalles infolge Mutterschaft (Wochengeld) ist eine Leistung der nach dem ASVG versicherten Pflichtversicherten.

Die sozialversicherungsrechtliche Leistung des Wochengeldes steht in einem untrennbaren Zusammenhang mit den arbeitsrechtlichen Bestimmungen des Mutterschutzgesetzes. Anspruchsberechtigt für den Bezug von Wochengeld sind nur die auf Grund einer Beschäftigung in der KV pflichtversicherten Frauen. Angehörigen und Selbstversicherten steht kein Wochengeld zu. Eine Ausnahme ist das „Wochengeld" für Beamte nach § 79 B-KUVG. Diese einmalige Geldleistung steht auch den Angehörigen zu.

Frauen, deren Verdienst unter der Geringfügigkeitsgrenze des § 5 (2) ASVG liegt, sind nicht in der KV pflichtversichert, sie erhalten daher auch kein Wochengeld.

Liegen mehrere geringfügige Beschäftigungen nebeneinander vor und übersteigt die Summe der Entgelte die Geringfügigkeitsgrenze, besteht die Möglichkeit sich gem. § 19a ASVG selbst zu versichern. Eine solche Selbstversicherung hat die gleichen Rechtswirkungen wie eine Pflichtversicherung.

Besteht die Pflichtversicherung bis zum Eintritt der Schutzfrist, sind keine bestimmten Vorversicherungszeiten erforderlich.

Das Wochengeld stellt den Ersatz des Einkommens für Zeiten eines Beschäftigungsverbotes nach dem Mutterschutzgesetz dar und gebührt daher generell für die letzten acht Wochen vor der Entbindung, den Tag der Entbindung und die ersten acht Wochen nach der Entbindung, unabhängig vom gesundheitlichen Zustand der werdenden Mutter. Darüber hinaus gebührt Wochengeld auch dann, wenn nach dem Zeugnis eines Arbeitsinspektionsarztes oder Amtsarztes Leben und Gesundheit von Mutter oder Kind bei Fortdauer der Beschäftigung, – im Falle von Bezieherinnen von Arbeitslosengeld bei Aufnahme einer Beschäftigung – gefährdet wäre.

7.3.4. Kinderbetreuung

Allgemeines zum Karenzurlaub

Als „Karenzurlaub" wird jene Zeit eines aufrechten Dienstverhältnisses bezeichnet, in der Arbeitgeber und Arbeitnehmer vereinbaren, die Hauptpflichten aus dem Arbeitsverhältnis ruhen zu lassen, das Arbeitsverhältnis dem Grunde nach aber aufrecht zu erhalten. Solche Karenzurlaube können aufgrund der Vertragsfreiheit jederzeit und zu jedem Zweck zwischen Arbeitgeber und Arbeitnehmer vereinbart werden. Daneben hat der Gesetzgeber in Fällen, in denen eine besondere Schutzwürdigkeit der Arbeitnehmer auf Erhalt seines Arbeitsplatzes besteht, einen zwingenden Anspruch auf Gewährung einer Karenzierung des Arbeitsverhältnisses verbunden mit einem anschließenden zeitlich beschränkten besonderen Kündigungsschutz, geschaffen. Dies ist einmal der Fall bei der Gewährung einer Karenzzeit zur Betreuung eines Kleinkindes und zum zweiten bei der Karenzierung des Arbeitsverhältnisses infolge einer Einberufung (Zuweisung) zum Präsenz(Zivil)dienst.

Karenzurlaub zur Betreuung eines Kleinkindes

Auch das Europarecht kennt Bestimmungen über den Karenzurlaub. Die Richtlinie 96/34/EG des Rates vom 3. Juni 1996 (Rahmenvereinbarung über den Elternurlaub) ist in Österreich durch das Mutterschutzgesetz und das Väterkarenzgesetz[8] umgesetzt. Mit der Erlassung des Kinderbetreuungsgeldgesetzes wurde das Elternkarenzurlaubsgesetz in Väter-Karenzgesetz umbenannt. Im Wesentlichen gelten für den Karenzurlaub der Väter dieselben gesetzlichen Bestimmungen wie für Mütter, in einigen

Punkten weichen sie jedoch ab. Das Gesetz bezieht sowohl privatrechtliche als auch öffentlich-rechtliche Dienstverhältnisse zum Bund in seinen Geltungsbereich ein.

Wichtige Punkte sind die Meldepflicht des Vaters, der gemeinsame Haushalt mit dem Kind, Teilung des Karenzurlaubes zwischen Vater und Mutter, gleichzeitige Inanspruchnahme durch beide Eltern sowie die Möglichkeit sich in der Kinderbetreuung abzuwechseln.

Diese arbeitsrechtlichen Bestimmungen beziehen sich lediglich auf die Möglichkeit der Inanspruchnahme einer Karenzierung sowie auf das Rückkehrrecht und den besonderen Kündigungsschutz. Die Bestimmungen über die finanzielle Unterstützung in dieser Zeit finden sich im Kinderbetreuungsgeldgesetz. Probleme können sich daraus ergeben, dass die Zeiten der Karenzierung mit einem garantieren Rückkehrrecht bis zum 2. Geburtstag des Kindes beschränkt sind, während die finanzielle Unterstützung bis zum 3. Geburtstag des Kindes gewährt wird.

Die Arbeitnehmerin oder der Arbeitnehmer hat ein Recht auf Gewährung eines Karenzurlaubes zur Betreuung eines Kleinkindes infolge einer Entbindung, Adoption oder Inpflegenahme eines Kindes in Adoptionsabsicht. Die gesetzlichen Bestimmung über dieses Recht sind weder durch Kollektivvertrag, Betriebsvereinbarung noch Einzelvertrag zu ungunsten der Arbeitnehmerin oder des Arbeitnehmers abdingbar. Mutter und Vater können neben ihrem karenzierten Dienstverhältnis eine geringfügige Beschäftigung, im Sinne des § 5 Abs 2 lit a bis c des ASVG, ausüben. Eine Verletzung der Arbeitspflicht bei dieser geringfügigen Beschäftigung hat keine Auswirkung auf das karenzierte Dienstverhältnis. Die Art und Weise dieser geringfügigen Beschäftigung ist zwischen der Arbeitnehmerin und dem Arbeitgeber zu vereinbaren.

Neben der Möglichkeit sich zur Betreuung des Kleinkindes *karenzieren* zu lassen, gibt es auch einen gesetzlichen Anspruch auf *Teilzeitbeschäftigung* aufgrund der Betreuung eines Kleinkindes (siehe oben).

7.4. Sexuelle Belästigung am Arbeitsplatz

„Sexuelle Belästigung" ist der – nun auch nicht mehr ganz neue – gesetzliche Terminus für ein altes Problem. Im Folgenden stelle ich das Phänomen kurz dar und gebe dann einen Überblick über die gesetzliche Regelung.

7.4.1. Fakten

Studien aus ganz Europa belegen, dass das Phänomen sexuelle Belästigung in allen europäischen Ländern beinahe fast allen berufstätigen Frauen bekannt ist. Weniger bekannt ist immer noch, dass mit sexueller Belästigung eine Erscheinungsform sexualisierter Gewalt umschrieben wird.

Europa

Eine von der Europäischen Kommission erstellte Studie (European Commission 1998) zeigt Österreich an erster Stelle in der Rangreihe bezüglich der Häufigkeit von Belästigungen:

EU-Mitgliedstaaten und Sexuelle Belästigung am Arbeitsplatz (13 Länder)

Rangreihe	Prozentzahl	Staat
1	81 %	Österreich
2	78 %	Luxemburg
3	72 %	Deutschland
xx (ohne Belgien, Irland)		
11	27 %	Finnland
12	17 %	Schweden
13	11 %	Dänemark

(Tabelle vgl. European commission 1998)

Im Durchschnitt haben laut dieser Studie 40–50 % aller erwerbstätigen Frauen in den Mitgliedstaaten der Europäischen Union Erfahrung mit sexueller Belästigung am Arbeitsplatz. Davon sind ca. 66 % verbale Belästigung und weniger als 5 % tätliche Übergriffe wie körperliche Angriffe oder Vergewaltigungen.

Betroffen von sexueller Belästigung können grundsätzlich alle Frauen sein. Frauen zwischen 20 und 40 Jahren, allein stehende oder geschiedene Frauen, Frauen mit einem geringeren Bildungsgrad oder Zeitarbeiterinnen werden dieser Studie zufolge mit einer höheren Wahrscheinlichkeit Opfer von sexuellen Übergriffen.

Die Belästiger sind vorwiegend Männer. Der überwiegende Anteil entfällt auf Kollegen (50 %), gefolgt von Vorgesetzten (30 %). Seltener finden die Übergriffe durch Kunden, Patienten (abhängig von der Häufigkeit des Kundenkontaktes) oder nachgeordnete Mitarbeiter statt.

Die Konsequenzen für die betroffenen Frauen sind psychosomatische Beschwerden, Schlafstörungen und Alpträume, Verringerung der Selbstachtung und Resignation; geringere Arbeitszufriedenheit, Interferenzen mit dem Privatleben, negative Auswirkungen auf die Karriere (weil: Reduktion der Arbeitsfähigkeit, schlechtere Arbeitsbedingungen, häufiger Arbeitsplatzwechsel)

Ein Vergleich der Befragungen in den untersuchten Ländern zeigt deutlich eine unterschiedliche Wichtigkeit und Bewusstheit in der Gesellschaft bezüglich der Thematik. Es gibt ein deutliches Nord-Südgefälle bezüglich der Informationspolitik und dem Angebot von Beschwerdestellen (ausgenommen UK). Auch die Einstellung der befragten Frauen ist in den einzelnen Ländern unterschiedlich. Im Norden Europas und im Vereinigten Königreich sind sexuelle Übergriffe gesellschaftlich verpönt. In vielen anderen Ländern haben auch Frauen dieses Bewusstsein oft noch nicht. Sie finden sich mit der Situation eher ab, meinen auch derartiges „gehört zum Frausein".

Österreich

In Österreich gibt es zu diesem Themenbereich mehrere Untersuchungen. Die umfangreichste Untersuchung ist eine Studie von Hopfgartner, Zeichen (1988).

81 % der 1411 befragten Frauen gaben hierbei an, ein oder mehrere Male in ihrem Berufsleben gegen ihren Willen sexuelle Annäherungen von Männern erfahren zu haben. Der Prozentsatz variiert mit dem Schweregrad der Vorfälle.

Die Belästigungen in der Reihung nach Häufigkeit: Grapschen (Gesäß), mit Kosenamen benannt werden, nachpfeifen, auf die Wange küssen, Umarmungen gegen ihren Willen, unerwünschte sexuelle Bemerkungen über ihre Figur oder ihr Aussehen, anstarren, Einladungen, an denen sie kein Interesse haben, massive körperliche Berührungen, Aufforderung zu sexuellem Kontakt, Androhung von negativen Folgen bei sex. Verweigerung bzw. Versprechen von Vorteilen. 3 % der befragten Frauen gaben an, von Vergewaltigungen gehört zu haben.

Die meisten Erfahrungen sexueller Belästigungen beruhen nicht auf einem einmaligen Vorfall und dauern länger an. 44 % der Frauen, die belästigt worden waren, berichteten, dass sich der Vorfall nur ein einziges Mal ereignet hat, dies waren besonders die schweren Fälle von Belästigung, wie z.B. körperliche Bedrängung, versuchte oder tatsächliche Vergewaltigung.

Übereinstimmend sind die Bewertungen der befragten Frauen über die Abgrenzung von sexueller Belästigung gegenüber Spaß machen und Komplimenten, teilweise unterschiedlich hinsichtlich der bedrohlichen und demütigenden Wirkung und des Schweregrads der Belästigung (abhängig von eigenen Erfahrungen, Bildungsniveau, Status in Organisation). Akademikerinnen bewerteten körperliche Übergriffe und sexistische Bemerkungen als schwerwiegendere Beeinträchtigung als Frauen mit niedrigerem Bildungsniveau. Aus Furcht vor negativen Konsequenzen bei einer Beschwerde über die sexuelle Belästigung schweigen die betroffenen Frauen und unternehmen nichts (1/3), beziehungsweise versuchen, den sie belästigenden Mann zu meiden (1/3). Die Studie zeigt auch auf, dass Frauen über die belästigenden Ereignisse am häufigsten mit Personen sprechen, zu denen sie eine vertraute Beziehung haben, selten mit BetriebsrätInnen, Vorgesetzten oder der Geschäftsführung. Eine sehr häufige Reaktion ist es, sogar wenn eigene Erfahrungen mit sexueller Belästigung vorliegen(!), den Betroffenen selbst die Schuld und die Verantwortung für die Belästigung zuzuschieben. (Argumente wie: die Belästigung ist gewollt, die will sich ja nur Vorteile verschaffen, will provozieren, fordert es heraus, fühlen sich geschmeichelt, unkontrollierbare Natur des Mannes).

7.4.2. Vorbild Amerika

Im anglo-amerikanischen Raum wurde die sexuelle Belästigung bereits vor mehr als 20 Jahren wissenschaftlich und politisch erörtert. Vor allem in den Vereinigten Staaten ist sexuelle Belästigung seit den 70er Jahren ein Thema vieler Untersuchungen. Dementsprechend gibt es dadurch schon seit dieser Zeit eine Präsenz in den Medien, die dazu beigetragen hat, dass in der Bevölkerung ein Problembewusstsein entstanden ist.

In einem marktwirtschaftlichen System wie in den USA nicht verwunderlich, galt das Interesse vor allem den ökonomischen Auswirkungen sexueller Belästigung. Für den Bereich der Bundesbediensteten in den Vereinigten Staaten gibt es eine Studie aus dem Jahre 1980. Diese Studie brachte zu Tage, dass sich der betriebswirtschaftliche Schaden allein wegen Produktivitätsverlust für den Bundesstaat auf über 76 Millionen US $ bei einer zweijährigen Beobachtungsperiode belief (*http://www.mspb. gov/studies/mspbstudiespage.html#publiucationInformation*).

Hinzu kommen noch die Kosten, die durch die Notwendigkeit entstehen, Beschäftigte, die ihre Arbeit aufgaben, zu ersetzen, sowie jene Kosten, die durch Beschäftigte entstehen, die vorgeben, krank zu sein, um sexueller Belästigung zu entgegen. Die Zahlen mussten aufgrund neuer Beobachtungsergebnisse aus den Jahren 1985–87 für die heutige Zeit dahingehend geändert werden, dass der Gesamtschaden, der der Bundesregierung aus sexueller Belästigung erwächst, 267 Millionen US $ beträgt. Davon fallen 204 Millionen auf den Produktivitätsverlust. Nicht nur gesellschaftliche Wahrnehmung, auch die Definition dessen, was unter einer sexuellen Belästigung zu verstehen ist, wurde zunächst in den angloamerikanischen Staaten entwickelt.

7.4.3. Europa

Die EU hat vor ca. 10 Jahren begonnen, sich mit dem Problem der sexuellen Belästigung am Arbeitsplatz zu beschäftigen. Es wurde eine große Studie in Auftrag gegeben, Empfehlungen verabschiedet und auch ein Verhaltenskodex erstellt. Alle diese Maßnahmen kann man dem so genannten „soft law" zurechnen, das heißt, die Regelungen sind nicht verbindlich und es gibt keinen effizienten Rechtsschutz für die Betroffenen.

Mit den Richtlinien zum Antidiskriminierungsrecht hat die EU 2002 auch den Tatbestand der Belästigung und der sexuellen Belästigung in ihren Rechtsbestand aufgenommen und die sexuelle Belästigung als verbotene Diskriminierung festgeschrieben. Die Mitgliedstaaten sind verpflichtet geeignete Maßnahmen zu treffen, um den von Belästigungen Betroffenen eine effektive Beschwerdemöglichkeit zu geben und unabhängige Stellen einzurichten, die für die Beratung zuständig sind.

Die Richtlinien definieren sexuelle Belästigung als jede Form von unerwünschtem Verhalten sexueller Natur, das sich in unerwünschter verbaler, nicht verbaler oder physischer Form äußert und das bezweckt oder bewirkt, dass die Würde der betreffenden Person verletzt wird, insbesondere wenn ein von Einschüchterungen, Anfeindungen, Erniedrigungen, Entwürdigungen und Beleidigungen gekennzeichnetes Umfeld geschaffen wird.

Neu ist auch, dass Anweisungen zur Diskriminierung einer Person aufgrund des Geschlechts ebenfalls als Diskriminierung im Sinne der Richtlinien gilt.

Sexuelle Belästigung wird heute zunehmend in der Öffentlichkeit wahrgenommen und ist Gegenstand verschiedener wissenschaftlicher Arbeiten. Wenngleich mit unterschiedlichen Mitteln versucht wurde und wird, das Problem zu leugnen, herunterzuspielen oder lächerlich zu machen oder gar unberechtigte Ängste zu verbreiten, wurde durch die gesetzliche Verankerung als Diskriminierungstatbestand einerseits ein deutliches Zeichen durch den Gesetzgeber gesetzt, dass sexuelle Belästigung verpönt und somit kein gesellschaftlich geduldetes Handeln ist, andererseits wurde damit ein verdrängtes, nicht wahrgenommenes, gleichwohl häufiges Handeln in offene Diskussion gestellt.

Die österreichischen Legaldefinitionen orientierten sich an den anglo-amerikanischen Vorbildern (siehe oben).

7.4.4. Rechtsprechung zur sexuellen Belästigung

Die österreichischen Gerichte wurden bis heute noch nicht sehr oft mit diesem Thema befasst. Meiner Einschätzung nach nehmen aber zunehmend mehr Frauen die Möglichkeit wahr, neben der Beratung durch die Anwaltschaft oder einer Überprüfung durch die Gleichbehandlungskommission, eine gerichtliche Klage einzubringen. Der höchste zugesprochene Schadenersatz wegen sexueller Belästigung betrug ca. 100.000,– Schilling.

Hier zwei Beispiele aus der Rechtsprechung zum Thema sexuelle Belästigung am Arbeitsplatz:

> Zu einer gewissen traurigen Berühmtheit hat es ein Gerichtsurteil aus dem Jahre 1998 des Arbeits- und Sozialgerichtes Wien gebracht, in dem die Klägerin wiederholte sexuelle Belästigungen behauptete und den Zuspruch eines Schadenersatzes in Höhe in 5.000,-- ÖS begehrte. Die Klägerin präzisierte ihr Vorbringen unter anderem folgendermaßen:
> „… Der Beklagte sagte daraufhin, das verstehe er nicht, wenn eine Frau so aussehe wie ich, dann müsse sie sich doch nicht mit diesem Lohn zufrieden geben, er würde mich am liebsten auf den Strich schicken, so gut wie ich ausschauen würde …"
> Das Erstgericht wies das Klagebegehren ab, weil es aufgrund des Beweisverfahrens keine sexuellen Belästigungen feststellen konnte. Die Beweiswürdigung enthielt folgende Erwägungen:

> „Letzten Endes soll aber doch auch nicht unerwähnt bleiben, dass der persönliche Eindruck, den die Streitteile auf den Senat machten, es geradezu lebensfremd erscheinen ließen, den Behauptungen der Klägerin Glauben zu schenken. Beim Beklagten handelt es sich nämlich um einen durchschnittlich gut aussehenden und gepflegt wirkenden Mann, während es der Klägerin an jeglicher Attraktivität mangelt und sie auch den Eindruck erweckt, auf ein gepflegtes Äußeres wenig Wert zu legen, dies obwohl vor Gericht erscheinende Personen gemeiniglich bei dieser Gelegenheit mehr Sorgfalt auf ihr Erscheinungsbild verwenden als während eines Arbeitstages. Dass also der Beklagte aufgrund ihres guten Aussehens, wie die Klägerin behauptet, ihr gegenüber anzügliche Bemerkungen gemacht haben soll, ist wohl ausschließlich auf die subjektive Einschätzung der Klägerin zurückzuführen".[9]

Zu diesem Urteil möchte ich Barbara Degen (Degen, 2001, 341) zitieren: „Die Rechte von Frauen teilen das Schicksal der Frauen selbst: sie werden ignoriert und nicht ernst genommen." Das Urteil wurde in der zweiten Instanz wegen Befangenheit der Richterin aufgehoben.

Es gibt aber auch positive Entwicklungen, wie sich aus einem Urteil des OGH[10] aus dem Jahr 2000 ersehen lässt, in dem er unter anderem folgendes ausgesprochen hat:

> „Es geht im Zusammenhang mit dem Tatbestand der sexuellen Belästigung nicht nur um den Schutz der körperlichen Integrität vor unerwünschten sexuellen Handlungen, sondern es ist auch die psychische Verletzbarkeit gemeint. Letztlich geht es um Beeinträchtigungen der menschlichen Würde, also um Persönlichkeitsverletzungen. Persönliche Kontakte gegen den Willen der betroffenen Person (Begrapschen) überschreiten im Allgemeinen die Toleranzgrenze. Verfehlt ist die Ansicht, es handle sich nur bei einem Berühren der Geschlechtsteile oder einem Küssen um ein der sexuellen Sphäre zugehöriges Verhalten."

In diesem Urteil spricht der OGH auch aus, dass jugendliche Lehrlinge besonders schutzbedürftig sind. Beim Schutz minderjähriger Arbeitnehmer liegt ein wesentlicher Anwendungsbereich des Verbots sexueller Belästigung.

7.5. Gleicher Lohn für gleichwertige Arbeit

Das Verbot der Entgeltdiskriminierung findet sich bereits in der Stammfassung des GlBG als Ausgangspunkt bei der Bekämpfung geschlechtsbezogener Diskriminierung. In den Materialien wurde dazu im Wesentlichen auf das ILO Übereinkommen Nr. 100 über die Gleichheit des Entgelts männlicher und weiblicher Arbeitskräfte für gleichwertige Arbeit hingewiesen. Es wurde kein eigener Entgeltbegriff geschaffen, sondern auf den im österreichischen Arbeitsrecht anerkannten zurückgegriffen. Auch in Regelungen der kollektiven Rechtsgestaltung zur Festsetzung des Entgelts dürfen Kriterien für die Beurteilung der Arbeit der Frauen und der Arbeit der Männer nicht in einer zu Diskriminierung führenden Weise vorgeschrieben werden. Als Vorbild dienen sowohl Art 1 – Abs 2 der LohngleichheitsRL wie auch die dazu ergangene Rechtsprechung des EuGH. Erst durch die dritte Novelle des GlBG wurde der Begriff der gleichwertigen Arbeit ausdrücklich in das Gleichbehandlungsgebot aufgenommen.

Der Entgeltbegriff ist weit zu fassen[11] es sind darunter alle Leistungen zu verstehen, die eine Arbeitnehmerin oder ein Arbeitnehmer als Gegenleistung dafür erhält, dass sie oder er die Arbeitskraft zur Verfügung stellt.

Da der Grundsatz der Lohngleichheit gesetzlich verankert ist und demnach Frauen und Männer Anspruch auf gleichen Lohn für gleichwertige Arbeit haben, findet die Debatte beim Vergleich der Wertigkeit unterschiedlicher Arbeitsplätze und der Einführung von Maßstäben und Kriterien zu ihrer Ermittlung statt.

Anfang 2000 wurde vom BM für Wirtschaft und Arbeit die Studie „Einkommen von Frauen und Männern in unselbstständiger Beschäftigung" des Forschungsinstitutes Synthesis herausgegeben. Diese Studie hat klar werden lassen, dass die Einkommensschere nach 20 Jahren Gleichbehandlungsgesetz nicht kleiner sondern größer geworden ist. Das interessanteste Ergebnis aus meiner Sicht ist die Begründung für die Einkommensunterschiede. Lange war man der Überzeugung, dass die Einkommensunterschiede auf unterschiedlicher Ausbildung von Frauen und Männern und vor allem auf die häufigere Berufsunterbrechung von Frauen zurückzuführen ist. Die Studie brachte klar zutage, dass der Einkommensnachteil stärker auf die Benachteiligung im Berufsleben selbst als auf Einkommensverluste durch Berufsunterbrechung zurückzuführen ist.

Frauen die ihre Berufslaufbahn ebenso wenig unterbrachen wie Männer, hatten nach zwanzig Berufsjahren einen Einkommensnachteil von 31 %. Zum einen sind es die schlechteren Aufstiegschancen der Frauen, die ihre Einkommensentwicklung negativ beeinflusst. Es sind aber auch die vielen kleinen Entscheidungen zugunsten der Angehörigen des männlichen Geschlechts etwa bei der Anrechnung von Vordienstzeiten, bei Vorrückungen, Zulagen, Prämien und außerordentlichen Biennalsprüngen die sich viel stärker zuungunsten der Einkommen unselbstständig erwerbstätiger Frauen auswirken als dies vielen Personalverantwortlichen – ja auch vielen betroffenen Frauen selbst bewusst ist.

Kriterien für die Gleichwertigkeit von Arbeit

Aus der EuGH-Rechtsprechung der letzten zwei Jahrzehnte lassen sich nur schwer Rückschlüsse auf Arbeitsbewertungskriterien ziehen. Der Europäische Gerichtshof hat sich nur in wenigen Entscheidungen zu Aussagen über Kriterien zur Arbeitsbewertung ausgesprochen.

Mit der Feststellung in der Lohngleichheitsrichtlinie, dass der Grundsatz des gleichen Entgelts auch gleiches Entgelt bei gleichwertiger Arbeit beinhalt, musste dieser Grundsatz zwangsläufig auch Bestimmungen über Systeme beruflicher Einstufung enthalten, da diese in Gleichwertigkeitssachen oft Gegenstand des Streits sind. Artikel 1 Absatz 2 der Richtlinie bestimmt lediglich: „(…) wenn zur Festlegung des Entgelts ein System beruflicher Einstufung verwendet wird, (muss) dieses System auf für männliche und weibliche Arbeitnehmer gemeinsamen Kriterien beruhen und so beschaffen sein, dass Diskriminierungen auf Grund des Geschlechts ausgeschlossen werden.

Wie sich aus dem Wortlaut von Artikel 1 der Richtlinie ergibt, darf die berufliche Einstufung nicht als das einzige Mittel zur Festlegung der Vergleichbarkeit von Arbeitsplätzen zwingend vorgeschrieben werden, insbesondere dann nicht, wenn eine derartige Einstufung ohne das Einverständnis des Arbeitgebers nicht eingeführt werden kann (Rs 61/81 Kommission/Vereinigtes Königreich).

Die Entscheidung darüber, ob eine Arbeit den gleichen Wert hat wie die eines anderen Arbeitnehmers, muss eine gerichtliche Entscheidung sein bzw. der gerichtlichen Nachprüfung unterliegen (Auslegungen von Artikel 1 i.V.m. Artikel 2 der Richtlinie.

Die Art der zu verrichtenden Arbeit (muss) objektiv berücksichtigt (werden). Die gleiche Arbeit oder eine Arbeit, die als gleichwertig anerkannt wird, muss also in der gleichen Weise unabhängig davon entlohnt werden, ob sie von einem Mann oder einer Frau verrichtet wird.

Eine Diskriminierung liegt dann nicht vor, wenn ein Kriterium verwendet wird, das auf die Begünstigung speziell eines Geschlechts hinausläuft wie etwa Körperkraft, sofern das System in seiner Gesamtheit nicht diskriminierend ist; Kriterien, die das andere Geschlecht begünstigen, sind, soweit mit der Art der Tätigkeit vereinbar, einzuführen, um einen Ausgleich für das erster Kriterium herbeizuführen

Das Vorhandensein eines diskriminierenden Kriteriums lässt sich „objektiv durch die Art des Arbeitsplatzes rechtfertigen, wenn (es) erforderlich ist, um eine Entlohnung zu gewährleisten, die der mit der Verrichtung der Arbeit verbundenen Beanspruchung angemessen ist und damit einem wirklichen Bedürfnis des Unternehmens dient" (Rs 237/85 Rummler).

In einem Lohnsystem für Akkordarbeit muss der Lohn auf der gleichen Maßeinheit beruhen. Bei der Beurteilung eines solchen Systems nach dem Prinzip gleichen Entgelts ist ein Unterschied im Gesamtlohn zwischen einer Gruppe, die hauptsächlich aus Frauen besteht, und einer, die hauptsächlich aus Männern besteht, an sich allein kein Nachweis für das Vorhandensein einer Diskriminierung, da dieser das Resultat unterschiedlicher Arbeitsleistungen sein kann (Rs C-400/93 Royal Copenhagen).

Besondere Kriterien

Einige Kriterien sind für Systeme der beruflichen Einstufung besonders beliebt und werden häufiger in spezifischen Zusammenhängen als diskriminierend angegriffen:

Körperkraft: der Gerichtshof erkennt an, dass Männer durch dieses Kriterium begünstigt werden. Gleichwohl kann es entweder als Teil eines Systems, das auch andere, Frauen begünstigende Kriterien enthält, oder im Hinblick auf die Art der Tätigkeit gerechtfertigt sein.

Anciennität bzw. Dienstalter: auch dieser Faktor kann nach Auffassung des Gerichtshofs Frauen benachteiligen. Allerdings hält er ihn für gerechtfertigt, ohne dass der Arbeitgeber dies weiter erläutern müsse, da „die Anciennität mit der Berufserfahrung einhergeht und diese den Arbeitnehmer im allgemeinen befähigt, seine Arbeit besser zu verrichten". Mit dieser Aussage ist nicht gesagt, dass den Arbeitnehmern die Möglichkeit des Nachweises, dass die Anciennität (also Dienstalter) für eine bestimmte Tätigkeit praktisch unerheblich oder sogar nachteilig ist, nicht offen steht.

Qualifikation: in einigen Fällen kann dieses Kriterium nach Auffassung des Gerichtshofs Frauen benachteiligen (jedenfalls wird dieses Kriterium mit der zunehmenden Gleichheit beim Zugang zu Bildung und Ausbildung an Bedeutung verlieren). Gleichwohl ist dieses Kriterium zulässig, sofern der Arbeitgeber nachweist, dass es für die zu verrichtende Arbeit von Bedeutung ist. Ein Arbeitgeber läuft Gefahr, dass man ihn einer mittelbaren Diskriminierung Frauen gegenüber bezichtigt, wenn für die Beförderung von Teilarbeitszeitkräften längere Qualifizierungszeiträume als bei Vollzeitarbeitskräften verlangt werden, es sei denn, der Arbeitgeber kann nachweisen, dass die Teilzeitkräften auferlegte zusätzliche Periode objektiv betrachtet vonnöten ist, z.B. weil ihre Arbeitsbedingungen so geartet sind, dass sie sich die entsprechende Erfahrung langsamer aneignen. Dasselbe gilt mutatis mutandis für Behörden, die für die Genehmigung einer Ausnahme von den Zusatzbedingungen zu einem Beruf zuständig sind und sich dabei auf eine gewisse Anzahl Jahre Erfahrung in gleichartigen Ämtern des öffentlichen Dienstes stützen.

Mangel an Fachkräften: Der Gerichtshof hat entschieden, dass ein Arbeitgeber eine Gruppe höher entlohnen darf als eine andere, auch wenn beide gleichwertige Arbeit verrichten und sich vornehmliche aus Angehörigen verschiedenen Geschlechts zusammensetzen, so dass eine mittelbare Diskriminierung vorliegt, wenn ein solcher Unterschied auf Schwierigkeiten bei der Einstellung von Arbeitskräften in die bevorzugte Gruppe zurückzuführen ist, die durch den Mangel entsprechend qualifizierter Personen am Arbeitsmarkt hervorgerufen wird, wogegen keinerlei Mangel qualifizierter Kandidaten für die andere Gruppe besteht. Das mag an sich ein Kriterium darstellen, wenngleich es in der Rechtssache Enderby eigentlich eher als Grund, von geltenden Kriterien abzuweichen, angeführt wurde.

Produktivität: Die Tatsache, dass in einem Lohnsystem für Akkordarbeit ein Unterschied im durchschnittlichen Gesamtlohn zulässig ist, wenn dieser sich aus einer höheren Stückleistung von Seiten der bevorzugten Gruppe ergibt, bedarf eigentlich kaum der Erwähnung.

Flexibilität: sofern darunter die Verfügbarkeit für Tätigkeiten zu unvorhersehbaren und unüblichen Zeiten verstanden wird, ist das Kriterium der Flexibilität dem Wesen nach für Frauen diskriminierend. In diesem Punkt ist die Position des Gerichtshofs nicht ganz klar. Er hat in zumindest zwei Fällen implizit zu verstehen gegeben, dass ihm dieses Kriterium suspekt erscheint (vgl. Rechtsache 109/88 Danfoss und C-360/90 Bötel). Andererseits hat er auch gesagt, Artikel 119 verpflichte den Arbeitgeber nicht, den Pflichten Rechnung zu tragen, die Frauen außerhalb der Arbeit hätten, da dies in den Zuständigkeitsbereich der Gemeinschaft oder des einzelstaatlichen Gesetzgebers gehöre. Der Unterschied mag darin liegen, dass die späteren Urteilssprüche Fälle betreffen, in denen die Arbeitgeberin oder der Arbeitgeber nichts unternommen hat, was weiblichen Arbeitskräften helfen könnte, andererseits aber auch Flexibilität keine besondere Bevorzugung gegeben hat, wohingegen die früheren Urteile Fälle betreffen, in denen er eine derartige Vorzugsbehandlung eingeführt hatte. Keine „positiven" Maßnahmen zugunsten von Frauen zu ergreifen, ist eines, etwas anderes ist es, eine womöglich negative Maßnahme vorzuschreiben.

In der Entscheidung im Fall Brunnhofer (Rs C-381/99) hat der EuGH folgendes festgestellt

Die Klägerin erhielt ein geringeres Entgelt als ihr männlicher Kollege, trotzdem sie laut Kollektivvertrag in der gleichen Tätigkeitsgruppe eingestuft war. Bei Beurteilung der Frage, ob eine gleiche Arbeit oder ein gleicher Arbeitsplatz im Sinne von Art 119 EGV (jetzt Art 141 EG) vorliegt oder eine gleiche oder eine als gleichwertig anerkannte Arbeit i.S.d. Richtlinie 75/117/EWG des Rates v. 10.2.1975 (zur Angleichung der Rechtsvorschriften der Mitgliedstaaten über die Anwendung des Grundsatzes des gleichen Entgelts für Männer und Frauen) („Lohngleichheitsrichtlinie") gegeben ist, ist es in Zusammenhang mit der einzelvertraglichen Vereinbarung von Zulagen zu kollektivvertraglich festgelegten Entgelten nicht ausreichend, darauf abzustellen, ob die beiden verglichenen Arbeitnehmer in die gleiche Tätigkeitsgruppe im Kollektivvertrag eingestuft sind.Eine gleiche Einstufung im Kollektivvertrag führt, auch wenn sie ein Indiz für das Vorliegen einer gleichen oder gleichwertigen Arbeit i.S.d. Art 119 EGV (jetzt Art 141 EG) und der RL 75/117/EWG ist, nicht dazu, dass im Fall einer mittelbaren Diskriminierung der Arbeitgeber die Unterschiedlichkeit der Tätigkeit zu beweisen hat.

Der Arbeitgeber kann sich zur Rechtfertigung der unterschiedlichen Entlohnung auf nicht im Tarifvertrag berücksichtigte Umstände berufen, sofern diese auf sachlich berechtigten Gründen beruhen. Da diese Frage nur für den Fall der Bejahung von Frage 1a) oder 1b) gestellt wurde, bedarf sie daher keiner Beantwortung.

Den Bestimmungen des Art 119 EGV (jetzt Art 141 EG) und der RL 75/117/EWG liegt ein einheitlicher Arbeitnehmerbegriff zugrunde. Folgt aus der Bewertung der ausgeübten Tätigkeiten, dass eine gleiche Arbeit oder eine Arbeit, die als gleichwertig anerkannt wird, vorliegt, gilt nach dem Grundsatz des gleichen Entgelts für Männer und Frauen, dass ein unterschiedliches Entgelt auch bei unterschiedlicher Leistungsfähigkeit der verglichenen Arbeitnehmer unzulässig ist.

Art 119 EGV (jetzt Art 141 EG) bzw. Art 1 RL 75/117/EWG ist dahin auszulegen, dass ein unterschiedliches Entgelt aus Gründen, deren Bestehen erst im Nachhinein beweisbar ist, nicht gerechtfertigt werden.

Anmerkungen

1   BGBl I 2004/66.
2   BGBl 1985/290.
3   BGBl 1990/410.
4   Dies ergibt sich auf Grund der bundesstaatlichen Kompetenzverteilung. In Österreich besitzt der Bund diesbezüglich nur die Kompetenz zur Grundsatzgesetzgebung, die Ausführungsgesetzgebung obliegt den Ländern.
5   BGBl I 2004/66.
6   Mitglied des Betriebsrates, Vertreter der Arbeiterkammer oder des Österreichischen Gewerkschaftsbundes.
7   BGBl I 2004/64, ausgegeben am 22. 6. 2004.
8   Väter-Karenzgesetz VKG (früher Eltern Karenzurlaubsgesetz) BGBl 1989/651, idF. BGBL I 2001/103.
9   ASG Wien vom 16.3.1999, 11 Cga 127/98; siehe dazu auch: Gerlach, Attraktivität und Verfahren, ecolex 2000/135; Schindler, Attraktivität und sexuelle Diskriminierung – eine Erwiderung auf einen Artikel von Dr. Roland Gerlach, ecolex 2000/135f.
10 OGH 5.4.2000, 9 Ob A 292/99b.
11 Gutachten der GBK vom 27.5.1980, amtl Nachr 1980, 349.

Projektumsetzung:
Der lange Marsch zu gleichen Chancen

Paul Schober

8. Einleitendes zum Umzusetzenden

Und manchmal verändert sie sich doch – unsere politische, institutionelle und wirtschaftliche Umwelt. Wenn auch nur vorsichtig, langsam und bedächtig und in zahllosen Vorwärts-Rückwärts-Zyklen. Aber immerhin. Und so ist es auch möglich selbst einen Beitrag dazu zu leisten. Initiativen und Projekte zur Gleichstellung von Frauen und Männern geben hier sehr wichtige Impulse.

Eine gewisse Beharrlichkeit und eine positive Grundüberzeugung zur Veränderbarkeit unserer Gesellschaft ist auch schon die erste Voraussetzung für Gender Mainstreaming Projekte. Aber der Glaube, auf sich allein gestellt, versetzt nicht immer Berge. Und so befasst sich der dritte Hauptteil dieses Buches mit der konkreten Projektumsetzung.

Wie kann die Strategie von Gender Mainstreaming bei der Planung, Durchführung und Evaluierung von Projekten konsequent umgesetzt werden? Welchen Fallgruben sind ProjektumsetzerInnen schon bisher begegnet, welche fördernde Faktoren und Rahmenbedingungen begünstigen den Projekterfolg?

Lust- und leidvolle Erfahrungen sollen hier weitergegeben werden mit der Hoffnung, dass das Rad zwar schon immer wieder neu erfunden wird, aber immer auch mit dem Wissen, dass es schon viele Räder gibt, die zwar nicht ganz so toll wie das eigene, aber eben auch rund sind.

Das erste Kapitel des Praxisteils ist dem lieben Geld gewidmet, und hier einem kleinen Abriss über unterschiedliche Förderinstrumentarien der Europäischen Union. Bereits mit dem Weißbuch zur Sozialpolitik aus 1995 wurde Frauenförderung als zentrales Anliegen der Union anerkannt und die 1999 erfolgte Ratifizierung des „Amsterdamer Vertrages" legte den Grundstein dafür, dass bei allen Förderprogrammen – sei es im Bereich der Forschung, der Wirtschaft, der Kultur oder im Sozialbereich – Gender Mainstreaming als Querschnittsmaterie Einzug gehalten hat.

Darüber hinaus gibt es spezifische Förderinstrumente, die Frauenförderung und Gender Mainstreaming zum alleinigen Inhalt haben. Die EU hat hier sicher einen großen Anteil daran, dass auch in Österreich in den letzten Jahren doch schon sehr viele Projekte und Initiativen entstanden sind.

Danach wird im zehnten Kapitel versucht, konkrete Erfahrungen anhand idealtypischer Projektphasen zu beschreiben. Ausgegangen wird von der Analyse der Probleme und der Betroffenen, die zur Definition von Gleichstellungszielen führt. Darauf aufbauend werden Projekte entwickelt und umgesetzt. Während all dieser Phasen muss die Evaluation der Projektergebnisse und die Sicherung der nachhaltigen Wirkung des Projekts mitgeplant werden. Abschließend werden noch kurz Erfahrungen zu Grenzen und Hemmnisse für Gender Mainstreaming Projekte gestreift.

Natürlich werden bei einer Projektumsetzung nicht alle Phasen streng getrennt nacheinander durchlaufen, sehr oft passiert (zu) vieles gleichzeitig, aber manchmal kann man im Nachhinein doch Zusammenhänge erkennen, die ein ordnendes Bild geben und hilfreich für ein „nächstes Mal" sind.

Die inhaltliche Basis für diesen Praxisteil wurde vom Runden Tisch zum Thema „Gender Mainstreaming und Arbeitswelt" erarbeitet. Dieser wurde von der Frauenreferentin des Landes Tirol, Mag.ª Elisabeth Stögerer-Schwarz, und mir initiiert. Dabei wurden alle Tiroler ProjektumsetzerInnen im Bereich Gender Mainstreaming eingeladen, sich in mehreren Treffen über ihre konkrete Arbeit auszutauschen. Alle teilnehmenden Projekte sind im abschließenden Kapitel in Form von Kurzbeschreibungen und Kontaktadressen aufgeführt. Dies als Angebot zur weiteren Vernetzung und auch als kleines Dankeschön für die vielen inhaltlichen Anregungen zu diesem Teil.

Paul Schober

9. Kleiner Abriss in die Förderwelt der großen Union

Gleich vorweg: Die Förderpolitik der Europäischen Union ist derart vielfältig, dass sie selbst für InsiderInnen eine große Herausforderung darstellt. Das hat einerseits damit zu tun, dass Gender Mainstreaming als Querschnittsmaterie im gesamten Förderinstrumentarium der Union eine Rolle spielt, andererseits aber auch mit der hohen Dynamik, mit der Förderstränge ins Leben gerufen – aber auch wieder beendet – werden.

So kann von diesem Kapitel keine umfassende Darstellung aller Fördermöglichkeiten der EU erwartet werden, sondern ein erster kompakter Einstieg in die Förderwelt und eine Handreichung für zukünftige ProjektumsetzerInnen und EntscheidungsträgerInnen. Hierauf aufbauend sollte sich sodann im Einzelfall die projekt- und programmbezogene eigene Recherche anschließen lassen.

Gender Mainstreaming hielt 1998 Einzug in die konkrete Beschäftigungspolitik der Europäische Union. Damals wurde das Ziel der Chancengleichheit von Frauen und Männern erstmals in den Beschäftigungspolitischen Leitlinien der Union als eine von vier zentralen Säulen verankert (neben Beschäftigungsfähigkeit, Unternehmergeist, Schaffung neuer Arbeitsplätze und der Anpassungsfähigkeit; vgl. 9.2.1.). Daneben wurde noch bestimmt, dass Gender Mainstreaming als Querschnittsmaterie in allen Aktionsfeldern der Union anzuwenden sei.

Neben der Beschäftigungspolitik finden sich noch wichtige Initiativen im Rahmen der Strukturpolitik, der Forschungs- und Bildungspolitik, der Sozialpolitik und der Entwicklungszusammenarbeit.

Bevor die Darstellung ausgewählter Förderinstrumentarien erfolgt, werden kurz die entsprechenden Rechtsgrundlagen dargestellt, die Beschäftigungspolitischen Richtlinien der Gemeinschaft skizziert und die Strukturfonds als Hauptfinanzquellen der Europäischen Gemeinschaft vorgestellt, von der die einzelnen Programme gespeist werden.

Natürlich ist die Europäische Union nicht die einzige Möglichkeit zur Finanzierung von Gender Mainstreaming Projekten und – von wenigen Ausnahmefällen abgesehen – müssen diese Projekte auch immer mit nationalen oder regionalen Mitteln kofinanziert werden.

Aber: Brüssel setzt entscheidende Initiativen im Bereich der Geschlechtergerechtigkeit, die sich regelmäßig – mit einer gewissen zeitlichen Verzögerung – auch auf die Subventionsrichtlinien aus Wien, Innsbruck oder anderer Städte und Gemeinden niederschlagen.

Und – Brüssel ist weiter weg und muss auch die unterschiedlichen Interessenlagen von mittlerweile 25 Mitgliedsstaaten ausdifferenzieren. So sind die Ansuchen und Förderanträge stärker formalisiert und reglementiert. Wer sich also mit der Förderlogik der Union vertraut macht und entsprechende Antragsformulare bearbeitet, hat meist auch für nationale und regionale Fördergeber sehr gute Argumente und Projektunterlagen erarbeitet.

Die nationalen und regionalen Fördertöpfe des Bundes, der Länder oder der Kommunen spielen auch bei EU-Projekten eine zentrale Rolle, da ohne der fixen Zusage zur Kofinanzierung in vielen Fällen keine Beantragung von europäischen Mitteln möglich ist.

Eine Projektfinanzierung ist oftmals also nur durch das Zusammenspiel mehrerer FördergeberInnen möglich. Diese Tatsache bedeutet, dass man sich hierbei auf einen langen Marsch durch die unterschiedlichsten Institutionen vorbereiten sollte.

9.1. Rechtsgrundlagen der Förderpolitik der Europäischen Union

Wie im Kapitel 3.2.2. ausführlich dargestellt, bildet der Amsterdamer Vertrag die rechtliche Basis für die Europäische Union, um die Gleichstellung von Frauen und Männer als zentrales Handlungsfeld ausüben zu können.

Der Artikel 2 nennt die Förderung der Gleichstellung von Frauen und Männern als Aufgabe der EU, Artikel 3 bestimmt, dass die EU bei all ihren Tätigkeiten darauf hinzuwirken hat, dass Ungleichheit beseitigt und die Gleichstellung von Frauen und Männern zu fördern ist.

Mit Artikel 13 wurde eine Rechtsgrundlage geschaffen für „geeignete Vorkehrungen", um Diskriminierungen, u.a. solche aus Gründen des Geschlechts oder der sexuellen Ausrichtung, zu bekämpfen.

Der Artikel 137 ermöglicht es, die Chancengleichheit von Frauen und Männern auf dem Arbeitsmarkt und die Gleichbehandlung am Arbeitsplatz zu gewährleisten.

Mit Artikel 141 wird die bisherige Rechtsprechung des Gerichtshofs zur Frage des gleichen Entgelts konsolidiert, indem der Begriff der gleichwertigen Arbeit eingeführt wird. Absatz 3 bietet eine neue Rechtsgrundlage für die Erarbeitung von Rechtsvorschriften zur Chancengleichheit und zur Gleichbehandlung in Arbeits- und Beschäftigungsfragen. (vgl. *http://www.imag-gendermainstreaming.at*)

9.2. Grundbegriffe zu den Förderinstrumentarien

Das Gender Mainstreaming Prinzip ist durchgängig auf unterschiedlichen Ebenen und Institutionen der Europäischen Gemeinschaft verankert. Die folgende Abbildung gibt hierzu einen Überblick:

Strukturfonds und Förderprogramme der Europäischen Union

(eigene Darstellung; adaptiert nach Beneke, Königer 2001, 6)

9.2.1. Beschäftigungspolitische Leitlinien

Die Beschäftigungspolitischen Leitlinien stellen jährlich einen Katalog von Zielen für die Beschäftigungspolitik dar, die bis 2003 gruppiert waren unter den vier Pfeilern (vgl. Europäischer Rat, 1997):

- *Beschäftigungsfähigkeit*: setzte an der Angebotsseite des Arbeitsmarkts an. Es wurden aktive Maßnahmen zur Bekämpfung des Qualifikationsdefizits von ArbeitnehmerInnen gefordert.
- *Unternehmergeist*: zielte auf die Schaffung neuer Arbeitsplätze durch die Gründung neuer Unternehmen.

- *Anpassungsfähigkeit*: hatte die Flexibilisierung der Arbeitsorganisation zum Ziel. Damit sollten die Rahmenbedingungen des Arbeitsmarktes verbessert werden.
- *Chancengleichheit*: diente zur Gleichstellung von Frauen und Männern am Arbeitsmarkt. Speziell wurden folgende Themenfelder in den Mittelpunkt gestellt:
  - Abbau geschlechtsspezifischer Unterschiede auf dem Arbeitsmarkt
  - Erleichterung der Vereinbarkeit von Familie und Beruf
  - Erleichterung der Rückkehr ins Erwerbsleben
  - Verpflichtung zum Gender Mainstreaming

Danach wurden diese vier Säulen ersetzt durch einen konkreten Zielkatalog, der jährlich die mittel- bis langfristigen Beschäftigungsziele der Union in Hauptziele und zusätzliche Empfehlungen unterteilt. Für 2004 lauten die Hauptziele für alle Mitgliedsstaaten:

- die Anpassungsfähigkeit der Arbeitskräfte und der Unternehmen zu steigern
- mehr Menschen auf den Arbeitsmarkt zu bringen und in Arbeit zu halten, Arbeit für alle lohnend zu machen
- mehr und effizienter in Humankapital und das lebenslange Lernen zu investieren
- die wirksame Durchsetzung der Reformen durch bessere Governance sicherzustellen

Darüber hinaus gibt es länderspezifische Empfehlungen (vgl. Europäische Kommission 2004).

Charakteristisch für die europäische Beschäftigungspolitik ist, dass die Chancengleichheit von Frauen und Männern kein isoliertes Aktionsfeld ist, sondern über das Gender Mainstreaming Prinzip als Querschnittsmaterie überall Berücksichtigung finden muss.

9.2.2. Strukturfonds

Die Verordnung des Rates 1260/1999 vom 21. Juni 1999 legt die allgemeinen Bestimmungen für die Strukturfonds fest. Gemäß dem Art 1 dieser Verordnung haben die Mitgliedstaaten in jedem Themenbereich einen Ansatz zu verwenden, der auf der Einbeziehung der Dimension der Chancengleichheit zwischen Frauen und Männern in sämtlichen Bereichen der Politik basiert. Damit wird auch hier Gender Mainstreaming als Verpflichtung festgeschrieben. Daher müssen auch alle davon abgeleitete Projekte Gender Mainstreaming als Kriterium erfüllen.

Die Mittel der Strukturfonds bilden die Hauptfinanzquelle der Gemeinschaft und machen ca. 35 % des EU-Haushalts aus. Sie sind deshalb eines der effektivsten Instrumente der EU, um angestrebte Ziele wie jenes der Gleichstellung voranzutreiben (vgl. *http://www.imag-gendermainstreaming.at*).

Die Europäische Union hat für die Förderperiode 2000–2006 folgende vier Strukturfonds eingerichtet: (vgl. Beneke, Königer 2001, 9)

1. EFRE (Europäischer Fonds für regionale Entwicklung): fördert den wirtschaftlichen und sozialen Zusammenhalt in Europa durch den Ausgleich der regionalen Ungleichgewichte und durch die Beteiligung an der Entwicklung und strukturellen Umstellung der Regionen
2. ESF (Europäischer Sozialfonds): dient zur Förderung von Maßnahmen zur Berufsausbildung und Umschulung und zur Schaffung von Arbeitsplätzen, deren Zielgruppe insbesondere arbeitslose Jugendliche, Langzeitarbeitslose, sozial benachteiligte Bevölkerungsgruppen und Frauen sind
3. EAGFL (Europäischer Ausrichtungs- und Garantiefonds für die Landwirtschaft): zur Rationalisierung, Modernisierung und Strukturverbesserung in der Landwirtschaft
4. FIAF (Finanzinstrument für die Ausrichtung der Fischerei): in allen Küstengebieten zur Verbesserung der Wettbewerbsfähigkeit im Fischereisektor

ESF

Der Europäische Sozialfond (ESF) ist durch die Reformen im Rahmen der Agenda 2000 zum Herzstück der Europäischen Beschäftigungsstrategie geworden. In der Programmperiode 2000–2006 werden aus Mitteln des ESF 60 Milliarden Euro in die Modernisierung und Reform der Arbeitsmärkte investiert. Der Haushalt für spezifische Maßnahmen zur Förderung der Gleichstellung der Geschlechter macht davon etwa 4 Milliarden Euro aus. Zusätzlich sorgt die Verankerung des Gender Mainstreaming Prinzips in sämtlichen Programmbereichen des ESF für die Erhöhung der Chancengleichheit am Arbeitsmarkt.

Das österreichische Programmplanungsdokument zur Konkretisierung der ESF-Strategie bestimmt, „… dass bei der Konzeption, Umsetzung sowie bei der Evaluierung aller ESF-geförderten Maßnahmen die unterschiedlichen Bedingungen, Situationen und Bedürfnisse von Frauen und Männern systematisch zu berücksichtigen sind" (EPPD Ziel 3 Österreich 2000–2006). Als quantifizierte Zielvorgabe muss der Anteil der Frauen an allen Maßnahmen, die insgesamt aus Mitteln des ESF in Österreich gefördert werden, zumindest 50 % betragen.

Weiters sind konkrete Gender Mainstreaming-Qualitätsmerkmale für die Umsetzung von Maßnahmen angeführt:

- „räumliche und zeitliche Gestaltung der Maßnahmen (z.B. Angebot an Teilzeitkursen, räumlich erreichbar)
- gezieltes Angebot an Maßnahmen für Frauen

- spezifische Bewerbungsstrategien
- Angebot an Kinder- und Personenbetreuung
- Kooperation mit Kinderbetreuungseinrichtungen bzw. mit sozialen Pflege- und Betreuungseinrichtungen
- Geschlechtsspezifisch neutrale Verteilung der ESF-Mittel, d.h. keine systematische Benachteiligung von Frauen oder Männern hinsichtlich der Maßnahmenkosten"

(EPPD Ziel 3 Österreich 2000–2006; vgl.: GeM 2004)

---

weitere Informationen zu den Strukturfonds
EFRE:
http://europa.eu.int/comm/regional_policy/funds/prord/prord_de.htm
ESF:
http://europa.eu.int/comm/employment_social/esf2000/index-de.htm
http://www.esf.at
EAGFL:
http://europa.eu.int/comm/regional_policy/funds/prord/prords/prdsc_de.htm
FIAF:
http://europa.eu.int/comm/fisheries/news_corner/doss_inf/ifop4_de.htm

---

9.2.3. Programme

Auf der Umsetzungsebene sind den Fonds Programme zugeordnet. In der Förderperiode 2000–2006 sind es die:

- Zielförderungen (Ziel 1, Ziel 2 neu, Ziel 3)
- Gemeinschaftsinitiativen (INTERREG III, URBAN II, LEADER+, EQUAL)
- Aktionsprogramme, Programm für den ländlichen Raum

Die meisten Finanzmittel sind für die Zielprogramme und für das Programm für den ländlichen Raum reserviert (94 % der Mittel). Für Gemeinschaftsinitiativen sind 5,35 % und für Aktionsprogramme 0,65 % der Strukturfondsmittel vorgesehen (vgl. Beneke, Königer 2001, 9). Auf die einzelnen Programme wird im Folgenden näher eingegangen.

9.3. Zielprogramme

Gemäß Artikel 1 der Allgemeinen Strukturfondsverordnung gelten für den Zeitraum 2000–2006 drei vorrangige Ziele, für die die Mittel der Strukturfonds eingesetzt werden sollen (vgl. *http://www.oerok.gv.at):*

1. *Ziel 1* (gebietsabhängige Zielförderung): fördert die Entwicklung und strukturelle Anpassung der Regionen mit Entwicklungsrückstand. Darunter fallen Regionen, deren Pro-Kopf-BIP weniger als 75 % des Gemeinschaftsdurchschnitts beträgt. In Österreich ist dies das gesamte Gebiet des Burgenlandes (3,4 % der österreichischen Bevölkerung), das daher im Zeitraum 2000–2006 weiterhin im Rahmen von Ziel 1 förderfähig ist und dabei EU-Mittel in Höhe von 261 Mio. € bereitgestellt bekommt.

2. *Ziel 2* (gebietsabhängige Zielförderung): konzentriert sich auf die wirtschaftliche und soziale Umstellung von Gebieten mit Strukturproblemen.
   Die Europäische Kommission setzte für Österreich die Bevölkerungshöchstgrenze für Ziel 2 mit 1,995 Mio. Einwohnern fest. Das sind etwa 25 % der österreichischen Gesamtbevölkerung. Diese sind auf bestimmte Regionen in allen übrigen acht Bundesländern aufgeteilt (außer Burgenland, das ja zur Gänze Ziel 1 Gebiet ist).
   In Tirol fallen vor allem ganz Osttirol, große Teile des Tiroler Oberlands, das Wipptal und einzelne Regionen im Unterland darunter. Weitere 1,091 Mio. Einwohner leben in Gebieten, die bis 1999 unter Ziel 2 oder Ziel 5b gefallen sind, nach den neuen Kriterien jedoch nicht mehr förderfähig sind. Diese Gebiete kommen bis 2005 in den Genuss von EU-Förderungen im Rahmen so genannter „Übergangsregelungen" („phasing-out"). Die EU stellt hierfür (Ziel 2 + phasing-out) Mittel in Höhe von 680 Mio. € für Österreich zur Verfügung.

3. *Ziel 3* (thematische Zielförderung): fokussiert auf die Anpassung und Modernisierung der Bildungs-, Ausbildungs- und Beschäftigungspolitiken und -systeme. Ziel 3 entfaltet seine Wirkung „horizontal", was soviel bedeutet, dass die Gesamtbevölkerung eines Mitgliedstaates am nationalen Ziel-3-Programm teilhaben kann. Die Ausnahme bilden Regionen mit Ziel 1-Status: Hier werden alle im (nationalen) Ziel 3 angebotenen Maßnahmen im Rahmen des integrierten Ziel 1-Programmes abgewickelt. Für den Zeitraum 2000–2006 steht Österreich im Rahmen von Ziel 3 an Strukturfondsmitteln ein Betrag von 528 Mio. € zur Verfügung.

In jedem Zielprogramm werden Frauen explizit, mit dem generellen Ziel der Anhebung der Frauenerwerbsquote, angesprochen. Mögliche förderbare Maßnahmen beinhalten die Unterstützung bei Unternehmensgründungen, innovative Ausbildungs- und Beschäftigungsmodelle, Frauenförderpläne, überbetriebliche Kinderbetreuungseinrichtungen, Förderung von Frauen in nichttraditionellen Berufsfeldern, etc (vgl. Beneke, Königer 2001).

Für die Programmperiode ab 2007 werden für die Zielprogramme große Veränderungen erwartet, da diese insbesondere als Förderinstrument für die 2004 neu beigetretenen Länder eingesetzt werden sollen.

Weitere Informationen zu den Zielprogrammen:
http://www.oerok.gv.at

9.4. Gemeinschaftsinitiativen

Die Idee der Gemeinschaftsinitiativen ist die Schaffung eines Förderinstrumentariums, das im Gegensatz zu den allgemeinen Zielprogrammen, die in erster Linie auf die Stärkung des wirtschaftlichen und sozialen Zusammenhalts auf nationaler Ebene abzielen, einen stärker europäischen Ansatz verfolgt. Transnationalität und Innovation stehen dabei im Mittelpunkt. Ziel der Gemeinschaftsinitiativen ist es, innovative Ansätze zu identifizieren und deren grenzüberschreitende Vernetzung und damit den Erfahrungsaustausch zwischen Regionen bzw. die Zusammenarbeit zwischen Mitgliedstaaten zu fördern.

In der Förderperiode 2000–2006 wurden mit Interreg III, Leader+, Urban II und Equal vier Gemeinschaftsinitiativen initiiert. Dafür stehen in ganz Europa ca. 10 Milliarden € an Gemeinschaftsmitteln zur Verfügung, die jeweils durch nationale Kofinanzierungen ergänzt werden.

9.4.1. INTERREG III

Diese Gemeinschaftsinitiative unterstützt die grenzübergreifende (Ausrichtung A), transnationale (B) und interregionale Zusammenarbeit (C), d.h. die Bildung von Partnerschaften über die Grenzen hinweg zur Förderung einer ausgewogenen Raumordnung überregionaler Gebiete.

Ausrichtung A zielt auf die Förderung einer integrierten Regionalentwicklung in benachbarten Grenzgebieten ab. Für Tirol interessant sind hier insbesondere die Binnengrenzprogramme Österreich-Deutschland und Österreich-Italien. Förderungswürdige Projekte können sich u.a. mit folgenden Themengebieten beschäftigen (vgl. *http://www.interreg.at/*):

- Förderung der Integration des Arbeitsmarktes und der sozialen Eingliederung
- Gemeinsame Nutzung der Humanressourcen und Einrichtungen in den Bereichen Forschung, technologische Entwicklung, Bildung, Kultur, Kommunikation und Gesundheit
- Förderung des Umweltschutzes
- Verbesserung in den Bereichen Verkehr, Information, Kommunikationsnetzwerken und -diensten
- Wasser- und Energieversorgung
- Verstärkung der Zusammenarbeit in den Bereichen Justiz und Verwaltung
- Förderung der Entwicklung von ländlichen und Gebieten
- Stärkung des institutionellen Potenzials für die grenzübergreifende Zusammenarbeit

Ausrichtung B liefert einen Beitrag zu einer harmonischen räumlichen Integration innerhalb der EU. Mögliche Projekte sind (vgl. *http://www.interreg.at/*):

- Ausarbeitung operationeller Raumentwicklungsstrategien
- Förderung effizienter und umweltverträglicher Verkehrsnetze und eines verbesserten Zuganges zur Informationsgesellschaft
- Förderung zur Erhaltung der Umwelt und der nachhaltigen Bewirtschaftung der natürlichen Ressourcen

Ausrichtung C dient der Verbesserung der Entwicklungs- und Kohäsionspolitik bzw. damit im Zusammenhang stehender Verfahrensweisen durch transnationale, interregionale Zusammenarbeit (vgl. *http://www.interreg.at/*):

- Austausch von Erfahrungen und bewährten Verfahren
- Kooperationsaktivitäten in Bezug auf andere, von der Kommission festzulegende Themen wie Forschung, technologische Entwicklung, Informationsgesellschaft, Tourismus, Kultur, Beschäftigung, Unternehmertum und Umwelt

Im Rahmen von Interreg wurde das Ziel der Chancengleichheit für Frauen und Männern zur Querschnittsmaterie erklärt (vgl. Beneke, Königer 2001). Auch wurden bis Mitte 2003 in Österreich bereits 26 explizit auf Chancengleichheit ausgerichtete Projekte über Interreg IIIA abgewickelt (vgl. *http://www.euregio-weinviertel.org/geko/*).

9.4.2. LEADER+

Diese seit 1991 bestehende Gemeinschaftsinitiative fördert innovative Strategien zur Entwicklung ländlicher Regionen. Wesentliche Elemente dieser Initiative sind die Bevorzugung integrierter regionaler Entwicklungsstrategien gegenüber sektorspezifischen Aktionen, die besondere Betonung des Mitwirkens der lokalen Bevölkerung an der gebietsbezogenen Entwicklung sowie die intensive Zusammenarbeit und Vernetzung der ländlichen Gebiete.

In Österreich gibt es 56 Leader-Regionen, die 1119 Gemeinden umfassen, in Tirol sind dies fünf Regionen (Ötztal – Mittleres Tiroler Oberinntal; Pendling; Pillerseetal – Leogang; Wipptal und die Regionalentwicklung Außerfern) mit 73 Gemeinden (vgl. *http://www.leader-austria.at*).

Gefördert werden gebietsbezogene, integrierte Entwicklungsprogramme lokaler Aktionsgruppen mit Pilotcharakter sowie die nationale und transnationale Zusammenarbeit. Konkrete Projekte sind zu folgenden Themen möglich (vgl. *http://www. oerok.gv.at*):

- Einsatz neuen Know-hows und neuer Technologien zur Steigerung der Wettbewerbsfähigkeit
- Verbesserung der Lebensqualität im ländlichen Raum

- Aufwertung der lokalen Erzeugnisse, indem besonders Kleinbetrieben durch kollektive Maßnahmen der Marktzugang erleichtert wird
- Valorisierung des natürlichen und kulturellen Potenzials einschließlich der Steigerung des Werts von Flächen im gemeinschaftlichen Interesse, die unter Natura 2000 ausgewählt wurden

Wesentlich dabei ist, dass sowohl die Kooperation zwischen ländlichen Gebieten innerhalb Österreichs (gebietsübergreifende Zusammenarbeit) als auch mit anderen Mitgliedstaaten (transnationale Zusammenarbeit) gefördert wird, um zusätzliche Nutzeffekte und gemeinsame Aktionen zu erreichen.

Ein Netzwerk soll die Vernetzung sämtlicher ländlicher Gebiete und lokaler AkteurInnen auf europäischer Ebene gewährleisten.

Die Verbesserung der Beschäftigungsmöglichkeiten für Frauen ist ein wichtiges Grundelement des LEADER+ Programms. Dies soll durch die Förderung innovativer Konzepte für Frauen und die Vernetzung mit Frauen anderer ländlicher Regionen in der Europäischen Union erreicht werden. Weiters werden geschlechtsspezifische Profile der durch die Förderung begünstigten Bevölkerung erarbeitet.

9.4.3. URBAN II

Ziel von Urban II ist die Förderung innovativer Strategien für die wirtschaftliche und soziale Wiederbelebung von kleineren und mittleren Städten oder von vernachlässigten Stadtvierteln in größeren Städten. Ein weiteres Ziel ist die Förderung und der Austausch von Know-how und Erfahrungen in Bezug auf eine nachhaltige Stadterneuerung und -entwicklung innerhalb der EU. Voraussetzung ist ein partnerschaftlicher Ansatz, der Behörden, Wirtschaftspartner, Sozialpartner und interessierte Organisationen und Verbände einbindet. Förderbare Initiativen sind (vgl. *http://www.urban.wien.at*):

- gemischte Nutzung von städtischen Gebieten
- umweltfreundliche Neuerschließung von Industriebranchen
- Unternehmertum und Beschäftigungsbündnisse
- Schaffung oder sichtbare Verbesserung von Strategien zur Aus- und Weiterbildung
- Förderung von integrierten Verkehrs- und intelligenten Kommunikationssystemen
- Abfallreduzierung und -behandlung
- Entwicklung des Technologiepotenzials

Bei den Leitlinien zu diesem Programm ist im Anhang ein indikatives Verzeichnis von förderfähigen Maßnahmen aufgelistet.

In Österreich wurden zur Auswahl der URBAN-II-Gebiete alle Städte im Rahmen eines Auswahlverfahrens dazu aufgerufen, auf Grundlage der Leitlinien entsprechende Programmvorschläge zu unterbreiten. Sieger dieses Wettbewerbs waren die Stadtteile Graz-West und Wien-Erdberg.

Beide Programme sind mit jeweils 4,2 Mio. € Strukturfondsmittel ausgestattet und programmkonforme Teilprojekte können im Zeitraum von 2001–2006 umgesetzt werden.

Die Chancengleichheit von Frauen und Männern wurde dabei als Querschnittsaufgabe definiert, beim Unternehmertum und den Beschäftigungsbündnissen sollte dieses Prinzip besondere Beachtung finden.

9.4.4. EQUAL

Die Gemeinschaftsinitiative EQUAL hat das Ziel, neue Wege zur Bekämpfung von Diskriminierung und Ungleichheiten im Zusammenhang mit dem Arbeitsmarkt zu finden und zu erproben. Für Österreich stellt der Europäische Sozialfonds rund 100 Mio. € dafür bereit. Dazu kommt die österreichische Kofinanzierung in gleicher Höhe. (vgl. *http://www.equal-esf.at*)

Dieses Programm soll die Situation der am stärksten benachteiligten Personengruppen auf dem Arbeitsmarkt durch die Förderung neuer Wege zur Bekämpfung von Diskriminierungen ändern, insbesondere durch die Unterstützung bei der Wiedereingliederung in den Arbeitsmarkt und die Verbesserung der Situation in den Betrieben. Darüber hinaus sollen alle Maßnahmen dazu beitragen, die Problematik von Diskriminierungen aufzuzeigen sowie Maßnahmen zu deren Beseitigung und zur allgemeinen Sensibilisierung der Bevölkerung zu entwickeln.

Mit EQUAL werden in inhaltlicher und organisatorischer Hinsicht neue Wege beschritten: Das Programm ist stark thematisch ausgerichtet und basiert auf der gemeinsamen Arbeit unterschiedlicher AkteurInnen im Arbeitsmarkt- und Bildungsbereich. Die Themenstellungen für förderbare Projekte lauten (vgl. *http://www.equal-esf.at*):

1. Erleichterung des Zugangs zum Arbeitsmarkt: Reintegration in den Arbeitsmarkt und Bekämpfung von fortgesetzter Ausgrenzung, Erleichterung der Integration von Behinderten
2. Bekämpfung von Rassismus und Fremdenfeindlichkeit auf dem Arbeitsmarkt
3. A) Unternehmensgründung
   B) Sozialwirtschaft
4. A) Lebensbegleitendes Lernen und integrationsfördernde Arbeitsgestaltung
   B) Betriebliche Weiterbildung
5. Reduktion geschlechtsspezifischer Segregation am Arbeitsmarkt
6. Aktivitäten für AsylwerberInnen

Gender Mainstreaming ist sowohl als eigener Maßnahmenbereich wie auch als Querschnittsmaterie verankert.

---

weitere Informationen zu den Gemeinschaftsinitiativen
INTERREG
http://europa.eu.int/comm/regional_policy/interreg3/index_de.htm
http://www.interreg.at
LEADER+
http://europa.eu.int/comm/regional_policy/funds/prord/prordc/prordc19_de.htm
http://www.leader-austria.at
URBAN II
http://europa.eu.int/comm/regional_policy/urban2/index_de.htm
http://www.urban.wien.at
http://www.urban-link.at/
EQUAL
http://europa.eu.int/comm/regional_policy/funds/prord/prordc/prordc20_de.htm
http://www.equal-esf.at

9.5. Aktionsprogramme

Ein- oder mehrjährige Beihilfenprogramme werden von der Europäischen Kommission als Instrument eingesetzt, um die in den Gemeinschaftsverträgen festgelegten Politiken und allgemeinen Zielvorstellungen zu verwirklichen. Unter dem Begriff Aktionsprogramme werden jene Beihilfen verstanden, bei denen die Entscheidung über die Vergabe der Fördermittel direkt von der Europäischen Kommission getroffen wird bzw. die in zunehmendem Maße über nationale und regionale Behörden in den Mitgliedstaaten abgewickelt werden. Diese Aktionsprogramme laufen auch unter den Bezeichnungen Haushaltslinien bzw. Netzwerke (vgl. *http://www.oerok.gv.at*).

Zur Förderung der Chancengleichheit von Frauen und Männern wird seit bald 25 Jahren ein spezifisches Aktionsprogramm durchgeführt. Dieses läuft derzeit in der fünften Programmperiode, für den Zeitraum ab 2006 sind derzeit noch keine Informationen verfügbar.

9.5.1. Aktionsprogramm der Gemeinschaft betreffend die Strategie für die Gleichstellung von Frauen und Männern (2001–2005)

Dieses Aktionsprogramm dient zur Unterstützung der Rahmenstrategie der Gemeinschaft für die Chancengleichheit. Es wurde entwickelt als Folgemaßnahme des 4. Aktionsprogramms für die Chancengleichheit von Frauen und Männern (1996–

2000) und dient gleichzeitig der Ergänzung des Aktionsprogramms zur Bekämpfung von Diskriminierung, das die Gender-Thematik aufgrund dieses spezifischen Aktionsprogramms ausdrücklich ausnimmt (vgl. *http://www.imag-gendermainstreaming.at*).

Die geförderten Projekte sollten dabei horizontalen und koordinierenden Charakter haben. Beispiele dafür wären die Förderung des Austausches von Informationen und vorbildlichen Lösungen, die Prüfung einschlägiger Politiken und Praktiken sowie die Zusammenarbeit in Netzwerken.

Jährlich wird von der Europäischen Kommission ein Schwerpunktthema vorgegeben, das der Unterstützung europaweiter Kampagnen zum Thema dienen soll:

- Gleicher Lohn 2001/2002
- Vereinbarkeit von Beruf und Familie 2002/2003
- Frauen in Entscheidungsprozessen 2003/2004
- Geschlechtsspezifische Stereotypen 2004/2005

Neben dem Aktionsprogramm zur Gleichstellung werden auch offene Ausschreibungen veröffentlicht, die jeweils spezifischen Gleichstellungsthematiken gewidmet sind.

9.5.2. weitere Aktionsprogramme

Neben den vorher erwähnten Aktionsprogrammen gibt es noch eine Vielzahl weiterer, die jeweils sehr genau definierte Zielsetzung haben. Aufgrund der großen Anzahl an Programmen und der laufenden Veränderungen erfolgt hier nur eine tabellarische Aufstellung derzeit aktueller Aktionsprogramme, die nach unterschiedlichen Gesellschaftsbereichen geordnet ist.

Dies zeigt die vielen unterschiedlichen Zugänge auf, die ProjektumsetzerInnen für das Ziel der Chancengleichheit wählen können, das überall als Querschnittsmaterie verankert ist.

Die einzelnen Aktionsprogramme sind der bereits öfters zitierten Website der Österreichischen Raumordnungskonferenz (*http://www.oerok.gv.at*) entnommen, die viermal jährlich aktualisierte Informationen zu einer Auswahl von themenbezogenen Aktionsprogrammen und transnationalen Netzwerken der Europäischen Union enthält.

Aktionsprogramme der Europäischen Union

Arbeitsmarkt Innovative Maßnahmen des ESF Anreizmaßnahmen zur Beschäftigungsförderung	**Kultur** KULTUR 2000
Aus- und Weiterbildung SOKRATES II LEONARDO DA VINCI II	**Ländlicher Raum** AGRARVERANSTALTUNGEN CARREFOUR (Forum für den ländlichen Raum)
Entwicklung von Städten und Regionen RGRE (Rat der Gemeinden und Regionen Europas) IRE Netzwerk Innovative Maßnahmen des EFRE Städtepartnerschaften Nachhaltige Stadtentwicklung	**Neue Technologien sowie angewandte Forschung** Sechstes Rahmenprogramm für Forschung, technologische Entwicklung und Demonstration Technologien für die Informationsgesellschaft Bürger und Staat in der Wissensgesellschaft Craft – Kooperationsforschung von KMU eContent
Gesundheit und Soziales Öffentliche Gesundheit ANTIDISKRIMINIERUNG Soziale Ausgrenzung DAPHNE EAPN	**Umwelt, Energie und Verkehr** LIFE Sechstes Aktionsprogramm für die Umwelt Umweltinformation Intelligente Energie – Europa Verkehr (Forschung und Entwicklung) Nachhaltige Entwicklung, globale Veränderungen und Ökosysteme
Jugend und Frauen Gleichstellung von Frauen und Männern JUGEND	**Zentral- und Osteuropa sowie Neue Unabhängige Staaten** PHARE ISPA SAPARD CARDS TACIS TACIS Partnerschaftsprogramm
Klein- und Mittelunternehmen Mehrjahresprogramm für Unternehmen EC-BIC EBN WACHSTUM UND UMWELT	

(Tabelle vgl. http://www.oerok.gv.at)

weitere Informationen zu den Aktionsprogrammen:

Allgemein
http://www.oerok.gv.at
Gemeinschaftsprogramm für die Gleichstellung von Frauen und Männern
http://europa.eu.int/comm/employment_social/equ_opp/index_de.htm

Paul Schober

10. Projektumsetzung: Von der Analyse bis zur Sicherung der Nachhaltigkeit

In diesem Kapitel sollen konkrete Erfahrungen bei der Projektumsetzung weitergegeben werden, die zukünftige Projekte vielleicht vor der einen oder anderen Fallgrube bewahren können. Oder aber auch nur Trost spenden, dass frau/man nicht als einzige(r) vor scheinbar unüberwindbaren Hindernissen steht, bzw. beim „nächsten Mal" einiges anders machen würde. Der Fokus dieses Kapitels liegt klar auf den inhaltlichen Besonderheiten von Gender Mainstreaming Projekten. Dies bedeutet auch, dass auf finanzielle Rahmenbedingungen (siehe Kapitel 9) und allgemein organisatorisches Projektmanagement Know-how hier nicht eingegangen wird.

Wobei der Begriff „Gender Mainstreaming Projekt" keine sehr gelungene Wortschöpfung darstellt:

- Erstens sollte Gender Mainstreaming ja gerade kein abgegrenztes Projekt sein, das in der Verantwortung kleinerer oder größerer Projektteams liegt, sondern in allen Lebensbereichen von allen Menschen realisiert werden.
- Zweitens verlangt eine erfolgreiche Gleichstellungspolitik immer eine Doppelstrategie: Gender Mainstreaming *plus* Frauenförderung, nämlich solange, bis reale Chancengleichheit verwirklicht ist (vgl. 2.4.).
- Und drittens läuft „Gender Mainstreaming" inzwischen wohl auch Gefahr, als Worthülse zu verkommen und für (zu) vieles zu stehen, was verordnet ist, für lästig bzw. unangenehm empfunden wird und oftmals auch unverstanden ist. Aber wie bei vielen kontroversiellen Themen ist gerade dies ein Zeichen, dass manches im Umbruch ist und es dafür auch einen neuen Namen braucht, unter dem Veränderungen subsummiert werden können.

So dient „Gender Mainstreaming Projekt" hier nur als etwas verunglückter Terminus technicus für Projekte, die das Ziel der Gerechtigkeit zwischen Frauen und Männern verfolgen.

Im ersten Teilkapitel wird ein Überblick gegeben, welche unterschiedliche Phasen typischerweise von Gender Mainstreaming Projekten durchlaufen werden (sollten). Natürlich ist nicht jedes Projekt gleich und viele Aktivitäten verlaufen parallel, aber durch eine klar definierte Planungsphase, die Analyse, Zieldefinition und Projektentwicklung umfasst, lässt sich die Qualität der Umsetzungsergebnisse deutlich steigern.

Danach wird auf die einzelnen Phasen detaillierter eingegangen und es werden Leitfragen, Tipps, Erfolgsfaktoren und Fallstricke beschrieben. Sehr viele Anregungen dazu stammen aus dem bereits erwähnten „Runden Tisch zu Gender Mainstreaming" (vgl. 8.).

Das hier vorgestellte 6-Phasenmodell für Gender Mainstreaming Projekte wurde von mir erarbeitet und basiert auf den 4 GeM-Schritten (Analyse-Ziele-Umsetzung-Evaluierung) der österreichischen Koordinationsstelle für Gender Mainstreaming (vgl. *http://www.gem.or.at*) die um die beiden Phasen Entwicklung der Projekte und Sicherung der Nachhaltigkeit ergänzt wurden.

Weitere Quellen dazu sind die 6-Schritte-Prüfung nach Krell/Mückenberger/ Tondorf (2001), bzw. die 3 R-Methode (Prüfkriterien Repräsentation, Ressourcen und Realität) der Swedish Association of Local Authorities (1999).

10.1. Phasenmodell zur Projektumsetzung

Projekte sind keine Routineprozesse, die völlig standardisiert werden könnten. So verläuft auch jedes Projekt anders und auch die Rahmenbedingungen und Ergebnisse sind oftmals völlig unterschiedlich. Eben das ist ja ein bestimmendes Wesensmerkmal von Projekten.

Der analytische Zugang jedoch zu den unterschiedlichen Problemstellungen und Ausgangssituationen kann schematisiert und modellhaft dargestellt werden. Und so sollte jedes Projekt alle unten dargestellten Phasen durchlaufen und dokumentieren. Natürlich nicht immer streng chronologisch geordnet und in exakt abgrenzbaren Phasen, manchmal wiederholen sich die einzelnen Phasen sogar in mehreren Schleifen. Nur macht es durchaus Sinn, die Analyse der Ausgangssituation vor dem Abschlußbericht fertig zu stellen, die operative Umsetzung erst nach einer Planungsphase zu beginnen und Nachhaltigkeit nicht als etwas miss zu verstehen, was erst nach Projektende eine Rolle spielt und geruhsam unbekannten Dritten überlassen werden kann.

Besonders zu Projektbeginn ist die Versuchung sehr groß, gleich „Nägel mit Köpfen" zu machen und sich (noch) euphorisch in die Umsetzung zu stürzen, noch bevor frau/man sich ein Bild davon gemacht hat, wo genau das Problem liegt, wie sich die Ausgangslage darstellt, wer schon ähnliche Probleme erfolgreich gelöst hat, welche Ziele man sich setzt und mit welchen Mitteln diese erreichbar sind. Schlichtweg die Analyse, die Planung der Ziele und der erforderlichen zeitlichen und finanziellen Ressourcen zu vernachlässigen.

Eine Einleitung dieser Art findet sich wohl in allen Handbüchern zu Projektmanagement und gilt natürlich für jedwede Art von Projekten. Aber „Gender-Projekte" sind aus meiner Sicht nochmals eine besondere Spezies von Projekten und was diese Besonderheit ausmacht, soll hier anhand sechs unterschiedlicher Projektphasen herausgearbeitet werden:

Phasenmodell für Gender Mainstreaming Projekte

```
┌──────────┐          ┌─────────────────────────┐          ┌──────────┐
│          │   ⟹      │    Gender-Analyse der    │    ⟸     │          │
│          │          │     Probleme und der     │          │   N      │
│          │          │        Betroffenen       │          │   a      │
│   E      │          └─────────────────────────┘          │   c      │
│   v      │                      ⟱                          │   h      │
│   a      │          ┌─────────────────────────┐          │   h      │
│   l      │          │     Definition der       │          │   a      │
│   u      │          │ Gender Mainstreaming Ziele│         │   l      │
│   a      │          └─────────────────────────┘          │   t      │
│   t      │                      ⟱                          │   i      │
│   i      │   ⟹      ┌─────────────────────────┐    ⟸     │   g      │
│   o      │          │   Entwicklung der Projekte│         │   k      │
│   n      │          └─────────────────────────┘          │   e      │
│          │                      ⟱                          │   i      │
│          │   ⟹      ┌─────────────────────────┐    ⟸     │   t      │
│          │          │    Projektumsetzung      │          │          │
│          │          │     Dokumentation        │          │          │
└──────────┘          └─────────────────────────┘          └──────────┘
```

(Tabelle eigene Darstellung)

Die Analyse der Probleme und der Betroffenen steht hier am Beginn. Der Kreis an unterschiedlichen Problemlagen und mehr oder weniger Betroffenen weitet sich bei der Frage der Geschlechtergerechtigkeit sehr schnell und umso wichtiger ist dann eine klare Abgrenzung und eine gründliche Recherche der Ist-Situation. Sehr leicht kann hier die große persönliche Betroffenheit unterschätzt werden, die diese Thematik bei vielen Menschen erzeugt und die hohe Emotionalität, die scheinbar kleinste und selbstverständlichste Veränderungswünsche hervorrufen.

Neben operationellen Projektzielen, die – wie bei jedem anderen Projekt auch – geplante Projektergebnisse möglichst genau beschreiben sollen, sind hier zusätzliche Zieldefinitionen gefordert, die möglichst konkret beschreiben sollen, welchen Beitrag das Projekt zur Chancengleichheit von Frauen und Männern leisten soll.

Die Entwicklung von Projekten wurde hier als eigene Phase herausgenommen, um nochmals die Wichtigkeit einer Vorabplanung in Bezug auf Abläufe und Ergebnisse, Zeithorizonte und erforderliche Ressourcen, Evaluation und Nachhaltigkeit zu beschreiben. Auch wird hiermit die – insbesondere bei EU-geförderten Projekten – doch recht umfangreiche Bearbeitung von Projektanträgen umschrieben. Die Phase der Projektumsetzung meint die direkte Arbeit für die Zielgruppe, die Realisierung der Projektergebnisse und das laufende Projektmanagement. Hier spielt auch die laufende Dokumentation der Arbeit im Projekt und die Darstellung der Projektergebnisse eine wichtige Rolle. Die beiden letztgenannten Phasen, Evaluation und Nachhaltigkeit sollten sich von Projektbeginn bis -ende erstrecken und in ständiger Wechselwirkung mit den übrigen Phasen stehen, was durch die Pfeile symbolisiert wird.

Evaluation dient zur Erfolgsmessung und vergleicht die Projektziele mit den realisierten Ergebnissen. Dazu ist die Erfassung und Bewertung von Projektabläufen und -ergebnissen erforderlich. Neben der Wirkungskontrolle bietet dies auch eine Reflexionsmöglichkeit und ein Instrument zur laufenden Projektsteuerung. Damit stellt Evaluation nicht nur eine Forderung vieler FördergeberInnen dar, sondern einen zentralen Faktor zur Qualitätssicherung in Projekten.

Nachhaltigkeit meint in diesem Kontext die über die Projektlaufzeit hinausgehenden positiven Wirkungen eines Projekts. Sehr oft wird von FördergeberInnen beanstandet, dass in Projekten zwar hochwertige Ergebnisse entwickelt werden, diese nach Ende der Projektlaufzeit aber schnell wieder verschwunden sind und keine langfristige Verbesserung der Ausgangssituation eintritt. So wird es in diesem Phasenmodell als sehr wichtig erachtet, sich bereits zu Projektbeginn Gedanken zu machen, wer über die Projektergebnisse informiert werden soll, wer später mit den Ergebnissen weiterarbeiten soll und wie dies langfristig leistbar sein kann.

10.2. Gender-Analyse der Probleme und der Betroffenen

„Ob Männlein oder Weiblein, das macht bei uns keinen Unterschied." Dieser in tiefster Überzeugung geäußerte Ausspruch fällt sehr oft in Unkenntnis bzw. in Ignoranz realer Verhältnisse gegenüber und kennzeichnet die Bewusstseinslage vieler beteiligter und betroffener Menschen, die entweder GewinnerInnen der Geschlechterverhältnisse sind oder aber (nur?) strukturellen, nicht aber individuell schmerzhafter Benachteiligungen ausgesetzt sind. Dieses weit verbreitetes Zitat verdeutlicht auch eine Problematik, der viele „Gender Projekte" ausgesetzt sind, die Diskussion darüber, wo der „wirkliche Sinn" des Projekts liegt, bzw. dass alleine schon das Vorhandensein von Projekten völlig ausreichend sei und darüber hinaus kein Handlungsbedarf bestehe.Umso wichtiger ist eine sehr genaue Recherche der Ist-Situation, damit einerseits Überzeugungsarbeit geleistet werden kann, andererseits aber natürlich problemadäquate Lösungen gesucht werden können. Hier fällt oftmals auf, dass zwar sehr umfangreiches statistisches Material zugänglich ist, dies aber oft nicht geschlechtsspezifisch aufbereitet ist.

Gender Mainstreaming ist eine Thematik, die in alle Lebensbereiche hineinspielt und so ist die Definition von Zielgruppen bzw. von Betroffenen nicht immer einfach. Wichtig ist hier, sich nicht nur auf Frauen als alleinige Zielgruppe zu konzentrieren, denen „geholfen" werden sollte, sondern dass bei allen Problemstellungen darauf geachtet wird, inwieweit Frauen und Männer davon unterschiedlich betroffen sind. Hier ist besonders auf mittelbare Diskriminierung zu achten, wenn dem Anschein nach neutrale Regeln, Abläufe oder Verfahren ein Geschlecht benachteiligen (vgl. 7.5.1. diskriminierungsfreie Arbeitsbewertung).

10.2.1 4R-Methode

Ein weit verbreitetes Analyseverfahren dazu ist die Mitte der 90er Jahren in Schweden entwickelte 3R-Methode (Repräsentation-Ressourcen-Realität), die später um das vierte R Rechte erweitert wurde. Dabei werden Statistiken und Daten systematisch nach Geschlecht aufgeschlüsselt und anhand der oben genannten Prüfkriterien durchleuchtet, inwieweit die Chancengleichheit von Frauen und Männern realisiert ist. Mithilfe dieser Methode können alle identifizierten Problemstellungen im Projekt analysiert werden.

4R-Methode

Arbeitsschritte 1–4	Anforderungen/Überlegungen
Repräsentation Wie groß ist der Anteil von Frauen und Männern? (Quantitative Gender-Analyse)	Wie ist die geschlechtsspezifische Verteilung von Frauen und Männern, Mädchen und Jungen (auch in Bezug auf Migration, Behinderung, etc.) in Gremien/Ausschüssen, in Einrichtungen des öffentlichen Dienstes, bei den NutzerInnen von Angeboten in Jugendfreizeitheimen, bei der Vergabe von Wirtschaftsfördermitteln oder bei Maßnahmen der beruflichen Rehabilitation, bei Straftaten und Verkehrsunfällen? Wie hoch ist der Anteil von Maßnahmen/Politikschwerpunkten, die hauptsächlich Frauen oder Männer betreffen? (Justizvollzug, Innere Sicherheit, öffentliche Sportanlagen, Meistergründungsdarlehen, Sozialhilfe, Alleinerziehende, etc.)? Liegen entsprechende Daten/Statistiken vor?
Ressourcen Wie werden die verschiedenen Ressourcen (Raum, Geld, Zeit) zwischen Frauen und Männern verteilt? (Quantitative Gender-Analyse)	Wie viel Zeit reden Frauen und Männer bei Beratungen, Kommissionen, Konferenzen etc.? Wie viel Geld wird für weibliche und männliche Aktivitäten in den Bereichen Behinderung/Kultur/Sport/Freizeit/Bildung/Wissenschaft zur Verfügung gestellt? Wie verteilen sich die öffentlichen Haushaltsbudgets auf Frauen und Männer? Wer profitiert von den Ausgaben? Welcher und wie viel Raum wird Frauen und Männern bei Kultur-, Sport und Freizeiteinrichtungen oder in Einrichtungen der Behindertenhilfe eingeräumt?

Realität Warum ist die Situation so? (Qualitative Gender-Analyse)	Wer was zu welchen Bedingungen bekommt? Warum die Geschlechter unterschiedlich beteiligt und bewertet werden? Welche Normen und Normalitäten den verschiedenen Maßnahmen und Entscheidungen zugrunde liegen? Wird den Interessen beider Geschlechter gerecht entsprochen?
Recht Gibt es formalisierte und institutionalisierte geschlechtsspezifische Ungleichheiten? (Gesetze, Verträge, Vereinbarungen, Weisungen, Reglemente, Leitbilder, etc.)	Haben Frauen und Männer die gleichen Rechte? Beziehen vorhandene Regelungen und rechtliche Grundlagen geschlechtsspezifische Realitäten mit ein? Welche rechtlichen Grundlagen müssen zusätzlich geschaffen werden, um Gleichstellung zu gewährleisten?

(Swedish Association of Local Authorities 1999, erweitert um die Dimension Recht)

10.2.2. Gender Budgeting

Ein zentraler Ansatzpunkt zur Analyse von Chancengleichheit ist die Verteilung finanzieller Ressourcen auf Frauen und Männern. Voraussetzung für Chancengleichheit ist immer auch eine Verteilungsgerechtigkeit von Finanzmitteln. Hier lassen sich auch oftmals auf den ersten Blick verborgene Diskriminierungen aufzeigen.

Gender Budgets – geschlechtergerechte Budgetpolitik – ist ein Ansatz zur Analyse öffentlicher Budgets in Bezug auf Auswirkungen der Ausgaben- und Einnahmenpolitik auf Frauen und Männer und zur Erhöhung von Transparenz und Partizipation im Rahmen des Budgetprozesses.

Durch die geschlechtsspezifische Analyse einzelner Budgetpositionen wird geprüft, wem der Einsatz finanzieller Ressourcen zugute kommt, wie der Zugang zu diesen Mitteln erfolgt und ob auf eine Verteilungsgerechtigkeit zwischen den Geschlechtern geachtet wird (vgl. *http://www.imag-gendermainstreaming.at*).

10.2.3. Gender-Impact-Assessment (GIA)

Dieses Analyseverfahren wurde in den Niederlanden entwickelt, um die Effekte geplanter Gesetzesvorhaben auf das Geschlechterverhältnis ex-ante (im Vorhinein) zu bestimmen. Gesetze, Verordnungen und andere legistische Maßnahmen werden darauf untersucht, ob Gender Aspekte berücksichtigt werden und ob sie dem verfassungsrechtlichen Gleichstellungsgebot entsprechen.

Die GIA-Methode umfasst folgende Schritte (vgl. TEPGEM-Plattform 2003, 15):

1. Bewertung d. Relevanz der vorgeschlagenen Maßnahme für beide Geschlechter
2. Beschreibung der aktuellen und zukünftigen Situation in Bezug auf die betreffende Entscheidung
3. Analyse der Strukturen und Prozesse
4. Analyse des Vorschlags anhand der Vorgaben
5. Aufzeigen der Auswirkungen von Strukturen und Prozessen
6. positive und negative Beurteilung der Maßnahme in Bezug auf Gleichstellung

10.2.4. Leitfragen zur Analyse

> - Welche geschlechtsspezifischen Ungleichheitsstrukturen bestehen im Wirkungsbereich des Projekts?
> - Welche konkreten Hemmnisse gibt es auf dem Weg zu mehr Chancengleichheit? (diskriminierende Prinzipien, Instrumente, Verfahren, etc.)
> - Welche spezifische Zielgruppe ist am stärksten davon betroffen?
> - Welche unterschiedliche Probleme und Bedürfnisse gibt es bei Frauen und Männern der Zielgruppe?
> - Gibt es geschlechtsspezifische Teilnahmebarrieren? Welche?
> - Wie lässt sich die künftige Arbeitsmarktentwicklung abschätzen?
> - Welche Erfahrungen gibt es aus Evaluierungen von vorausgegangenen und ähnlichen Projekten?
> (vgl. GeM 2004; Tondorf 2001)

10.2.5. Erfolgsfaktoren und Fallgruben

Erfolgsfaktoren	Fallgruben
• Motivation der UnternehmerInnen, Interessen der Wirtschaft in der Argumentation für das Projekt mitberücksichtigen • Zusammenarbeit mit Beteiligten bereits bei der Problemdefinition (z.B. lokale Bevölkerung): Bottom-Up-Strategie • Psychologie der Beteiligten kennen lernen • detaillierte Analyse der Ist-Situation, geschlechtsspezifische Analyse der Arbeits- und Lebenssituation/-bedingungen	• zu wenig Gender Kompetenz, zu wenig Wissen über Ungleichbehandlung und Diskriminierung • Unterbewertung der Auswirkungen des Patriarchats, traditioneller Werte, der Zweiklassen-Gesellschaft • zu wenig Infos über Zuständigkeiten von bestehenden Institutionen • zu wenig Recherche bezüglich erprobter Lösungen, bestehender Projekte

10.3. Definition der Gender Mainstreaming Ziele

Die Zieldefinition ist die Grundlage eines jeden Projekts. Damit wird festgelegt, was ein Projekt erreichen soll, welche Ergebnisse erwartet werden und ab wann frau/man von einem „erfolgreichen Projekt" sprechen kann. Dafür müssen Ziele gewissen Kriterien entsprechen, die – leicht merkbar – dem *SMART*-Prinzip entsprechen sollten. Für Anglophile lautet die Eselsbrücke (vgl. *http://de.wikipedia.org*):

*S*pecific: unmissverständliche und eindeutige Zieldefinition
*M*easureable: definieren von Kriterien anhand derer festgestellt werden kann, ob das Ziel erreicht worden ist
*A*chievable: Ziele sollen im Bereich des Machbaren liegen
*R*elevant: nur Ziele von hoher Bedeutung sollen gesetzt werden
*T*imely: erst durch eine klare Terminvorgabe wird ein erstrebenwerter Zustand zum Ziel

während für die Germanophilen
Schriftlich fixiert – Messbar – Attraktiv – Realistisch – Terminisiert
recht einprägsam ist.

Diese Formel gilt natürlich auch für Gender Mainstreaming Ziele, die klar formuliert, möglichst konkret und überprüfbar darlegen sollten, welchen Beitrag das Projekt zur Gleichstellung von Frauen und Männern leistet. Wichtig ist hier, ein Genderziel (z.B. Erhöhung der Frauenquote in nichttraditionellen Berufen) nicht als Selbstzweck zu betrachten bzw. ausschließlich normativ auf „einen Wert an sich" zu reduzieren, sondern herauszuarbeiten, inwieweit die Berücksichtigung von Gender Mainstreaming konkrete positive Auswirkungen auf Prozesse und Strukturen zur Folge hat.

Nach der Art der Formulierung wird oftmals unterteilt nach quantitativen und qualitativen Zielformulierungen und unterschieden zwischen Zielen bezüglich der Teilhabechancen von Frauen und Männern am Projekt und den Gleichstellungswirkungen des Projekts.

10.3.1. Quantitative versus qualitative GM-Ziele

Nach dem Kriterium der Überprüfbarkeit sind quantitative Zielformulierungen immer zu bevorzugen. Hier können beispielsweise Quoten vorgegeben werden (x % Frauen, y % Männer im Projektteam, als TeilnehmerInnen, als MultiplikatorInnen); prozentuelle Steigerungsraten festgelegt werden ((Erhöhung der Frauenerwerbsquote um x %) oder aber die Verwendung des Projektbudgets (x % werden für Frauen reserviert, y % für Männer) festgelegt werden. Diese quantitativen Ziele müssen natürlich nicht immer in einer 50:50 Relation formuliert sein, sondern sollten – je nach Analyse der Ausgangssituation – zur Gleichstellung beitragen (zB. 100 % Frauen in einem „Entwicklungs-Assessment-Center für zukünftige Führungskräfte", da Frauen in dieser Teilgruppe unterrepräsentiert sind; 100 % Männer in einem Crash-Kurs zur Vereinbarkeit von Betreuungspflichten und Familienarbeit mit der Erwerbsarbeit, da zu dieser Thematik eine geschlechtsspezifische Segregation des gesamtgesellschaftlichen Wissenspools vorliegt).

Nicht alle relevanten Projektziele lassen sich jedoch quantitativ abbilden, und so besitzen auch qualitativ formulierte Ziele eine große Bedeutung (z.B. Erhöhung der Vereinbarkeit von Familie und Beruf; Berufsfelderweiterung von Frauen und Männern, Verankerung von GM in der Führungsspitze, etc.). Hier sollten neben den Zielen noch Indikatoren formuliert werden, an denen man eine Zielerfüllung feststellen kann (z.B. für die Verankerung von GM in der Führungsspitze, dass GM im Leitbild als Führungsverantwortung definiert ist, dass Führungskräfte verbindlich GM-Trainings besuchen, etc.)

10.3.2. Ziele bezüglich Teilhabe am Projekt versus Gleichstellungswirkung des Projekts

Die Dimension *Teilhabe am Projekt* fragt danach, ob Frauen und Männer entsprechend ihrer Betroffenheit und ihres Anteils an der Zielgruppe vertreten sind und gleichermaßen von der Teilnahme profitieren können (z.B. gemessen an TeilnehmerInnenanzahl, Projektbudget, Beschäftigungsaufnahmen, Prüfungserfolgen, etc.).

Bei der Dimension *Wirkung* geht es darum, wie mit dem Projekt Ungleichheitsstrukturen abgebaut werden können (für eine bessere Vereinbarkeit von Beruf und Privatleben, für die Erschließung zukunftsträchtiger Berufe, etc.) (vgl. GeM 2004).

Gender Mainstreaming Projekte sollten in beiden Dimensionen konkrete Zieldefinitionen aufweisen. Teilhabeziele sind kurzfristiger, konkreter und damit auch unmittelbarer überprüfbar und diese sind in aller Regel auch Voraussetzung für die Erreichung der primär angestrebten Wirkungsziele.

10.3.3. Leitfragen zur Definition von GM-Zielen

- Wird zwischen Projektzielen und Gleichstellungszielen unterschieden?
- Werden Gleichstellungsziele bezüglich Teilhabe-Chancen und Gleichstellungswirkung differenziert?
- Sind diese Ziele direkt messbar bzw. werden Indikatoren zur Messung qualitativer Ziele vorgesehen?
- Werden alle Wirkungsziele geschlechtsspezifisch differenziert formuliert?
- Welcher Frauen- und Männeranteil ist für die Maßnahme als Zielsetzung ambitioniert und realistisch?
- Welche Ziele zur Verringerung von geschlechtsspezifischen Ungleichheitsstrukturen am Arbeitsmarkt können mit dem Projekt verfolgt werden? (vgl. GeM 2004)

10.3.4. Erfolgsfaktoren und Fallgruben

Erfolgsfaktoren	Fallgruben
• Ziele klar definieren, eingrenzen und immer wieder vor Augen führen • erreichbare Ziele setzen, Entwicklung eines Mehrstufenplans • laufende Zwischenziele (Meilensteine) setzen; • weg vom reinen Frauenthema zum Gesellschaftsthema; • persönliche Ziele des Projektteams offen legen	• Reduktion des Chancengleichheitsthemas auf Kinderbetreuung • zu viele Themen in ein Projekt integrieren • zu hohe Ansprüche an das Projekt und an sich selbst; alles sofort und gleichzeitig zu wollen • unklare, verschwommene, nicht ausgesprochene Wünsche und Vorstellungen

10.4. Entwicklung von Projekten

Die Projektentwicklung stellt – insbesondere bei EU-kofinanzierten Projekten – eine völlig selbstständige und meist auch sehr aufwändige Projektphase dar, die meistens unter sehr knappen finanziellen Rahmenbedingungen bewältigt werden muss, da ja potenzielle FördergeberInnen erst auf der Grundlage eines ausführlichen Projektantrages eine Förderzusage geben.

Diese Planungsphase ist gleichzeitig aber auch zentral für erfolgreiche Projekte. Neben dem üblichen Projektmanagement, das in dieser Phase die Aufgaben-, Zeit- und Ressourcenplanung umfasst, sollten vor allem folgende Strategien konsequent angewandt werden:

1. *Top-Down-Strategie*: Gender Mainstreaming hat diese Vorgehensweise als Grundprinzip verankert; bei Projekten heißt dies, immer sofort EntscheidungsträgerInnen einzubeziehen und verbindliche Vereinbarungen einzufordern.
2. *Doppelstrategie Gender Mainstreaming und Frauenförderung*: GM-Konzepte ergänzen spezifische (Frauen-)Gleichstellungspolitik, können diese aber nicht ersetzen. Beide Ansätze sollten Hand in Hand gehen: Gender Mainstreaming braucht die frauenfördernden Strukturen (z.B. Frauenbüro, Gleichstellungsbeauftragte, etc.) als ImpulsgeberInnen und BeraterInnen. Umgekehrt können frauenpolitische Initiativen von einer Einbettung in einen Gesamtzusammenhang, der die Sichtweisen von Frauen und Männern beinhaltet und die damit einhergehende Erweiterung der Perspektive, gewinnen (vgl. Bundesministerium für Wirtschaft und Arbeit 2003).

3. *Mainstreaming-Strategie*: Gleichstellung von Frauen und Männern soll nicht als Einzelaufgabe eines Projekts oder einer Fachstelle delegiert werden, sondern durch gezielte Strategieentwicklung in allen Bereichen und auf allen Ebenen in die Entscheidungsprozesse einbezogen werden (vgl. Kap. 2.4.1). Diese Strategie sollte Überlegungen zur Verbreitung der Projektergebnisse, zur Vernetzung mit bestehenden Initiativen und zur Nachhaltigkeit der Projektergebnisse beinhalten.

Weiters sollte auf folgende Aspekte geachtet werden (vgl. Bundesministerium für Wirtschaft und Arbeit 2003, 15):

- geschlechtergemischte Zusammensetzung aller unterschiedlichen Projektgruppen (Gremien, Beiräte, UmsetzerInnen, etc.) sollte geplant und eingefordert werden
- Qualifikations- und Kompetenzbasis des Projektteams hinsichtlich Gender Mainstreaming sollte vor Projektbeginn sichergestellt bzw. aufgebaut werden und später laufend mit Gendertrainings bzw. fachlicher Weiterbildung abgesichert werden
- Arbeitshilfen, Leitfäden, Checklisten, die bereits vielfach entwickelt wurden, sollten eingesetzt werden
- Gender Transparenz hinsichtlich Projektbudget und generell für die Ressourcenverwendung sollte vorhanden sein
- geschlechterdifferenzierende Wissensbasis als Ausgangsbasis für alle weiteren Schritte
- die Evaluierung muss bereits in der Entwicklungsphase konzipiert werden, um von einer geschlechterdifferenzierten Ausgangsbasis die gleichstellungspolitischen Auswirkung des Projekts beurteilen zu können

10.4.1. Leitfragen zur Projektentwicklung

> - Können alle gesetzten Gleichstellungsziele mit dem entwickelten Projektdesign erreicht werden? Wie kann dies dokumentiert und gemessen werden?
> - Haben Frauen und Männer in der Zielgruppe unterschiedliche Probleme, Erfahrungen oder Erfahrungen? Wenn ja, welche?
> - Wurden Vorkehrungen für die Erreichung der Teilhabeziele getroffen? (z.B. angepasste Strukturen für Menschen mit Betreuungspflichten, individuelle Unterstützungsmöglichkeiten)
> - Wie ist die Geschlechterverteilung hinsichtlich geplanter Leitungs- und Entscheidungsfunktionen?
> - Wird die Verwendung des Projektbudgets für Frauen und Männer getrennt dokumentiert?
> (vgl. GeM 2004)

10.4.2. Erfolgsfaktoren und Fallgruben

Erfolgsfaktoren	Fallgruben
• innovativ, zielgruppengenau und lustvoll planen • Frauen und Männer vor Ort für das Projekt gewinnen • gute Wahl der regional Beteiligten • Überzeugung des gesamten Projektteams • persönliches Interesse und Verbundenheit • klare Konzeption des Projekts • entsprechende Rahmenbedingungen schaffen • Kommunikations- und Informationsstrukturen mitplanen • umfassende Information und breite Einbindung von EntscheidungsträgerInnen bereits in der Entwicklung	• Vorteile des Projekts werden erst erarbeitet, sind nicht offensichtlich • Verantwortliche und Durchführende haben keine Genderkompetenz • nicht klar ausgesprochene, ideologische Ambitionen durchsetzen wollen • zu wenig Zeit und Ressourcen für die Projektplanung • sich sofort in die Umsetzung zu stürzen

10.5. Umsetzung von Projekten

Nach der Projektentwicklung folgt meist eine Phase des Lobbyings bei FördergeberInnen und EntscheidungsträgerInnen, oder aber auch des bangen Wartens auf die Genehmigung von Anträgen. Bei EU-kofinanzierten Projekten dauert dies in der Regel ca. ein halbes Jahr bis Projektzusagen bzw. -ablehnungen bekannt gegeben werden. Selbst den ungeduldigsten ProjektumsetzerInnen sei allerdings davon abgeraten, die Umsetzung vor definitiven, möglichst schriftlichen Zusagen zu beginnen, falls man nicht in der glücklichen Lage ist, selbst über alle notwendigen Mitteln zur Projektfinanzierung zu verfügen.

Die Aufgabengebiete der ProjektumsetzerInnen in der Durchführungsphase sind äußerst vielfältig. Erfahrungen dazu sind in vielen Standardwerken des Projektmanagements nachzulesen. Eine zentrale Aussage scheint aber auch hier wichtig zu sein: es ist meist viel mehr als vorab gedacht bzw. geplant wird. Neben den Ressourcen für die konkrete Bearbeitung der Projektthemen binden – je nach Projekttyp – auch noch folgende Aufgaben mehr oder weniger Zeit und Energie:

• Strukturaufbau zu Projektbeginn
• TeilnehmerInnen-Akquisition
• TeilnehmerInnen-Betreuung (Rückfragen, Organisation von Rahmenbedingungen)
• Aus- und Fortbildung für das Projektteam
• Reflexion und Supervision

- Informationsfluss innerhalb des Projektteams (Teamsitzungen, Jour fixes, laufende Termin- und Aufgabenkoordinationen, Protokolle, Berichte)
- Präsentationen und Berichte für FördergeberInnen und AuftraggeberInnen
- Vernetzung mit anderen Institutionen, Gremienarbeit
- Dokumentation der Projektaktivitäten, Projektberichte
- inhaltliches Projektcontrolling (Zielerfüllung hinsichtlich Ergebnisse, Qualität, Termine)
- finanzielles Projektcontrolling (Buchhaltung, Rechnungswesen, Budgetüberwachung, Stundenaufzeichnungen, Personalabrechnung)
- Öffentlichkeitsarbeit, Pressearbeit
- Evaluation der Projektergebnisse
- Sicherung der Nachhaltigkeit von Projektergebnissen
- und noch so manches unerwartete …

Für viele Gender Mainstreaming Projekte besitzen folgende drei Punkte bei der Projektdurchführung eine besondere Relevanz:

1. Setzen von vertrauensbildende Maßnahmen: zu Beginn ist oft sehr viel Überzeugungsarbeit bei Zielgruppen und externen EntscheidungsträgerInnen erforderlich. Ängsten und offenen bzw. verdeckten Widerständen dem Projekt gegenüber muss sehr sensibel begegnet werden. Die Bildung strategischer Allianzen bzw. das Suchen von öffentlich anerkannten UnterstützerInnen als Verbündete spielt hier ebenfalls eine große Rolle.
2. Genaue Überprüfung der Projektangebote hinsichtlich diskriminierender Strukturen, die nicht immer direkt und unmittelbar zu erkennen sind (z.B. zeitliche Verteilung der Projektangebote, leichte Erreichbarkeit mit öffentlichen Verkehrsmitteln, Begleitangebote für Menschen mit Betreuungspflichten, etc.). Dies gilt sowohl für die Zielgruppen, als auch für das Projektteam.
3. Fokussierung auf die Gleichstellungswirkung: aufgrund der aktuell vorhanden Breite an unterschiedlichsten Projekten und Fördertöpfen ist die Gefahr hoch, dass bald jeder Maßnahme, die – aus welchen Gründen auch immer – umgesetzt werden soll, ein „Gender-Mäntelchen" umgehängt wird. Oftmals fehlt es hier aber an Mindestanforderungen hinsichtlich fachlicher Qualitätsstandards und Grundlagenwissen. Damit ist die Wahrscheinlichkeit sehr hoch, kontraproduktive Wirkungen zu erzeugen und es für wichtige und notwendige Veränderungen noch schwerer zu machen.

10.5.1. Leitfragen zur Projektumsetzung

- Liegt eine verbindliche Entscheidung der zuständigen Entscheidungs-trägerInnen für die Projektdurchführung in schriftlicher Form vor?
- Wie sind die gleichen Zugangschancen für beide Geschlechter bei der Projektabwicklung sichergestellt?
- Wie ist die Geschlechterzusammensetzung des Projektteams, der Entscheidungsgremien?
- Werden Frauen und Männer durch die Art der Akquirierung und Bewerbung gleichermaßen erreicht und angesprochen?
- Welche Begleitmaßnahmen (z.B. Kinderbetreuung) stellen sicher, dass Frauen und Männer gleich von der Projektteilnahme profitieren können?
- Verfügen die an der Projektumsetzung beteiligten MitarbeiterInnen über ausreichendes, geschlechtsspezifisches Know-how bzw. Kompetenzen bzw. können sie diese erwerben?
(vgl. GeM 2004)

10.5.2. Erfolgsfaktoren und Fallgruben

Erfolgsfaktoren	Fallgruben
• Top-Down-Ansatz mit gleichzeitigem agieren auf allen horizontalen Ebenen • sensibel agieren zwischen Druck und loslassen • entsprechendes Informations-Marketing • Projektteam mit Vorbildwirkung • Eigennutzen für Projektteam und EntscheidungsträgerInnen absichern • breite Streuung an PromotorInnen • Good-Practise Beispiele erarbeiten • Männer in die konkrete Umsetzung einbeziehen • Alternativbegriffe in deutscher Sprache für Fachbegriffe (z.B. Gender) verwenden, Sprache anpassen • (Teil-)Erfolge gemeinsam feiern	• Verantwortliche und Durchführende haben keine Genderkompetenz • in Institutionen: GM nur als ein Anliegen der Frauenbeauftragten • zu offensives Vorgehen löst meistens Blockadereaktionen aus • Männer-Frauen-Konfrontation • zu wenig zeitliche, finanzielle Ressourcen • Burn-out bei großem Engagement bzw. hoher Involviertheit

10.6. Evaluation/Ergebniskontrolle[1]

Evaluation bedeutet die Erfassung und Bewertung von Projektschritten und -ergebnissen. Dabei werden meist zwei Hauptanwendungsgebiete unterschieden:

1. formative Evaluation: die Bewertung von Abläufen und Prozessen zur laufenden Verbesserung innerhalb des Projektzeitraumes
2. summative Evaluation: die abschließende Bewertung der Projektergebnisse hinsichtlich ihrer Wirkung auf die ursprünglich gesetzten Projektziele

Damit soll ein bestimmtes Projekt dahingehend hinterfragt werden, ob und mit welchem Aufwand die Ziele erreicht (bzw. nicht und warum nicht erreicht) wurden und welche Wirkungen das Projekt auf einen vorher bestimmten Anwendungsbereich oder Personenkreis hat.

Mit dem Instrument der Evaluation wird die Effektivität des Umsetzungsprozesses im Hinblick folgender zwei Faktoren bewertet auf (vgl. Liebald 1996, 11):

- Richtungssicherheit (Zieleignung und Zielerreichung)
- Veränderungsgeschwindigkeit (Wirkungsanalyse)

10.6.1. Arten der Evaluation

Je nach Durchführenden und Zeitpunkt lassen sich verschiedene Formen der Evaluation unterscheiden (vgl. Kanatschnig, Schmutz 2000, 64f):

1. Die Unterscheidung nach der Position der Durchführenden ergibt:
   - *Fremdevaluation* (externe ExpertInnen beurteilen das Projekt)
   - *Selbstevaluation* (das Projektteam selbst reflektiert die eigenen Erfahrungen)
   Die Vorteile der externen Evaluierung sind die Fremdsicht, hohe Glaubwürdigkeit und Objektivität, die Nachteile bestehen im größeren Arbeits-, Zeit- und Kostenaufwand.
   Selbstevaluation gewährleistet eine direkte, praxisrelevante Umsetzung der Evaluierungsergebnisse, die Beteiligten werden zur Selbstreflexion angeregt und dazu veranlasst, ihre Arbeit unter neuen Gesichtspunkten zu analysieren. Damit kann ein Lernprozess innerhalb des Projektteams ausgelöst werden. Nachteil der Selbstevaluation ist möglicherweise die mangelnde Objektivität und eine gewisse „Projektblindheit". Sie ist daher alleine nicht immer geeignet, gegenüber Dritten Rechenschaft über ein Projekt abzulegen. Darüber hinaus gibt es natürlich noch die Möglichkeit eines kombinierten Einsatzes dieser beiden Formen.

2. Die Unterscheidung nach dem Zeitpunkt der Durchführung ergibt:
   - *ex-ante* Evaluation
   - *begleitende* Evaluation
   - *ex-post* Evaluation

Die Auswahl ist je nach Evaluationszweck zu treffen. Ex-ante Evaluation wird vor Projektdurchführung angewandt. Sie kann auch als Voraussetzungs- oder Planungsevaluation bezeichnet werden und dient dazu, Handlungsalternativen auszuwählen. Die begleitende Evaluation wird als Prozessevaluation während der Projektumsetzung durchgeführt und dient zur integrierten Optimierung der Zielerreichung. Die Ex-post Evaluation erfolgt nach Projektende. Mit dieser Ergebnisevaluation werden Ist- und Soll-Zustand verglichen.

Soweit es Zeit- und finanzielles Budget zulassen, ist ex ante und begleitenden Evaluationen der Vorzug zu geben, da deren Ergebnisse noch in das betreffende Projekt einfließen können. Sind Folgeprojekte vorgesehen, ist natürlich eine Ergebnisevaluation (ex post) ebenso sinnvoll, da die Verbesserungsvorschläge in der künftigen Arbeit umgesetzt werden können. Jede Art der Evaluation sollte genutzt werden, um über die eigene Arbeit zu reflektieren und um Lernprozesse in Gang zu setzen.

10.6.2. Grundregeln der Evaluation

Folgende Voraussetzungen bzw. Grundregeln sollten eingehalten werden, damit Evaluation als sinnvolles und nützliches Instrument eingesetzt werden kann (vgl. Kanatschnig, Schmutz 2000, 65):

- Freiwilligkeit: Die (Selbst-)Evaluation muss gewollt sein. Unter Druck gibt es keine Motivation (z.B. Existenzängste bei Mitarbeitern ausräumen).
- Betroffene und Beteiligte informieren. Alle Beteiligten müssen mit der Evaluation einverstanden sein (Minimalkonsens; Skeptiker zur aktiven Mitarbeit gewinnen).
- Ziele und Sinnhaftigkeit mit Beteiligten klären und genügend Zeit hierfür einplanen.
- Verbindliche Spielregeln festlegen. Dies ist insbesondere bei der Selbstevaluation wichtig, weil hier die Beteiligten gleichzeitig Untersuchende und Untersuchte sind.
- Die Evaluation soll mit einer strategischen Vision verbunden sein.
- Die Untersuchungsziele sollen SMART sein (vgl. Kapitel 10.3.).
- Die benötigten Ressourcen müssen gesichert sein (Arbeitszeit, Finanzen).
- Zeitplan und Aufgabenverteilung schriftlich festhalten.
- Zeit-, Arbeits- und Kostenrahmen müssen zu den Zielen und Methoden passen (sonst ist Frust und Misserfolg vorprogrammiert).

- Kriterien für die schriftliche Dokumentation festlegen. Verbindlichkeit der schriftlichen Dokumentation und Auswertung.
- Das Konzept mit mehreren Personen besprechen, um andere Sichtweisen zu erhalten (interaktive Erstellung).
- Methoden zunächst einmal im kleinen Rahmen testen bzw. einüben.
- Die Auswertung zügig nach Abschluss der Erhebung durchführen.
- Beteiligte über die Ergebnisse informieren.
- Evaluation soll kontinuierlich durchgeführt oder nach einer bestimmten Zeit (modifiziert) wiederholt werden.

Evaluation darf nicht unter- oder überschätzt werden. Evaluation allein kann Probleme nicht lösen, aber sie kann Beiträge dazu leisten, die Gründe dafür zu eruieren und Verbesservorschläge zu finden. Evaluation kann dazu dienen, die Projektarbeit darzustellen, weiterzuentwickeln oder zu überprüfen.

10.6.3. Anwendungsgebiete und Methoden

Die folgende Abbildung verdeutlicht die unterschiedlichen Anwendungsgebiete von Evaluation innerhalb eines Projekts und die jeweilig dazu passenden Methoden:

Anwendungsgebiete und Evaluationsmethoden

Wer evaluiert? / Was wird evaluiert?	Selbstevaluation	Fremdevaluation
Ziele, Inhalt	• „Grundsatzdiskussionen" in regelmäßigen Abständen • selbst lernen	• Qualitative und quantitative Analyse; Vergleiche und Benchmarking; • ExpertInnenurteil
Verfahren, Methoden	• Erfahrungsberichte • TeilnehmerInnenbefragungen • Supervision durch „kritische Freunde"	• Teilnehmende oder distanzierte Beobachtungen • Zielgruppenbefragung
Materialien, Unterlagen, Hilfsmittel	• kritische Diskussion von Erfahrungsberichten	• Qualitative und quantitative Analyse • Beobachtung des Einsatzes • Adressatenbefragung
Rollen und Beziehungsstrukturen	• Gruppenpädagogische Verfahren zur Selbstreflexion • Teams von Schlüsselpersonen	• Teilnehmende und/oder distanzierte Beobachtungen vor allem von Hierarchien, Kommunikationsmustern, Umgang mit Konflikten • Sozioanalyse

(modifizierte Darstellung basierend auf Kanatschnig, Schmutz 2000, 65)

Bei Gender Mainstreaming Projekten ist sicherzustellen, dass alle Daten und Ergebnisse geschlechtsspezifisch erhoben und dokumentiert werden.

10.6.4. Leitfragen zur Evaluation

- Werden alle Daten nach Geschlecht differenziert erhoben und ausgewertet?
- Welche Indikatoren werden auf welchem Weg zur Erreichung der Gleichstellungsziele des Projekts überprüft?
- Welche Kriterien werden dabei herangezogen?
- Zu welchen Zeitpunkten erfolgt diese Überprüfung (vorher, laufend, nach Projektende)?
- Erfolgt eine Selbstevaluation, Fremdevaluation, kombinierte Verfahren?
- Welche Konsequenzen haben nicht erreichte (Teil-)Ziele des Projekts?
- Wie werden die Evaluationsergebnisse zur laufenden Verbesserung genutzt?

10.6.5. Erfolgsfaktoren und Fallgruben

Erfolgsfaktoren	Fallgruben
• über Form und Inhalte der Evaluation wird von Projektteam und EntscheidungsträgerInnen gemeinsam entschieden • Transparenz bezüglich Verfahren, Ziele, Konsequenzen und Evaluationsberichten • Projektarbeit wird als laufender Lern- bzw. Verbesserungsprozess definiert • Vertrauensbasis zwischen EvaluatorInnen und Evaluierten • Begleitende Reflexion von außen	• Evaluation wird zur Überwachung des Projektteams eingesetzt • Ziele und mögliche Auswirkungen der Evaluierung werden nicht explizit formuliert bzw. geheim gehalten • eine Evaluation erfolgt nur auf Druck externer EntscheidungsträgerInnen • es werden keine Ressourcen für Reflexionen und Lernprozesse eingeplant

10.7. Nachhaltigkeit

Diese Projektphase fokussiert auf die langfristige Gleichstellungswirkung der einzelnen Gender Mainstreaming Projekte. Damit ist die nachhaltige Veränderung diskriminierender Geschlechterverhältnisse angesprochen, die durch die Projekte erzielt werden soll. Nur wenn es gelingt, neue Methoden und Instrumente zur Bekämpfung von Ungleichheiten in die Systeme der arbeitsmarktpolitischen Regelförderung und der Praxis des betrieblichen Alltags überzuführen, kann von erfolgreichen Projekten gesprochen werden.

Um hiefür eine gute Ausgangsvoraussetzung zu schaffen, muss diese Thematik während allen anderen Projektphasen präsent sein und mitgedacht werden. Eine Möglichkeit dafür ist, bereits in der Projektkonzeption eine eigene „Nachhaltig-keits-Strategie" zu formulieren (vgl. Equal-Büro Österreich, 2004).

Hierbei kann in drei dafür wichtige Teilbereiche unterschieden werden:

- Verbreitung der Projektergebnisse
- Netzwerkarbeit, Vernetzung
- Sicherung der Nachhaltigkeit der Projektergebnisse und Produkte

10.7.1. Verbreitung der Projektergebnisse

Verbreitungsaktivitäten umfassen den weiten Bereich der allgemeinen Öffentlich-keitsarbeit für das Projekt und insbesondere auch der Pressearbeit. Hierfür ist es jeweils wichtig, klare Botschaften und klare Zielgruppen dafür zu definieren. Bei Gender Mainstreaming-Projekten spielt oftmals die Sensibilisierung der Öffentlichkeit bzw. der externen EntscheidungsträgerInnen für die Thematik eine wichtige Rolle, bevor ein Wissenstransfer (Veröffentlichung von Forschungs- bzw. Recherche-ergebnisse) bzw. eine Bewusstseinsbildung möglich ist. Eine weitere wichtige Funktion der Öffentlichkeitsarbeit besteht darin, die konkreten Ergebnisse und Produkte des Projekts zu kommunizieren.

Methoden und Instrumente der Öffentlichkeitsarbeit
- Entwicklung eines Projektlogos bzw. eines Slogans
- Informationsmaterialien (Folder, Broschüren, Plakate, Präsentationen, etc.)
- persönliche Kontakte, Kontaktlisten von relevanten AustauschpartnerInnen, ProjektpatInnen
- Website, Newsletter, CD-Roms
- Aussendungen, Mailings, Infobriefe
- eigene Veranstaltungen
- Medienfahrplan, laufende Pressearbeit
- Presseaussendungen, Pressekonferenzen
- Tage der offenen Tür
- zielgruppenspezifische Informationen zu den Projektergebnissen

10.7.2. Netzwerkarbeit, Vernetzung

Netzwerkarbeit ist eine längerfristige Zusammenarbeit mit aktiven PartnerInnen, die für die Zielerreichung des eigenen Projekts einen positiven Beitrag leisten können. Diese AustauschpartnerInnen können beispielsweise ähnliche Projekte und Initiativen sein, aber auch das projektrelevante Umfeld (zB. Sozialpartnerorganisationen, Arbeitskreise, Plattformen, politische EntscheidungsträgerInnen, etc.).

Bei einer Vernetzung wird ein gegenseitiges „Geben und Nehmen" angestrebt, mit dem Grundgedanken, dass oftmals eine „kritische Masse" für Veränderungen notwendig ist, bzw. dass in der Vernetzung das Ganze mehr ist als die Summe der einzelnen Bemühungen.

Eine Voraussetzung dafür liegt im Aufbau funktionierender Kommunikations- und Informationsstrukturen, die eine kontinuierliche Zusammenarbeit ermöglichen.

Methoden und Instrumente der Netzwerkarbeit

- kontinuierlicher Erfahrungs- und Informationsaustausch
- Internetforen, Datenbanken
- gemeinsame Publikationen
- benchmarking, Sammlung von „best practise"
- Initiierung von Arbeitskreisen, thematischen Netzwerken, Runden Tischen
- gemeinsame Veranstaltungen, Tagungen mit ähnlichen Projekten
- Praktika bei unterschiedlichen Institutionen
- Mitwirkung bei Fachausschüssen, Gremien

10.7.3. Sicherung der Nachhaltigkeit der Projektergebnisse

Die vorgenannten Teilbereiche der Verbreitung und Vernetzung bilden wichtige Voraussetzungen für die Sicherung der Nachhaltigkeitswirkung. Weiters muss bereits in der Projektkonzeption darauf geachtet werden, alle entscheidenden AustauschpartnerInnen einzubeziehen, da die Bereitschaft zur Anwendung von Projektergebnissen deutlich stärker ausgeprägt ist, wenn frau/man bereits bei der Planungsphase integriert ist. Damit kann die Gleichstellungswirkung des Projekts und die Möglichkeit zur Veränderung der gesellschaftlichen Realitäten deutlich erhöht werden.

Methoden und Instrumente zur Sicherung der Nachhaltigkeit

- klare Definition von Produkten und Projektergebnissen
- zielgruppenspezifische Aufbereitung der Projektergebnisse und Produkte

- Prüfung der Produkte auf potenzielle InteressentInnen, AnwenderInnen
- Erarbeitung von Anwendungshinweisen, konkreten Implementierungsschritten
- Zugangsmöglichkeiten zu den Produkten und Ergebnissen schaffen (Produktdatenbanken, etc.)
- gezielte Weitergabe von Ergebnissen und Produkten an relevante AkteurInnen
- Maßnahmen-/Forderungskataloge

10.7.4. Leitfragen zur Nachhaltigkeit

- Werden die relevanten Zielgruppen und EntscheidungsträgerInnen der Projektergebnisse bereits in die Entwicklung einbezogen? Werden Sie laufend über den Projektfortschritt informiert?
- Wird ein Konzept für die Öffentlichkeits- und Pressearbeit erstellt?
- Sind die Produkte in einer geschlechtergerechten Sprache abgefasst?
- Werden Vernetzungsmöglichkeiten eingeplant, strategische Kooperationen gesucht?
- Geschieht ein gezieltes Lobbying bei PolitikerInnen?
- Werden konkrete Produkte entwickelt, die auch für eine spätere Nutzung aufbereitet werden?
- Entstehen die Projektergebnisse rechtzeitig, dass die Verbreitung noch während der Projektlaufzeit organisiert werden kann?
- Werden gezielt PromotorInnen für die Projektergebnisse gesucht?

10.7.5. Erfolgsfaktoren und Fallgruben

Erfolgsfaktoren	Fallgruben
• in Institutionen: Verbindlichkeit mit den EntscheidungsträgerInnen herstellen (Top-Down) • persönliche Benennung der Verantwortlichen • interne und externe Kommunikationsstrukturen aufbauen • Vernetzung mit anderen Institutionen, die an Ähnlichem/Gleichem arbeiten oder gearbeitet haben, vorhandene Strukturen nutzen	• Projekt als „one women show" • viele verschiedene Zuständigkeiten in einer Organisation • Know-how Aufbau erfolgt nur beim Projektteam, nicht in den beteiligten Institutionen • alle Projektergebnisse entstehen erst am Ende der Laufzeit • „was nach dem Projekt ist, kann man erst nach Projektende wissen"

10.8. Grenzen und Hemmnisse von Gender Mainstreaming

So viele (neue) Chancen und Möglichkeiten in der Strategie des Gender Mainstreaming auch liegen, so nah sind manchmal auch die Grenzen und Hemmnisse dieser Konzeption. Diese zu umgehen, zu verändern, zu bewältigen etc. braucht neben Engagement und Kompetenz wohl auch einen gewissen Zuspruch von außen. Eine Möglichkeit dafür soll hiermit geboten werden, um aufzuzeigen, dass viele Einflussfaktoren extern vorgegeben und damit auch manchmal schwer beeinflussbar sind. Auch haben viele UmsetzerInnen schon ähnliche Erfahrungen gemacht und so sollte man Probleme und Schwierigkeiten nicht immer nur am eigenen Projekt bzw. an der eigenen Person festmachen.

Häufig genannte Grenzen und Hemmnisse sind (vgl. BBJ 2002; Ergebnisse des Tiroler Runden Tisches Gender Mainstreaming und Arbeitswelt 2004):

- Sichtbares Engagement der höchsten Führungsebenen fehlt meistens (noch): es wird in der Regel nicht bezweifelt, dass Gender Mainstreaming ein Top-Down-Verfahren sein muss. Oft ist frau/man dann aber schon zufrieden, wenn einzelne Gremien „hochrangig" besetzt sind, diese aber nur eine geringe Verbindlichkeit aufweisen bzw. nicht direkt in die Umsetzung involviert sind.
- „Bei uns sind alle gleich" – Geschlechtsneutralität wird aus Unkenntnis behauptet: aufgrund eines fehlenden Problembewusstseins besteht keine Bereitschaft zur Veränderung.
- Widerstand in der Gesellschaft, in Unternehmen: Frauen und Männer merken, dass durch Gender Mainstreaming eine Verteilungsgerechtigkeit angesprochen wird. Die Angst vor Ressourcenumverteilung hindert die Projektumsetzung.
- Konsequente gender-differenzierende Daten sind (noch) zuwenig verfügbar: Vielfach werden zwar Frauen als eigene Teilgruppe genannt, allerdings wird nicht in allen einzelnen Merkmalsausprägungen konsequent geschlechtsspezifisch disaggregiert.
- Probleme mit Umsetzungsverfahren und Instrumenten: Das „Checklisten Syndrom": „Lies eine Checkliste und dann mach mal" – einige Checklisten mit ja/nein Auswahlmöglichkeiten (Werden Frauen und Männer in ihrer Organisation gleich behandelt?) ignorieren alle Formen verdeckter Diskriminierung und täuschen schnelle, einfache Problemlösungen vor, die real nicht existieren.
- Information und Training statt Gender Mainstreaming: Nicht selten werden so genannte Gender Trainings durchgeführt, die im Wesentlichen der Sensibilisierung und Information dienen. Anschließend wird verkündet: wir sind gegendert! Weiterer Handlungsbedarf wird darüber hinausgehend nicht mehr gesehen.
- Projekte schaffen einzelne modellhafte Beispiele, sind aber nicht schon Gender Mainstreaming: Durch die Ermöglichung (bzw. Nichtverhinderung) einzelner Pilotprojekte wird vermeintlich davon ausgegangen, dass bereits alles Mögliche unternommen wurde.

- Gender Mainstreaming wird oft als „Frauenthema" eingestuft, dementsprechend wird dem Thema weniger Aufmerksamkeit von Männern gewidmet.
- Gender Mainstreaming fokussiert sehr stark auf die Unterschiede zwischen Frauen und Männern. Dabei wird von klaren Gruppenzugehörigkeiten ausgegangen, die in der Realität so nicht existieren, da alle anderen Merkmale wie Herkunft, Beruf, Ausbildung und sozialer Status in dieser Betrachtung nicht berücksichtigt werden.
- Einzelne Fachbegriffe des Gender Mainstreamings (bzw. sogar schon der Begriff selbst) sind zwar für ExpertInnen wichtig und hilfreich, für die breite Masse jedoch unverständlich. Diese sollten von ProjektumsetzerInnen für ihre jeweiligen Zielgruppen „übersetzt" werden.

Anmerkung

1   Das Teilkapitel zur Evaluation basiert im Wesentlichen auf einem Leitfaden zur Selbstevaluation, der im Auftrag des Bundesministeriums für Land- und Forstwirtschaft für nachhaltige Projekte erarbeitet wurde. (Kanatschnig, Schmutz 2000)

11. Projektbeispiele in Tirol

Redaktion: Paul Schober, Krisztina Szöllösi

Projekttitel	**„Wir fördern die Gleichstellung von Frauen und Männern auf dem Arbeitsmarkt – Gender Mainstreaming (GM) im AMS"** Teilprojekt: „Implementierung und Stabilisierung von GM im AMS Tirol"
Ziele	Gleichstellungsziele auf der Landes- und der regionalen Ebene des AMS bekannt machen und kommunizieren; Methodenkompetenz in der Landesorganisation und in den regionalen Geschäftsstellen des AMS entwickeln und verbreitern (FachexpertInnen und GenderexpertInnen lernen, planen und bewerten gemeinsam); Fortschritte sicht- und evaluierbar machen.
Zielgruppe	Führungskräfte und MitarbeiterInnen im AMS Tirol; im weiteren die KundInnen des AMS (Arbeitsuchende, Unternehmen, Trägerorganisationen) in Tirol
Inhaltliche Beschreibung	Implementierung von Gender Mainstreaming bzw. Vertiefung der Gleichstellungsförderung in zentralen Bereichen des AMS Tirol: in den AMS-Kursen durch Auflagen an Kursveranstalter hinsichtlich Rahmenbedingungen und Inhalte; in den arbeitsmarktpolitischen Zielen und im Arbeitsprogramm; im Service für Unternehmen: Durch aktive Information und geschlechtneutrale Auswahl das BewerberInnenpotenzial ausweiten und damit die Gleichstellung von arbeitsuchenden Frauen und Männern fördern; im Service für Arbeitsuchende: Strukturelle Unterschiede in den Arbeitsmarktchancen von Kundinnen und Kunden wahrnehmen und in Richtung Gleichstellung verändern. Wissen über Gleichstellung und Gender Mainstreaming vermitteln und verbreiten (z.B. bei Trägerorganisationen)
Ergebnisse, Produkte	gerechtere Verteilung von Fördermitteln, Dienstleistungen, Ressourcen und Chancen auf arbeitsuchende Frauen und Männer unter Einbeziehung von Unternehmen, die Arbeitskräfte suchen und einstellen; Dienstleistungen (Information, Beratung, Vermittlung) die sich am Ziel der Gleichstellung orientieren mit dazugehörigen Kommunikationsmitteln (Falter, Produktblätter, Websites, E-Jobroom u.a.); Beihilfen und Förderungen, die in ihrer Ausgestaltung und Wirkung Gleichstellung anstreben; Gender Mainstreaming-Methodensets und Know-how (z.B. Leitfäden)
Trägerorg.	Arbeitsmarktservice Österreich
Projektlaufzeit	ÖAMS Österreich 2000–2006, Teilprojekt AMS Tirol 2003–2006
Kontaktadresse	Dr.[in] Gabriele Dallinger-König, AMS Tirol, Andreas Hofer Str. 44 Tel: 0043 (0) 512/5903977 E-Mail: Gaby.Dallinger-Koenig@700.ams.or.at
Website	*www.ams.or.at*

Projekttitel	**„Chancengleichheit am Arbeitsmarkt im Tiroler Oberland"** unter besonderer Berücksichtigung der Situation von Frauen. Bezirke Imst und Landeck
Ziele	Ermittlung der Ursachen der hohen Arbeitslosenquote der Frauen am Arbeitsmarkt im Tiroler Oberland; Entwicklung und Aufzeigen von erforderlichen Maßnahmen, die Bedingungen für Frauen schaffen, Familie und Beruf zu vereinbaren
Zielgruppe	Frauen und Männer in den Bezirken Imst und Landeck
Inhaltliche Beschreibung	Studie zur detaillierten Erhebung und Analyse der Chancengleichheit am Arbeitsmarkt in den Bezirken Imst und Landeck; Ausgangspunkt war die hohe Arbeitslosigkeit der Frauen und die niedrige Frauenerwerbsquote (2002: Imst 55 %, Landeck: 57 %). Zentrale Fragestellung: „Welche Bedingungen brauchen Frauen in den Bezirken Imst und Landeck, um Familie und Beruf vereinbaren zu können?" Methodik: Erhebung des Ist-Zustandes in folgenden Bereichen: Lebenssituation, Infrastruktur, Bildung, Arbeitsmarkt; Erhebung gesellschaftlicher Rollenbilder von Frauen; „ExpertInnen-Round-Table": ein Kooperationsmodell mit ExpertInnen (VertreterInnen der Kammern, des AMS, des Landes Tirol und regionaler Projekte)
Ergebnisse, Produkte	ausführliche und detaillierte Analyse des Ist-Zustandes, Erhebung von Rahmenbedingungen für die Förderung von Frauenerwerbstätigkeit; Stärken-Schwächen-Analyse, Erarbeitung und Aufzeigen von Maßnahmen und Modellen, die die Chancengleichheit von Frauen am Arbeitsmarkt fördern; Dokumentation: „Chancengleichheit am Arbeitsmarkt im Tiroler Oberland" unter besonderer Berücksichtigung der Situation von Frauen. Bezirke Imst und Landeck Broschüre: Kinderbetreuung von 0–14; Bezirke Imst und Landeck, Bezug: Tiroler Beschäftigungsverein, Maximilianstr. 3; 6020 Innsbruck; office@tbv-tirol.at
Träger-organi-sation(en)	Tiroler Beschäftigungsverein, Maximilianstr. 3, 6020 Innsbruck T: 0512/56 27 91 office@tbv-tirol.at In Kooperation mit den Frauenreferat des Landes und den Regionalentwicklungsvereinen Imst und Landeck: REGIO IMST; Widumgasse 27, 6424 Silz MIAR, Bruggfeldstr. 5, 6500 Landeck
Projekt-laufzeit	01.01.2003–31.12.2003
Kontakt-adresse	Dr.[in] Maria Steibl Tiroler Beschäftigungsverein Maximilianstr.3 6020 Innsbruck Tel: 0043 (0) 512/562791 E-Mail: office@tbv-tirol.at
Website	

Projekttitel	**MAP – Mentoring als Personalentwicklungsinstrument**
Ziele	Förderung von Frauen im Zielgebiet und Implementierung von Mentoring als Personalentwicklungsinstrument in Unternehmen in Tirol
Zielgruppe	Karriereinteressierte Frauen und Unternehmen aus der IT-Branche in Tirol
Inhaltliche Beschreibung	Das Projekt ist ein Interreg 3a Projekt in Zusammenarbeit von Tirol mit Salzburg und Oberösterreich zu Bayern. Die Mentoring Plattform ist aufgrund der langjährigen Erfahrung mit Mentoring Know-how-Geberin für die PartnerInnen und hat auch einen regionalen Schwerpunkt im Projekt MAP. Regionales Angebot in Tirol: Unternehmen im Sektor der neuen Informations- und Kommunikationstechnologien erhalten Know-how und Begleitmaterial, um Mentoring schrittweise als unternehmensinternes Programm für Frauen einzuführen. Die Mentoring Plattform begleitet die Unternehmen im Rahmen von MAP kostenlos auf dem Weg zu Ihrem Mentoring-Programm – und zeigt ihnen, wie man aus einer einfachen individuellen Weiterbildung eine gewinnbringende Methode zur modernen Frauenförderung machen kann. Frauen, die nach einer Pause wieder in den Beruf einsteigen oder als zukünftige Führungskraft sich auf neue Aufgaben vorbereiten wollen, können im Rahmen von MAP eine Mentorschaft im IT-Bereich anmelden. Die Mentoring Plattform Tirol vermittelt und begleitet Besuchsmentorschaften und Mentorschaften bei erfolgreichen Frauen und Männern. Dabei erhalten sie Einblick in Alltag und Anforderungen interessanter Berufe und wertvolle Tipps und Kontakte, die sie beim erfolgreichen Einstieg oder Aufstieg in der Branche unterstützen. Das Angebot und die Zusammenarbeit erstreckt sich sowohl für Unternehmen als auch für Frauen grenzübergreifend auf Tirol und Bayern, die Regionen um Kufstein – Rosenheim sowie Innsbruck, Seefeld/Leutasch/Scharnitz – Garmisch Partenkirchen.
Ergebnisse, Produkte	Verbreitung von Mentoring als Personalentwicklungsinstrument und Verankerung von Mentoring in Organisationen; Leitfaden für die Umsetzung von Mentoring mit verschiedenen Zielgruppen; MentorInnennetzwerk
Träger-organi-sation(en)	Mentoring Plattform, Verein zur Förderung von Frauen in der Karriereplanung Wilhelm-Greil-Straße 1/2.Stock, A-6020 Innsbruck Tel.: 0676/683 14-99 oder -90 Fax: 0512/583202 E-mail:mentoring.plattform@blackbox.net
Projekt-laufzeit	01.10.2002–30.09.2004
Kontakt-adresse	Wilhelm-Greil-Straße 1/2.Stock, A-6020 Innsbruck Tel: 0043 (0) 676/68 31 499, Fax: 0043 (0) 512/583202, E-Mail: mentoring.plattform@blackbox.net
Website	*www.mentoring-plattform.at/map*

Projekttitel	**mut! – Mädchen und Technik**
Ziele	Erweiterung des Berufwahlspektrums von Mädchen im Alter von 10–15 Jahren durch innovative Modelle zur Berufsorientierung und Technikerprobung, Aufbrechen von Rollenstereotypen, Motivation für Mädchen, Sensibilisierung und Vernetzung von wichtigen MultiplikatorInnen im Bereich der Technik. Langfristige Vision: Steigerung des Frauenanteils in nicht traditionellen Berufsfeldern in Österreich sowie Stärkung der Wettbewerbsfähigkeit von Betrieben im (informations-)technologischen Arbeitsumfeld durch Nutzung der Potenziale der (jungen) Frauen.
Zielgruppe	Schülerinnen von HS, PTL, AHS, BHS zwischen 10–15 Jahren in Tirol, Eltern und MultiplikatorInnen
Inhaltliche Beschreibung	mut! mädchen und technik: ein österreichweites Projekt, das in Kärnten, Niederösterreich, Oberösterreich, Vorarlberg, Salzburg, Steiermark und Tirol Aktionen für Mädchen anbietet. An den Schulen werden in geschlechtshomogenen Gruppen Workshops durchgeführt, die persönlichkeitsorientiert sind und praktische Erprobungstage zum Herausfinden der technischen Interessen und Neigungen beinhalten. Dabei geht es um Stärkung des Selbstvertrauens, ressourcenorientiertes Arbeiten, Ausbau des Handlungsspektrums, Umgang mit Rollenbildern, Vorurteilen, Thematisierung des Zusammenhangs zwischen Geschlecht und Berufswahl und den Auswirkungen in der Arbeitswelt, Aufzeigen beruflicher Möglichkeiten, positive Beispiele durch Mentorinnen. Empowerment der Mädchen: durch das Schaffen einer Beziehungsebene zwischen Mädchen und Technik. Bewusstseinsbildung, Sensibilisierung und Information sowie Unterstützung und Beratung von MultiplikatorInnen stellen einen weiteren Schwerpunkt dar.
Ergebnisse, Produkte	DVD „Be a tech girl", Mut! Foto-Kalender 2004, Mut!-Tabletten (zur Anwendung bei absoluter Mutlosigkeit), CD, Kalender, Poster, Power-point-Folien, Flyer, Foto-CD-Rom, Film, Seminarbücher, Berichte, Kommentierte Literaturliste zu mut!, Liste mit Internetadressen zu mut!
Träger-org.	Frauen im Brennpunkt (Innsbruck und Innsbruck-Land), Evita (Kufstein), B.A.S.I.S. (Reutte), JUFF-Frauenreferat des Landes Tirol
Projekt-laufzeit	01.01.2003–30.06.2004
Kontakt-adressen	Basis, Obermarkt 3, 6600 Reutte, Mag.ª Klaudia Henn-Meßmer, Tel: 0043 (0) 5672/72604, E-Mail: frauenservice.basis@aon.at Evita, Oberer Stadtplatz 6, 6330 Kufstein Mag.ª Sabine Gugglberger, Tel: 0043 (0) 5372/63616, E-mail: evita@kufnet.at Frauen im Brennpunkt, Marktgraben 16/II, 6020 Innsbruck (Wirkungsbereich Innsbruck und Innsbruck-Land) Mag.ª Petra Vogelsberger, E-mail: p.vogelsberger@fib.at JUFF, Michael-Gaismair-Str. 1, 6020 Innsbruck Mag.ª Elisbeth Stögerer-Schwarz, Tel: 0043 (0) 512/5083580 E-mail: e.stoegerer-schwarz@tirol.gv.at Mag.ª Claudia Vogel-Gollhofer – Projektkoordination Tirol Angerstr. 16, 6121 Baumkirchen, Tel: 0043 (0) 650/7512137 E-mail: c.vogel-gollhofer@tirol.com
Website	*www.mut.co.at*

Projekttitel	**Nüsse knacken – Früchte ernten** Politiklehrgang für Frauen
Ziele	Qualifizierung von Frauen in den Bereichen politisches Grundwissen, Rhetorik, Selbstmarketing, Konfliktmanagement
Zielgruppe	Frauen, die bereits politisch tätig sind, oder werden möchten; Frauen, die ehrenamtlich in Organisationen arbeiten
Inhaltliche Beschreibung	Der grenzüberschreitende Politiklehrgang will Frauen in den Regionen Außerfern und Landkreis Garmisch-Partenkirchen befähigen und ermuntern, ihre Anliegen und ihr Potenzial in politischen Gremien einzubringen. Das spezielle Projektziel liegt in einer Qualifizierung von Frauen in den Bereichen politisches Grundwissen, Öffentlichkeitsarbeit und Selbstmarketing in öffentlichen bzw. politischen Gremien, Ein wesentliches Projektziel liegt auch in der Vernetzung von politisch und gesellschaftlich engagierten Frauen über die Grenze hinweg. Diese Vernetzung soll einen intensiven Austausch von Erfahrungen im Durchsetzen von frauenpolitischen und sozialen Anliegen in Gang setzen. Als Zielgruppen lassen sich unterscheiden: Frauen, die bereits in politischen Gremien tätig sind, Frauen, die sich in diversen gemeinnützigen Organisationen zumeist ehrenamtlich engagieren und Frauen, die vor dem Einstieg in die politische Gremienarbeit stehen.
Ergebnisse, Produkte	Aus dem Kurs geht eine Teilnehmerin bei den Gemeinderatswahlen als Bürgermeisterkandidatin ins Rennen, eine weitere Frau kandidiert für den Gemeinderat.
Trägerorg.	Verein Regionalentwicklung Außerfern Volkshochschule Garmisch-Partenkirchen
Projektlaufzeit	März 2003–April 2004
Kontaktadresse	Verein Rea Kohlplatz 7 6600 Pflach E-Mail: Verein.rea@aon.at
Website	

Projekttitel	**Tirolino** Maßgeschneiderte Kinderbetreuung für Arbeitskräfte im Tourismus
Ziele	durch maßgeschneiderte Kinderbetreuung wieder einheimische Arbeitskräfte für den Tourismus zu lukrieren
Zielgruppe	Familien und allein erziehende Berufstätige im Tourismus mit betreuungspflichtigen Kindern
Inhaltliche Beschreibung	Am Beispiel einer tourismusintensiven Modellregion im Außerfern soll aufgezeigt werden, ob und wenn ja, wie eine maßgeschneiderte, bedarfsgerechte und qualitativ hochwertige Kinderbetreuung für Arbeitskräfte im Tourismus eingeführt werden kann und welches Potenzial an einheimischen Arbeitskräften dadurch wieder für den Tourismus zu gewinnen ist. Gleichzeitig sollen auch Wege aufgezeigt werden, wie bei den einheimischen Kindern im Rahmen dieser Betreuung wieder verstärkt ein Bewusstsein für den Beruf der Eltern geweckt und die Begegnung mit den „Fremden" als Erlebnis gestaltet werden kann. Als Modellregion wurde das Tannheimer Tal ausgewählt. Im Sommer 2004 fanden erstmals „Spiel mit mir Wochen" statt, die als Gradmesser für Erfolg oder Misserfolg einer angestrebten Hortlösung in Tannheim dienen sollten.
Ergebnisse, Produkte	Projekt noch nicht abgeschlossen
Trägerorg.	Verein Regionalentwicklung Außerfern
Projekt- laufzeit	März Jänner 2003–Mai 2004
Kontakt- adresse	Verein Rea Kohlplatz 7 6600 Pflach E-Mail: tirolino@hochtal.com
Website	

Projekttitel	**NORA** Netzwerk neue Berufsperspektiven für Frauen
Ziele	Reduktion der geschlechtsspezifischen Teilung des Arbeitsmarktes, Professionalisierung des Berufsbildes von „Laufbahnberatung für Frauen", Förderung von beruflichen Ein- und Aufstiegschancen und neuen Berufsperspektiven für Frauen, Verbesserung der Einkommenssituation von Frauen, Empowerment von Wiedereinsteigerinnen, Motivation von Frauen zur Nutzung neuer Informations- und Kommunikationstechnologien, Förderung von Chancengleichheit durch Vernetzung von NGOs und institutionellen AkteurInnen im Bereich Arbeitsmarkt
Zielgruppe	Beraterinnen aus Frauenberatungseinrichtungen und dem AMS Betriebsrätinnen Frauen, die niederschwellige Laufbahnberatung in Anspruch nehmen wollen; MultiplikatorInnen, Frauenberatungseinrichtungen, Arbeitsmarktpolitische AkteurInnen
Inhaltliche Beschreibung	NORA hat den Lehrgang „Frauenzentrierte Laufbahnberatung" entwickelt. Zielgruppe dieses Weiterbildungsangebotes sind Beraterinnen aus Frauenberatungseinrichtungen, dem AMS und Betriebsrätinnen. Derzeit absolvieren 18 Teilnehmerinnen diese einjährige Ausbildung. Im April 2004 starteten drei Pilotprojekte im Bereich niederschwelliger Laufbahnberatung für Frauen in drei Beratungsstellen, deren Ausgangssituation aufgrund regionaler Faktoren unterschiedlich ist: in Zwettl, Salzburg und Wien. NORA befasst sich mit Fragen der Implementierung von Gender Mainstreaming und ist Mitglied der österreichischen Vernetzung „A-gender". NORA arbeitet mit der transnationalen Entwicklungspartnerschaft SABINA zusammen. SABINA ist ein Projekt des Frauenbüros der Regionalregierungen der Kanarischen Inseln mit dem Ziel der Bekämpfung der geschlechtsspezifischen Segregation am Arbeitsmarkt.
Ergebnisse, Produkte	„Frauenzentrierte Laufbahnberatung" – Lehrgangsmaterialien Wanderausstellung Kompetenz!!! Karriere!? Kohle?
Träger-organi-sation(en)	Netzwerk österreichischer Frauen- und Mädchenberatungsstellen Stumperg. 41 – 43/II/R3 1060 Wien
Projekt-laufzeit	16. 9. 2003–15. 5. 2005
Kontak-tadresse	Dr.in Itta Tenschert Innrain 100/99 6020 Innsbruck Tel: 0043 (0) 512/56 28 65 E-mail: netzwerkfrauenberatungibk@magnet.at
Website	*www.netzwerk-frauenberatung.at/nora*

Projekttitel	**Arbeitswelt 2005 – Region Ötztal**
Ziele	Vernetzung und Stärkung der Region durch die Schaffung von Strukturen für eine bessere Vereinbarkeit von Familie und Beruf, Erschließung von Arbeitsmarktreserven, Verbesserung der Situation für ArbeitnehmerInnen und ArbeitgeberInnen
Zielgruppe	ArbeitgeberInnen, ArbeitnehmerInnen, potenzielle ArbeitnehmerInnen, Institutionen und Politikerinnen
Inhaltliche Beschreibung	Die Arbeitsmarktsituation im Ötztal ist zum Teil gekennzeichnet durch einen Mangel an (qualifizierten) Arbeitskräften. Durch die Eröffnung der Aqua Dome Tiroltherme Längenfeld werden in dieser Region ca. 220 weitere Arbeitsplätze entstehen. Durch die Erreichung des zentralen Projektzieles, der Vernetzung der Region unter einem familienfreundlichen Gesichtspunkt, sollte der (Wieder)einstieg ins Berufsleben für Personen mit Betreuungspflichten erleichtert und damit Arbeitsmarktreserven erschlossen werden. Dafür wurden und werden Maßnahmen im Bereich der Personalführung, der Kinderbetreuung, begleitende Unterstützung für WiedereinsteigerInnen, familienfreundliche Arbeitszeitmodelle und Lösungsansätze für die Verkehrsproblematik realisiert. Eine Innovation besteht hierbei durch die Förderung betriebsübergreifender Lösungen und der starken Betonung der Arbeitnehmerfreundlichkeit in einer ganzen Region. Im Zuge des Projekts wurden eine quantitative und zwei qualitative Erhebungen der aktuellen Situation und der Potenziale der Region Ötztal in Bezug auf Familienfreundlichkeit durchgeführt. Dabei wurden Arbeitgeberinnen und (potenzielle) ArbeitnehmerInnen befragt.
Ergebnisse, Produkte	eine Basisrecherche, eine quantitative Studie der Region Ötztal, zwei qualitative Studien und Zukunftswerkstätten (Workshops); dokumentiert in vier umfangreichen Berichten, Umsetzung konkreter Maßnahmen Netzwerke von Unternehmen
Träger-organi-sation(en)	Amt der Tiroler Landesregierung Abt. Wirtschaftspolitische Koordinationsstelle Abt. JUFF Familienreferat
Projekt-laufzeit	April 2003 bis Juni 2004
Kontakt-adresse	BAT – Bildungsagentur Tirol Martin Wenzel Leopoldstraße 38, A 6020 Innsbruck Tel: 0043 (0) 512/938254, E-Mail: m.wenzel@bat.cc *Basisstudie und Zukunftswerkstätten* Hafelekar Unternehmensberatung Schober GmbH Bozner Platz 5, 6020 Innsbruck Tel: 0043 (0) 512/58 88 33, E-Mail: office@hafelekar.at
Websites	*www.bat.cc* *www.hafelekar.at*

Projekttitel	**Familienfreundliche Arbeitswelt – Pilotprojekt Tourismus**
Ziele	Erarbeitung eines Konzeptes zur familienfreundlichen Arbeitswelt im Tourismus, Erstellung von Qualitätskriterien für eine familienfreundliche Arbeitswelt im Tourismus, Umsetzung des Konzeptes und Evaluation
Zielgruppe	Wiedereinsteigerinnen, Personen mit Betreuungspflichten, Betreiber der Raststätte
Inhaltliche Beschreibung	Die Trofana Tyrol – eine Autobahnraststätte mit klassischer Infrastruktur im Tiroler Oberland – verfolgt ein ganz besonderes Konzept. Neben einem hohen Qualitätsanspruch im Gastronomiebereich steht die Präsentation des Tiroler Oberlandes im Rahmen eines regionalen Marktplatzes. Mit der Eröffnung wurden über 100 Ganzjahresarbeitsplätze geschaffen. Dieses für diese Region arbeitsmarktpolitisch bedeutsame Projekt wollte jedoch auch in Bezug auf Familienfreundlichkeit ein Aushängeschild werden. So wurde vor der Eröffnung ein Konzept erarbeitet, das die Vereinbarkeit von Familie und Beruf auch im Tourismus ermöglichen sollte. Mit der Eröffnung wurde dieses Konzept umgesetzt und somit ein weiteres Zeichen gesetzt, dass Familienfreundlichkeit auch im Tourismus möglich ist. Die Umsetzung beschränkt sich nicht nur auf die Errichtung eines Betriebskindergartens bzw. einer Kinderkrippe, sondern auch auf Maßnahmen in den Bereichen Arbeitszeiten, Führung, Schulung, Umgang mit karenzierten MitarbeiterInnen und Servicemaßnahmen für MitarbeiterInnen.
Ergebnisse, Produkte	Konzept zur Familienfreundlichkeit im Tourismus, Broschüre zur „Familienfreundlichen Arbeitswelt", Evaluation der Maßnahmen
Trägerorganisation(en)	BAT – Bildungsagentur Tirol Leopoldstraße 38 A 6020 Innsbruck
Projektlaufzeit	01.06.2002–31.07.2003
Kontaktadresse	BAT – Bildungsagentur Tirol Martin Wenzel Leopoldstraße 38 A 6020 Innsbruck Tel.: 0043 (0) 512/938254 e-mail: m.wenzel@bat.cc
Website	*www.bat.cc*

Projekttitel	**WoMen – Erfolgsfaktor Chancengleichheit am Arbeitsmarkt** Modul 1: Geschlechtersegregation am Tiroler IKT-Arbeitsmarkt Informationssammlung und Sensibilisierung
Ziele	Aufzeigen des Ist-Standes, Sensibilisierung und Bewusstseinsbildung geschlechtsspezifischer Disparitäten am Tiroler Arbeitsmarkt
Zielgruppe	EP-PartnerInnen, Modulverantwortliche bzw. -teilnehmerInnen der EP, Betroffene/Beteiligte, die in das System „IKT-Arbeitsmarkt in Tirol" eingebunden sind, aber auch all jene, welche an den Befragungen, Veranstaltungen usw. teilgenommen haben, arbeitsmarktpolitisch relevante AkteurInnen bzw. EntscheidungsträgerInnen, ExpertInnen, Gesamtbevölkerung Tirols
Inhaltliche Beschreibung	Modul 1 versteht sich in seiner Funktion als Forschungsmodul als Dienstleister für die anderen PartnerInnen. Operative Aktivitäten: Primärerhebungen/Folgerecherchen, kommentierte Datensammlung, sekundärstatistische Datenaufbereitung, Sensibilisierung und Bewusstseinsbildung geschlechtsspezifischer Disparitäten am Arbeitsmarkt, Nutzung moderner Informationstechnologien für die Vermittlung von Forschungs- und Entwicklungsergebnissen, Maßnahmenkatalog für EntscheidungsträgerInnen am Tiroler Arbeitsmarkt basierend auf Studienergebnissen, Evaluation der Recherchen und Veranstaltungen
Ergebnisse, Produkte	4 Teilstudien: der IKT-Arbeitsmarkt, die Wirtschafts- und Arbeitsmarktstruktur in Tirol unter besonderer Berücksichtigung regionaler Aspekte; Unternehmensbefragung zur betrieblichen Förderung der Chancengleichheit in Tirol; Kinderbetreuung in Tirol: Ist-Zustand – Mankos – Lösungsvorschläge Podiumsdiskussion „Wie viel Kinderbetreuung braucht Tirol?" Recherche: EDV-Trainerinnen-Markt in Tirol, Maßnahmenkatalog im Hinblick auf die Situation institutioneller Kinderbetreuung in Tirol, Recherche zu Good Practise Modellen, transnationaler Datenvergleich 3 Schwerpunktwochen: Frauen und IKT: „Neue Arbeitswelten. Neue Lebenswelten", Chancengleichheit als Chance für Unternehmen, Ergebnisse und Präsentation des Gesamtprojekts, Wanderausstellung, Publikation, Zwischenberichte, Endbericht
Träger-organi-sation(en)	Zukunftszentrum Tirol GmbH Universitätsstraße 15a A-6020 Innsbruck
Projekt-laufzeit	01.09.2002–31.05.2005
Kontakt-adresse	Mag.ᵃ Jane Platter Universitätsstraße 15a A-6020 Innsbruck Tel: 0043 (0) 512/561856-15 E-Mail: jane.platter@zukunftszentrum.at
Websites	*www.women.or.at* *www.zukunftszentrum.at*

Projekttitel	**WoMen – Erfolgsfaktor Chancengleichheit am Arbeitsmarkt** Modul 2: IKT-Ausbildung mit Betreuungsnetzwerk
Ziele	Frauen im höherqualifizierten IT-Bereich zu qualifizieren
Zielgruppe	Wiedereinsteigerinnen, Arbeitssuchende Frauen, Frauen mit und ohne Kinderbetreuungspflichten
Inhaltliche Beschreibung	In zwei Durchgängen – einem Pilot- und einem Folgeprojekt – werden Frauen im höherqualifizierten IKT-Bereich ausgebildet. Im Pilotprojekt wurden 12 Frauen von Februar bis August 2003 zu Netzwerkadministratorinnen ausgebildet. Im Folgeprojekt von Februar bis August 2004 wurden IT-Fachfrauen in den Bereichen E-Commerce und Content Management ausgebildet. Um den Frauen mit Kinderbetreuungspflichten den Zugang zur Ausbildung zu erleichtern, wurden anfallende Kinderbetreuungskosten über das Projekt finanziert. Bei der Durchführung der Qualifizierungslehrgänge wird darauf geachtet, dass eine geschlechtssensible Methodik zum Einsatz kommt, die dem frauenspezifischen Zugang zur Informations- und Kommunikationstechnologie Rechnung trägt. Außerdem unterrichten ausschließlich weibliche Trainerinnen.
Ergebnisse, Produkte	fachlich gut ausgebildete und persönlich gestärkte Frauen, Lehrgangskonzept
Träger-organi-sation(en)	ibis acam GmbH Österreich Adamgasse 21 6020 Innsbruck
Projekt-laufzeit	01.09.2002–28.02.2005
Kontakt-adresse	Mag.ª Julia Schweiberer Rainerstr. 4 6300 Wörgl Tel: 0043 (0) 5332/23070 E-mail: julia.schweiberer@ibisacam.at
Websites	*www.women.or.at* *www.ibisacam.at*

189

Projekttitel	**WoMen – Erfolgsfaktor Chancengleichheit am Arbeitsmarkt** Modul 3: Ausbildung zur EDV-Trainerin
Ziele	Methodisch-didaktische Qualifizierung von Frauen für EDV-Schulungen im Bereich der Erwachsenenbildung und für Firmenschulungen, Reflexion und Sensibilisierung für geschlechtsspezifische Didaktik, Ausbildung für Frauen im IKT-Bereich als zweite berufliche Möglichkeit , Ausbildung von Multiplikatorinnen, Netzwerkbildung, Entwicklung eines Curriculums für die Ausbildung
Zielgruppe	Frauen mit und ohne Betreuungspflichten; technisch interessierte Frauen; Frauen mit EDV-Know-how, aber ohne Train-the-Trainer-Ausbildung; EDV-interessierte Frauen mit nicht mehr verwertbaren Berufsausbildungen
Inhaltliche Beschreibung	Der Lehrgang lief von April 2003 bis Juli 2004 mit Abend- und Wochenendseminaren. Die Kurszeiten sind so weit als möglich familienfreundlich gestaltet. Die Teilnehmerinnen sind in die Entwicklung des Curriculums miteingebunden und können ihre Anregungen und Erfahrungen in Feedback-Workshops mit der Projektleitung anbringen. Die einzelnen Kursmaßnahmen werden auch mit Fragebögen evaluiert. Die eingesetzten Trainerinnen werden zu GM-Reflecting-Sitzungen eingeladen, um Erfahrungen und Tipps zu gendergerechtem Unterricht auszutauschen. Die Lehrgangsinhalte umfassen zwei große Teilbereiche, zum einen die IKT-Grundausbildung (ECDL-Inhalte, 3 Module des ECDL Advanced) und IKT-Vertiefungsausbildung (User Support für Trainerinnen) und zum anderen die Train-the-Trainer-Ausbildung. Im Lehrgang wird eine Online-Plattform zum Austausch von Informationen, Unterrichtsmaterial, etc. verwendet und auf transnationaler Ebene die Einrichtung eines IT-Trainerinnen-Netzwerkes erarbeitet.
Ergebnisse, Produkte	zu Multiplikatorinnen ausgebildete EDV-Trainerinnen, Plattform, transnationales Netzwerk, Curriculum
Träger-organi-sation(en)	bfi Tirol Salurnerstr. 1 6020 Innsbruck
Projekt-laufzeit	01.09.2002–31.08.04
Kontakt-adresse	Mag[a]. Bianca Gegenburger Radetzkystr. 47 6020 Innsbruck Tel.: 0043 (0) 512/394683-13 E-mail: bfi.gegenburger@tirol.com
Websites	*www.women.or.at* *www.bfi.or.at*

Projekttitel	**WoMen – Erfolgsfaktor Chancengleichheit am Arbeitsmarkt** Modul 4: Women Career Center – Mobile Berufswegs- und Bildungsberatung für Frauen
Ziele	Beratungs- und Weiterbildungsangebote für Frauen vor Ort – in der Gemeinde – anzubieten; durch individuelle Beratungskonzepte Karriereplanung erstellen; Frauen während eines Qualifizierungslehrganges coachen; AMS, Gemeindeebene, Kinderbetreuungseinrichtungen, Frauengruppen vor Ort und Frauen in Beratung vernetzen; Frauen auf ihrem Weg in den Arbeitsmarkt stärken
Zielgruppe	Frauen aller Altersgruppen, ab 15 Jahre
Inhaltliche Beschreibung	Ein Beratungsbus dient als mobiler Beratungsort. In der Pilotregion „Kaiserwinkel" – Gemeinden Kössen, Schwendt und Walchsee – werden durch mobile Beraterinnen Coachings für Frauen durchgeführt, die in das Berufsleben einsteigen, wiedereinsteigen oder umsteigen wollen. Mit den Frauen wird ein jeweils individuelles Konzept bezüglich Veränderungen der derzeitigen Rahmenbedingungen, nötige Aus- und Weiterbildungen, persönlichkeitsstärkende Maßnahmen erstellt. Schritte werden geplant und Ziele überprüft. Parallel dazu organisieren wir Weiterbildungsangebote oder vermitteln solche von Bildungseinrichtungen in der Region. Ein „Marktplatz" bietet Gelegenheit zur Vermittlung von Inhalten – Referate zu jeweiligen arbeitsmarktpolitischen Themen – und zum Kennenlernen und Austausch untereinander. Mit einem ähnlichem Beratungskonzept werden Frauen begleitet, die an IKT-Qualifikationslehrgänge für EDV-TrainerInnen, Netzwerkadministratorinnen und Content Management-Spezialistinnen teilnehmen.
Ergebnisse, Produkte	Beratungsbus, Beratungskonzepte, Ressourcenpool
Träger-organi-sation(en)	KAOS Bildungsservice Daxner & Pedevilla OEG Mitterweg 16, A-6020 Innsbruck
Projekt-laufzeit	01. 09. 2002–31. 08. 2004
Kontakt-adresse	Mag.ª Christine Schnabl KAOS Bildungsservice Mitterweg 16 A-6020 Innsbruck Tel: 0043 (0) 512/908015 e-mail: office@kaos4all.com
Websites	*www.women.or.at* *www.kaos4all.com*

Projekttitel	**WoMen – Erfolgsfaktor Chancengleichheit am Arbeitsmarkt** Modul 5: Gender Check – Bewusstseinsbildung auf betrieblicher Ebene
Ziele	Unterstützung von drei Tiroler Pilotbetrieben bei der Entwicklung und Umsetzung von Gleichstellungsmaßnahmen für Frauen und Männer im Unternehmen, Information und Sensibilisierung der Tiroler Wirtschaft/Öffentlichkeit zu betrieblicher Gleichstellungspolitik, Entwicklung von Weiterbildungsmodulen für Genderbeauftragte/GenderberaterInnen
Zielgruppe	die drei ausgewählten Pilotbetriebe (Innsbrucker Verkehrsbetriebe, Tiroler Sparkasse und WE Wohnungseigentum) Genderbeauftragte, GenderberaterInnen Tiroler Öffentlichkeit
Inhaltliche Beschreibung	In den drei ausgewählten Unternehmen werden von den Gender-Check-BeraterInnen Betriebsdatenerhebungen zur Analyse der geschlechtsspezifischen Arbeitsbedingungen im Unternehmen durchgeführt. Ziel ist es, den Status quo im Unternehmen bezogen auf Chancengleichheit von Frauen und Männern sichtbar zu machen, eine Bewertung aus Gleichstellungsperspektive abzugeben und Handlungsempfehlungen zu formulieren. Aus dem erarbeiteten Maßnahmenkatalog wählen die Unternehmen Maßnahmen aus, die sie kurz-, mittel- und langfristig umsetzen. Bei der Auswahl und Umsetzung der Maßnahmen werden sie von den Gender-Check-BeraterInnen begleitet. Während der Projektlaufzeit kommunizieren die Unternehmen und das Gender Check-Team die Entwicklungen und Ergebnisse des Projektes im Rahmen von interner und externer Öffentlichkeitsarbeit. Die Erfahrungen der Entwicklung und Umsetzung betrieblicher Gleichstellungsmaßnahmen fließen in die Konzeptionierung der Weiterbildungsmodule für Genderbeauftragte/GenderberaterInnen ein.
Ergebnisse, Produkte	Beratungskonzept für die Begleitung von Betrieben bei der Entwicklung und Umsetzung betrieblicher Gleichstellungsmaßnahmen, Weiterbildungsmodule für Genderbeauftragte/GenderberaterInnen
Träger- organi- sation(en)	KAOS Bildungsservice Daxner & Pedevilla OEG Mitterweg 16, A-6020 Innsbruck
Projekt- laufzeit	01.09.2002–31.12.2004
Kontakt- adresse	Mag.ª Anita Nöckler KAOS Bildungsservice Bildungsmanagement und Unternehmensberatung Mitterweg 16 6020 Innsbruck Tel: 0043 (0) 512/908015 E-Mail: ibk@kaos4all.com
Websites	*www.women.or.at* *www.kaos4all.com*

Projekttitel	**WoMen – Erfolgsfaktor Chancengleichheit am Arbeitsmarkt** Modul 6: „Tschända" – qualitative Forschung und Theater
Ziele	Beantwortung der Fragestellung: „Wozu und warum herrscht am IKT-Arbeitsmarkt in Tirol geschlechtsspezifische horizontale und vertikale Segregation?" Erarbeitung eines Theaterstücks aus den Forschungsergebnissen; schriftliche und grafische Aufbereitung der Ergebnisse der qualitativen Sozialforschung für eine breitere Zielgruppe
Zielgruppe	Studie: Betroffene/Beteiligte, die in das System des IKT-Arbeitsmarkts in Tirol eingebunden sind, die TrägerInnen von relevantem Wissen sind; Theater: ModulteilnehmerInnen der Module der EP, Öffentlichkeit an den Aufführungsorten; Öffentlichkeitsarbeit, Bewusstseinsbildung, Sensibilisierung: Gesamtbevölkerung Tirols
Inhaltliche Beschreibung	Modul 6 realisierte eine Basisstudie zur oben genannten Fragestellung. Unmittelbar aufbauend auf die qualitative Forschung wurden Originalaussagen, in denen sich themenrelevante mentale Modelle manifestieren, in das Theaterstück „Elektrika – Ein Stück mit männlichen und weiblichen Rollen" eingebaut. Ein weiteres Ergebnis dieses Moduls ist diese Publikation „Gender Mainstreaming in der Arbeitswelt". Um auch die in der Studie erhobenen Daten/Ergebnisse zugänglich zu machen, wurde eine interaktive CD-ROM entwickelt. Sie ermöglicht es Interessierten, auf der Basis des vorhandenen Datenmaterials selbstständig zu forschen.
Ergebnisse, Produkte	• Studie „Frauen sind anders. Männer auch." (Arbeitsdokumentation, Zwischenberichte, Abschlußbericht) • „Elektrika – Ein Stück mit weiblichen und männlichen Rollen" – Theatervorführungen und DVD über die Probenarbeit und die Aufführungen • Publikation „Gender Mainstreaming in der Arbeitswelt" • interaktive CD-Rom, Laienforschungsprogramm
Träger-organi-sation(en)	Hafelekar Unternehmensberatung Schober GmbH Bozner Platz 5 6020 Innsbruck
Projekt-laufzeit	01.09.2002– 28.02.2005
Kontakt-adresse	Mag^a. Krisztina Szöllösi Bozner Platz 5 6020 Innsbruck Tel: 0043 (0) 512/588803 E-mail: women@hafelekar.at
Websites	*www.women.or.at* *www.hafelekar.at*

Literaturverzeichnis

100 Begriffe aus der Gleichstellungspolitik. Glossar der Gleichstellung zwischen Frauen und Männern. Download unter: *http://europa.eu.int/comm/employment_social/equ_opp/glossary/glossary_de.pdf* Abruf 04.06.2004

Altvater, Elmar: Grenzen der Globalisierung: Ökonomie, Ökologie und Politik in der Weltgesellschaft. Münster: Westfälisches Dampfboot, 1996.

Amt der Vorarlberger Landesregierung (Hrsg.): Leitfaden für Antragstellerinnen für EU-Projekte. Bregenz 2001. Download unter: *http://www.vorarlberg.at/pdf/leitfadeneu.pdf* Abruf 23.09.2004

Arbeiterkammer Salzburg: Einkommensunterschied zwischen den Geschlechtern stagniert. Download unter: *http://www.ak-sbg.at/www-597-IP-12032-AD-12023.html* Abruf 23.09.2004

Arbeiterkammer Tirol: Die Pflege von Angehörigen in der Familie ist oft eine Extremsituation. Download unter: *http://tirol.arbeiterkammer.at/www-398-IP-16368.html* Abruf 10.09.2004.

Auer, Manfred: Vereinbarungskarrieren. Eine karrieretheoretische Analyse des Verhältnisses von Erwerbsarbeit und Elternschaft. München, Mering: Rainer Hampp Verlag 2000.

Baer, Susanne: Inklusion und Exklusion. Perspektiven in der Geschlechterforschung in der Rechtswissenschaft, in: Verein pro FRI (Hrsg.): Recht Richtung Frauen, Beiträge zur feministischen Rechtswissenschaft. Lachen/St.Gallen: Dike Verlag, 2001. S. 11–33.

Baur, Christine: Weibliche Lebenssachverhalte im österreichischen Sozialversicherungsrecht, Dissertation, (unveröffentlicht) Universität Innsbruck, 2000.

BBJ Servis GmbH (Hrsg.): Arbeitsmarkt und Gender Mainstreaming. Herausforderung für Politik und Verwaltung. BBJ-Dokumentation Heft 14. Potsdam 2002. Download unter: *http://www.bbj.de/potsdam/6-dokuGender200602.pdf* Abruf: 22.09.2004

Beauvoir, Simone de: Das andere Geschlecht. Sitte und Sexus der Frau. Reinbek: Rowohlt 1986.

Becker-Schmidt, Regina/Knapp, Gudrun-Axeli: Feministische Theorien zur Einführung. Hamburg: Junius, 2000.

Becker-Schmidt, Regina: Umbrüche in Arbeitsbiographien von Frauen: Regionale Konstellationen und globale Entwicklungen. In: Knapp, Gudrun-Axeli, Wetterer, Angelika (Hrsg.): Achsen der Differenz. Gesellschaftstheorie und feministische Kritik II. Münster: Westfälisches Dampfboot, 2003. S. 100–132.

Bei, Neda/Novak, Renate, Das Gleichbehandlungsgesetz, in: Aichhorn (Hrsg.): Frauen § Recht. Wien: Springer, 1997. S. 83ff.

Beneke, Elke/Königer, Ursula: Leitfaden für Antragstellerinnen für EU-Projekte. Bregenz 2001.

Bergmann, Nadja et al: Berufsorientierung und Berufseinstieg von Mädchen in einen geteilten Arbeitsmarkt. AMS Report 38. Arbeitsmarktservice: Wien, 2004.

Bilden, Helga: Sozialisation und Geschlecht. In: Valtin, Renate/Warm, Ute: Probleme von Mädchen und Lehrerinnen in der Grundschule. Beiträge zur Reform der Grundschule 61/62, Arbeitskreis Grundschule. S. 13–39.

Braunmühl, Claudia: Gender Mainstreaming: neue Konzepte – neue Chancen? In: Nohr, Barbara/Veth, Silke (Hrsg.): Gender Mainstreaming. Kritische Reflexion einer neuen Strategie. Berlin: Karl Dietz Verlag, 2002. S. 17–25.

Bundesministerium für Familie, Senioren, Frauen und Jugend (BMFSFJ): Gender Mainstreaming. Online im Internet *http://www.gender-mainstreaming.net/gm/Hintergrund/gender-mainstreaming-und-frauenpolitik.html* Abruf 10.06.2004

Bundesministerin für Frauenangelegenheiten und Verbraucherschutz (Hrsg.): Eigenständige Alterssicherung für Frauen. Schriftenreihe der Frauenministerin. Band 14. Wien, 1997.

Bundesministerium für soziale Sicherheit und Generationen: Geschlechtsspezifische Disparitäten. Bundesanstalt Statistik Österreich. Wien, 2002.

Bundesministerium für Jugend und Familie, Abteilung II/I (Hrsg.): Enquete Beruf – Familie – Freizeit. Das Zeitbudget österreichischer Familien. 17. November 1995. Wien, o. J.

Bundesministerium für soziale Sicherheit und Generationen, Abteilung III/1 (Hrsg.): Gender Mainstreaming. Begriffsschema, Methodologie und Darstellung nachahmenswerter Praktiken. Abschließender Bericht der Mainstreaming Expertengruppe (EG-S-MS) des Europarates. Wien, 1999.

Bundesministerium für Umwelt, Jugend und Familie (Hrsg.): 4. Österreichischer Familienbericht: Familie zwischen Anspruch und Alltag. Zur Situation von Familie und Familienpolitik in Österreich. Wien, 1999a.

Bundesministerium für Umwelt, Jugend und Familie (Hrsg.): 4. Österreichischer Familienbericht: Familie zwischen Anspruch und Alltag. Familien- & Arbeitswelt. Partnerschaften zur Vereinbarung und Neuverteilung von Betreuungs- und Erwerbstätigkeit. Wien, 1999b.

Bundesministerium für Wirtschaft und Arbeit Nationale Koordinierungsstelle EQUAL (Hrsg.): Gender Mainstreaming. Grundlagen und Strategien im Rahmen der Gemeinschaftsinitiative Equal. Bonn, 2003. Download unter: *http://www.equal-de.de/download/Gender %20Mainstreaming.pdf* Abruf: 16.09.2004

Bürgisser, Margret: Wie Du mir, so ich Dir … Bedingungen und Grenzen egalitärer Rollenteilung in der Familie. Chur, Zürich: Ruegger 1998.

Busch, Gabriele/Hess-Diebäcker, Doris/Stein-Hilbers, Marlene: Den Männern die Hälfte der Familie – den Frauen mehr Chancen im Beruf. Weinheim: Deutscher Studienverlag 1988.

Czollek, Leah C., Weinbach, Heike: Gender- und Gerechtigkeits-Trainings: Macht-verhältnisse begreifen und verändern. In: Nohr, Barbara/Veth, Silke (Hrsg.): Gender Mainstreaming. Kritische Reflexion einer neuen Strategie. Berlin: Karl Dietz Verlag, 2002. S. 112–124.

Degen, Barbara: Die Zweisprachigkeit der Normen – feministische Erfahrungen, in: Verein pro FRI (Hrsg.): Recht Richtung Frauen, Beiträge zur feministischen Rechtswissenschaft. Lachen/St.Gallen: Dike Verlag, 2001.

Duden, Barbara: Geschichte unter der Haut. Ein Eisenacher Arzt und seine Patientin-nen um 1730. Stuttgart: Klett-Cotta, 1987.

Equal Büro Österreich (Hrsg.): Gemeinschaftsinitiative Equal. Zweite Antragsrunde 2004/2005. Leitfaden zur Antragstellung auf Zulassung zur Antragsrunde 2 und auf finanzielle Förderung der Durchführung von Aktion 1. Wien, 2004. Down-load unter: *http://www.equal-esf.at/new/downloads/LEITFADEN_AR2.pdf* Ab-ruf: 22.09.2004

Europäische Kommission: Vorschlag für einen Beschluss des Rates über die Leit-linien für beschäftigungspolitische Maßnahmen der Mitgliedstaaten. Brüssel 2004. Download unter: *http://europa.eu.int/comm/employment_social/employ-ment_strategy/prop_2004/com_2004_0239_de.pdf* Abruf: 23.09.2004

Europäischer Rat: Die beschäftigungspolitischen Leitlinien für 1998. Entschließung des Rates vom 15. Dezember 1997. Luxemburg, 1997. Download unter: *http://europa.eu.int/comm/employment_social/employment_strategy/98_guidelines_de.htm* Abruf: 23.09.2004

European commission/Directorate-General for Employment, Industrial Relations and Social Affairs, Unit V/D.5, Sexual harassment in the workplace in the Euro-pean Union 1998.

Fausto-Sterling, Anne: Sich mit Dualismen duellieren. In: Pasero, Ursula/Gottburg-sen, Anja (Hrsg.): Wie natürlich ist Geschlecht? Gender und die Konstruktion von Natur und Technik. Wiesbaden: Westdeutscher Verlag, 2002. S. 17–64.

Fleischer, Eva: Vom Wirtschaften im Haus. Hausarbeit – Frauenarbeit? Innsbruck, Wien, Bozen: StudienVerlag, 2002.

Foucault, Michel: Sexualität und Wahrheit. Bd. I: Der Wille zum Wissen. Frankfurt a. M.: Suhrkamp, 1983.

Fraser, Nancy: Nach dem Familienlohn: Ein postindustrielles Gedankenexperiment. In: dieselbe: Die halbierte Gerechtigkeit. Schlüsselbegriffe des postindustriellen Sozialstaats. Frankfurt a. M.: Suhrkamp, 2001. S. 67–103.

GeM-Infoletter Nr. 6/2003. Download unter: *http://www.gem.or.at/download/Info-Letter_6_2003.pdf* Abruf 23.09.2004

GeM – Koordinationsstelle für Gender Mainstreaming im ESF: Gender Mainstrea-ming. Was heißt Gender Mainstreaming? Begründungszusammenhänge und Begriffsklärung. Wien 2001. Download unter: *http://www.gem.or.at/download/GeM_HP_Text_Begriffsklaerung_zum_Downloaden.pdf.* Abruf 10.06.2004

GeM-Koordinationsstelle für Gender Mainstreaming im ESF: Die Toolbox Gender Mainstreaming. Wien, 2004. Download unter *http://www.gem.or.at/download/ Toolbox_Gesamt.pdf* Abruf 10.07.2004.

Gerhard, Ute: Gleichheit ohne Angleichung. Frauen im Recht. München: Beck, 1990.

Gerhard, Ute: Die „langen Wellen" der Frauenbewegung – Traditionslinien und unerledigte Anliegen. In: Becker-Schmidt, Regina/Knapp, Gudrun-Axeli (Hrsg.): Das Geschlechterverhältnis als Gegenstand der Sozialwissenschaften. Campus, 1995. S. 247–278.

Gilligan, Carol: Die andere Stimme. Lebenskonflikte und Moral der Frau. München, Zürich: Piper, 1984.

Gutknecht, Brigitte: Frauenförderung und Gleichheitsgrundsatz, in: ZAS 1993, 122.

Hafelekar Unternehmensberatung (Hrsg.): Zwischenbericht 2 der qualitativen Studie „Frauen sind anders. Männer auch. Chancengleichheit für Frauen und Männer am Tiroler Informationstechnologie-Arbeitsmarkt". Innsbruck: 2003.

Hafelekar Unternehmensberatung (Hrsg.): Frauen sind anders. Männer auch. Chancengleichheit für Frauen und Männer am Tiroler Informationstechnologie-Arbeitsmarkt. Endbericht der qualitativen Studie. Innsbruck: 2003.

Hager, Isabella/Huemer, Barbara: Familienarbeit und ihre Wahrnehmung von Frauen und Männern. Ergebnisbericht aus einer Analyse des Tabellenbandes des Österreichischen Gallup Institutes zur Befragung „Familienarbeit sichtbar machen". Erstellt im Auftrag von Procter & Gamble. Wien: Österreichisches Institut für Familienforschung 1999.

Hauch, Gabriella: Frauenrecht, Frauenengagement, Frauenforderungen in Wien um 1848, in: Mesner, Maria/Steger-Mauerhofer, Hildegard (Hrsg.), Der Tod der Olympe de Gouges, 200 Jahre Kampf um Gleichberechtigung und Grundrechte. Wien: 1994. S. 27–45.

Hausen, Karin: Die Polarisierung der „Geschlechtscharaktere". Eine Spiegelung der Dissoziation von Erwerbs- und Familienleben. In: Conze, Werner (Hrsg.): Sozialgeschichte der Familie in der Neuzeit Europas. Stuttgart S. 363–393. Gekürzter Abdruck in: In: Hark, Sabine (Hrsg.): Dis/Kontinuitäten: Feministische Theorie. Opladen, 2001. S. 162–185.

Hays, Sharon: Die Identität der Mütter. Zwischen Selbstlosigkeit und Eigennutz. Stuttgart: Klett-Cotta 1998.

Hohenemser, Peter: Grundwissen Wirtschaft. München: Heyne, 1993.

Hopfgartner, A./Zeichen, M.: Sexuelle Belästigung am Arbeitsplatz, BMAS, Frauenreferat, Schriftenreihe Nr. 20. Wien, 1998.

Hozleitner, Elisabeth: Recht Macht Geschlecht. Wien, 2002.

Institut für Frauen- und Geschlechterforschung Gender Studies (Hrsg.): „… und immer unabhängig sein" Frauen ab 50 in Oberösterreich. Eine qualitative Studie. Eigenverlag: Linz, Wien, Salzburg 2003. Download unter: *http://www.frauen.jku. at/Archiv/Publikationen/Frauen50/Frauenueber50-2.htm* Abruf 10.07.2004

Kägi-Diener, Regula: Von Olympe de Gouges zum UN-Übereinkommen zur Beseitigung jeder Form von Diskriminierung der Frau: Entwicklungen im Recht der Gleichstellung, in: Verein pro FRI (Hrsg.): Recht Richtung Frauen, Beiträge zur feministischen Rechtswissenschaft. Lachen/St.Gallen: Dike Verlag, 2001. S. 239–263.

Kanatschnig, Dietmar/Schmutz, Petra: Leitfaden zur Selbstevaluierung – 20 Arbeitsschritte zur Optimierung der Projektarbeit. Wien 2000. Download unter: *http://www.nachhaltigkeit.at/bibliothek/pdf/leitfaden_selbstevaluation.pdf* Abruf: 23.9.2004

Kaschuba, Gerrit: Gender Training: Feministische Erbschaft mit Verantwortung? In: Netzwerk Gender Training (Hrsg.): Geschlechterverhältnisse bewegen. Erfahrungen mit Gender Training. Königstein: Helmer, 2004. S. 57–70.

Keddi, Barbara: Jenseits der Grenzen von Geschlecht? Lebensthemen und biografisches Handeln junger Frauen und ihrer Partner. In: Hartmann, Jutta (Hrsg.): Grenzverwischungen. Vielfältige Lebensweisen im Gender-, Sexualitäts- und Generationendiskurs. Sozial- und Kulturwissenschaftliche Studientexte. Band 9. Innsbruck 2004. S. 111–122.

Keddi, Barbara: Mehr als Kinder, Küche und Karriere – Lebensthemen junger Frauen. Informationsdienst Wissenschaft 18.10.1999. Download unter: *http://idw-online.de/public/pmid-14778/zeige_pm.html* Abruf 13.7.2004

Klinger, Cornelia: Ungleichheit in den Verhältnissen von Klasse, Rasse und Geschlecht. In: Knapp, Gudrun-Axeli, Wetterer, Angelika (Hrsg.): Achsen der Differenz. Gesellschaftstheorie und feministische Kritik II. Westfälisches Dampfboot: Münster, 2003. S. 14–48.

Knapp, Gudrun-Axeli: Gleichheit, Differenz, Dekonstruktion: Vom Nutzen theoretischer Ansätze der Frauen- und Geschlechterforschung für die Praxis. In: Krell, Gertraude (Hrsg.): Chancengleichheit durch Personalpolitik. Gleichstellung von Frauen und Männern in Unternehmen und Verwaltungen. Rechtliche Regelungen – Problemanalysen – Lösungen. Wiesbaden: Gabler, 2003. S. 97–105

Knapp, Gudrun-Axeli: Achsen der Differenz - Strukturen der Ungleichheit. In: Becker-Schmidt, Regina/Knapp, Gudrun-Axeli: Feministische Theorien zur Einführung. Junius: Hamburg 2000. S. 103–123.

Koppetsch, Cornelia/Burkart, Günter: Die Illusion der Emanzipation. Zur Wirksamkeit latenter Geschlechtsnormen im Milieuvergleich. Konstanz: UVK Konstanz 1999.

Krell/Mückenberger/Tondorf: Gender Mainstreaming: Chancengleichheit (nicht nur) für Politik und Verwaltung, in: KRELL, Gertraude (Hrsg.): Chancengleichheit durch Personalpolitik. Gleichstellung von Frauen und Männern in Unternehmen und Verwaltungen. Rechtliche Regelungen – Problemanalysen – Lösungen. Wiesbaden, 2001. S. 59–76

Libreria delle donne di Milano: Wie weibliche Freiheit entsteht. Eine neue politische Praxis. Berlin: Orlanda, 1988.

Lindmayr, Manfred: Gleichbehandlungsrecht, Die Gleichstellung von Mann und Frau im Arbeitsleben. Wien, 2002.

Maurer, Margarethe: Sexualdimorphismus, Geschlechtskonstruktion und Hirnforschung. In: Pasero, Ursula, Gottburgsen, Anja (Hrsg.): Wie natürlich ist Geschlecht? Gender und die Konstruktion von Natur und Technik. Wiesbaden: Westdeutscher Verlag, 2002. S. 65–108.

Mayr, Klaus: Diskriminierung aufgrund des Geschlechts, DRdA 2002, S. 68.

Mairhuber, Ingrid: Frauenarmut – Ein sozialpolitisches Problem?! In: Heitzmann, Karin, Schmidt, Angelika (Hrsg.): Frauenarmut. Hintergründe, Facetten, Perspektiven. Peter Lang: Frankfurt et al, 2001. S. 136–160.

Merz, Veronika: Salto, Rolle und Spagat. Basiswissen zum geschlechterbewussten Handeln in Alltag, Wissenschaft und Gesellschaft. Zürich: Pestalozzianum, 2001.

Nagl-Docekal, Herta et al: Jenseits der Geschlechtsmoral. Frankfurt a. M.: Fischer, 1993.

Ninz, Lydia: Kinder bremsen Karriere, Einkommen und Pension. Mütter verzichten auf viel Geld, wenn sie voll oder teilweise daheim bleiben. Der Standard. 13./14.11.1999, S. 33.

Ninz, Lydia: Kinder sind die kleinere Karrierebremse. Der wichtigste Grund für niedrige Frauencinkommen ist der langsamere Aufstieg in der Firma. Der Standard. 16.08. 2000.

Nohr, Barbara: Diversity, Total-E-Quality und Gedöhns. In: Nohr, Barbara/Veth, Silke (Hrsg.): Gender Mainstreaming. Kritische Reflexion einer neuen Strategie. Berlin: Karl Dietz Verlag, 2002. S. 48–62.

Pease, Allan/Pease, Barbara: Warum Männer nicht zuhören und Frauen schlecht einparken. Ganz natürliche Erklärungen für eigentlich unerklärliche Schwächen. München: Ullstein, 2003.

Prengel, Annedore: Egalitäre Differenz – eine Denkfigur demokratischer Bildung. In Ralser, Michaela (Hrsg.): Egalitäre Differenz. Ansätze, Einsätze und Auseinandersetzungen im Kampf um Anerkennung und Gerechtigkeit. Innsbruck: Studia Universitätsverlag, 2001. S. 25–38.

Rabe-Kleberg, Ursula: Hauptsache Geschlecht? – Gender, Doing Gender und Gender Mainstreaming. Oder: Vom Begreifen zum Ergreifen. In: Zeitschrift für Frauenforschung & Geschlechterstudien. 20. Jg. 2002 (1 + 2), S. 8–10.

Roesgen, Anne: Gendertrainings als Instrument des Gender Mainstreamings. In: Ministerium für Frauenförderung Luxemburg (Hrsg.): Gendertrainings. Luxemburg, 2004. Download unter: *http://proinnovation.de/lux_gender %20training_ roesgen.pdf* Abruf 5.6.2004

Rosenkranz, Siegmund: Das Bundesgleichbehandlungsgesetz, 1997.

Rust, Ursula: Gender Mainstreaming – auch ein rechtliches Konzept? In: Heinh, Kathrin/Thiessen, Barbara (Hrsg.): Feministische Forschung – Nachhaltige Einsprüche. Opladen, 2003. S. 111–121.

Smutny, Petra/Mayr, Klaus: Kommentar zum Gleichbehandlungsgesetz. Wien, 2001.

Sporrer, Anna: Das Fakultativprotokoll zur UN-Konvention zur Beseitigung jeder Form von Diskriminierung der Frau, in: Floßmann, Ursula (Hrsg.): Fragen zum Geschlechterrecht. Linz, 2002. S. 203–258.

Sporrer, Anna: Gleichheitssatz und Emanzipation, in: Aichhorn (Hrsg.): Frauen & Recht. Wien, New York, 1997. S. 1–38.

Sporrer, Anna: Verfassungsrechtliche und europarechtliche Grundlagen der tatsächlichen Gleichstellung von Frauen und Männern, in: Österreichische Juristen Kommission (Hrsg.): Kritik und Fortschritt im Rechtsstaat. Wien, 1996. S. 46.

Stelzer-Orthofer, Christine: „Zwangsarbeit oder Hilfe zur Arbeit? – Sozialhilfebedürftigkeit im zeitlichen Verlauf." In: Die GRÜNEN (Hrsg.): Zwangsarbeit oder Hilfe zur Arbeit. Dokumentation zu Reformen bei Sozialhilfe und Notstandshilfe. Wien, 1997. S. 13–17.

Stiegler, Barbara: Frauen im Mainstreaming : politische Strategien und Theorien zur Geschlechterfrage. Bonn: Friedrich Ebert Stiftung, 1998. Download unter: *http:// www.fes.de/fulltext/asfo/00653002.htm* Abruf: 29.06.2004

Stiegler, Barbara: Strategien und Erfahrungen zur Umstzung des Rechts auf gleichwertige Bezahlung von Männer- und Frauenarbeit. In: Steiner, Hannah/Tenschert, Itta (Hrsg.): Oberservatoria. Gender Mainstreaming – eine Strategie zur Verringerung der Einkommensdifferenz zwischen Frauen und Männern. Netzwerk österreichischer Frauen- und Mädchenberatungsstellen: Wien 2003 S. 27–54.

Sturm, Anna Margaretha: Die Entdeckung der Geschlechtergleichheit in der österreichischen Rechtswissenschaft, in: Bundesministerium für Arbeit und Soziales (Hrsg.): Frauen in den 80er Jahren. Wien, 1989. S. 1–17.

Swedish Association of Local Authorities: The 3R-Tool for Gender Equality in Local Government. On gender mainstreaming and the 3R method in Swedish municipalities. Stockholm, 1999.

Tálos, Emmerich: Atypische Beschäftigungsformen und politische Maßnahmen unter besonderer Berücksichtigung von Fraueninteressen. Forschungsprojekt im Auftrag der Frauenmininisterin, o. O., o. J.

TEPGEM-Plattform (Gender Mainstreaming Plattform der Beschäftigungspakte Österreichs): Strategiepapier zur Umsetzung von Gender Mainstreaming in den Territorialen Beschäftigungspakten Österreichs. Wien, 2003. Download unter: *http://www.gem.or.at/download/GM_Strategiepapier_der_TEPGEM_Plattform. pdf* Abruf: 14.09.2004

Thürmer-Rohr, Christina: Vagabundinnen. Feministische Essays. Berlin: Orlanda 1987 2. Auflage.

Tondorf, Karin: Gestaltung politischer Prozesse nach dem Prinzip des Gender Mainstreaming. In: Krell, Gertraude/Mückenberger, Ulrich/Tondorf, Karin: Gender Mainstreaming – Informationen und Impulse. Hannover, 2001, S. 9–10.

Treibel, Annette: Einführung in soziologische Theorien der Gegenwart, Opladen: Leske + Budrich, 2000.

Wesely, Sabine (Hrsg.): Einführung in Gender Studies. Bielefeld: Kleine, 2000.

Weg, Marianne: Gender Mainstreaming. Zukunftsstrategie für Gleichstellungspolitik? In: Schacherl, Ingrid (Hrsg.): Gender Mainstreaming. Kritische Reflexionen. Sozial- und Kulturwissenschaftliche Studientexte. Band 8. Innsbruck 2003. S. 29–56.

Wetterer, Angelika: Gender Mainstreaming und Managing Diversity. Rhetorische Modernisierung oder Paradigmenwechsel in der Gleichstellungspolitik. In: Schacherl, Ingrid (Hrsg.): Gender Mainstreaming. Kritische Reflexionen. Sozial- und Kulturwissenschaftliche Studientexte. Band 8. Innsbruck: Studia Universitätsverlag, 2003. S. 131–154.

Wolff, Monika: Gender Mainstreaming – eine europäische Gleichstellungsstrategie. Niedersächsische Landeszentrale für politische Bildung, 2002. Download unter: *http://www.nlpb.de/04-pub/pub-beitr02.htm* Abruf 06.06.2004.

Zoller, Susanne: Kinderbetreuung in Tirol. Ist-Stand, Mankos und Ausblicke. Eine Recherche des Zukunftszentrums im Rahmen des EQUAL-Projektes WoMen. Innsbruck, 2003.

Zoller, Susanne: Good-Practice-Modelle in der Kinderbetreuung. Alternative Angebote im nationalen und europäischen Vergleich. Eine Recherche des Zukunftszentrums im Rahmen des EQUAL-Projektes WoMen. Innsbruck, 2004.

verwendete websites

http://europa.eu.int; Abruf 15.09.2004

http://www.equal-esf.at; Abruf 02.09.2004

http://www.euregio-weinviertel.org/geko; Abruf 15.09.2004

http://www.imag-gendermainstreaming.at; Abruf 06.09.2004.

http://www.interreg.at; Abruf: 17.08.2004

http://www.leader-austria.at Abruf: 17.08.2004

http://www.mspb.gov; Abruf 20.06.2004.

http://www.oerok.gv.at; Abruf 26.08.2004.

http://www.urban.wien.at; Abruf: 17.08.2004

Register

Inhalte der CD-Rom

Im hinteren Buchumschlag finden Sie die zu dieser Publikation gehörende CD-Rom „Gender Mainstreaming in der Arbeitswelt". Sie wurde erstellt für alle, die einen komprimierten Einstieg in die Thematik suchen.

Die CD-Rom enthält eine ausgewählte Sammlung an relevanten Studien, Gesetzestexten, Leitfäden und Checklisten. Damit soll insbesondere ProjektumsetzerInnen, PolitikerInnen und ArbeitgeberInnen ein Werkzeug in die Hand gegeben werden, sich in kurzer Zeit einen Überblick zu verschaffen und sich darauf aufbauend in die Materie zu vertiefen. Sehr herzlich sei hier all jenen Institutionen und Forschungseinrichtungen gedankt, die uns freundlicherweise die Veröffentlichung ihrer Arbeiten erlaubt haben.

Ganz besonders soll hier auf die bereits vorgestellte Studie „*Frauen sind anders. Männer auch*" hingewiesen werden, die im Rahmen des EU-Projekts WoMen den Tiroler IKT-Arbeitsmarktes auf geschlechtsspezifische Segregation hin untersuchte. Das anonymisierte Datenmaterial dieser Studie kann mit dem ebenfalls auf der CD-Rom verfügbaren Forschungsprogramm WinRelan® (© Univ. Prof. Dr. Josef Zelger) unter dem Menüpunkt „Interaktiv forschen" selbst wissenschaftlich fundiert erkundet werden.

Diese Studie diente auch als Ausgangsbasis für das Theaterstück „Elektrika. Ein Stück mit weiblichen und männlichen Rollen", das im Zeitraum von März bis Juni 2004 in Innsbruck und Wien aufgeführt wurde und auch als DVD erhältlich ist. Ein kurzer Videoclip findet sich ebenfalls unter dem Menüpunkt „Interaktiv forschen".

Im Folgenden werden für einen ersten Überblick die Inhalte der CD-Rom kurz beschrieben. Die Reihenfolge der Beschreibung entspricht der Button-Reihenfolge auf der CD:

Publikationen

Hier sind Publikationen verfügbar, die nach den Bereichen
- Studien des EU-Projekts WoMen
- Gender Mainstreaming Grundlagen und
- Gender Mainstreaming und Arbeitswelt
gegliedert sind.

Linksammlung

Hier sind Links zu Internetseiten enthalten, die sich mit den Themen Gleichstellung, Chancengleichheit und Gender Mainstreaming befassen.

Checklisten

Diese enthalten in übersichtlicher Form die wichtigsten Punkte zur Implementierung von Gender Mainstreaming in die Arbeitswelt. Sie können als Anleitung verwendet werden oder zur Überprüfung einer erfolgreichen Umsetzung von GM-Maßnahmen herangezogen werden.

Adressen, Kontakte

Hier finden Sie Adressen in Tirol zum WoMen-Projekt und zu den Themen Gleichbehandlung, Gender Mainstreaming und Karriere, sowie zu Gleichstellungsfragen im Allgemeinen.

Rechtliche Grundlagen

* Gesetzestexte auf EU-Ebene
* Bundesgesetzgebung
* Landesgesetze

Impressum

Sprache

Dieser Menüpunkt bietet Leitfäden und Glossare zu den wichtigsten Grundprinzipien sprachlicher Gleichbehandlung sowie eine Auflistung mit Erklärungen der wichtigsten Begriffe aus der Gleichstellungsthematik in fünf unterschiedlichen Amtssprachen der Europäischen Union.

Link zur Homepage

Die Website des EU-Projekts WoMen ist hier sowohl offline als auch online verfügbar.

Interaktiv forschen

Hier besteht auf drei unterschiedlichen Zugangsweisen die Möglichkeit, sich mit der Studie „Frauen sind anders. Männer auch." auseinanderzusetzen:

* Abschlussbericht im pdf-Format
* Presse-Clip zu „Elektrika – Ein Stück mit weiblichen und männlichen Rollen."
* Forschungssoftware WinRelan® (© Univ. Prof. Dr. Josef Zelger)

Autorinnen und Autor

Dr.ⁱⁿ iur. Christine Baur, LL.M.

Jg. 1957, 3 Kinder. Studium der Rechtswissenschaft in Innsbruck, post graduate Lehrgang „European Master of Social Security" in Leuven (Belgien), Ausbildung zur Mediatorin. Nach 10-jähriger Tätigkeit als Assistentin an den Instituten für öffentliches Recht und Arbeits- und Sozialrecht der Universität Innsbruck derzeit Regionalanwältin für die Gleichbehandlung von Frauen und Männern in der Arbeitswelt für die Bundesländer Salzburg, Tirol und Vorarlberg.

Lehrbeauftragte für Geschlechterrecht an der Universität Innsbruck. Gendertrainerin und Mediatorin. Schwerpunkt der wissenschaftlichen Arbeit ist der feministische Blick auf das Recht im Allgemeinen und das Arbeits- und Sozialrecht im Besonderen.

DSA Mag.^a Dr.ⁱⁿ Eva Fleischer,
E-Mail: eva.fleischer@uibk.ac.at

Jg. 1963, verheiratet, 3 Kinder. Studium: Akademie für Sozialarbeit, Studium der Pädagogik und Politikwissenschaft. Nach Tätigkeiten in der Forschung und Lehre sowie als Leiterin einer Familienberatungsstelle derzeit als Lehrbeauftragte (Management Center Innsbruck, Studiengang Soziale Arbeit, Akademie für Sozialarbeit Innsbruck sowie am Institut für Erziehungswissenschaften, Innsbruck) und Coach (Zukunftszentrum Innsbruck) tätig.

Arbeitsschwerpunkte:
* Feministische Theorien und Gender Mainstreaming
* Sozialpolitik (insbesondere gesellschaftliche Verteilung von bezahlter/unbezahlter Arbeit)
* „postmoderne" Familienverhältnisse (insbesondere die Lebenssituation von Frauen als Mütter),
* Vermittlung von Schreib- und Handlungskompetenzen (wissenschaftliches Arbeiten, Projektmanagement) im Studium
* medizinische Technologien am Anfang und Ende des Lebens

Aktuelle Buchveröffentlichung: Vom Wirtschaften im Haus. Hausarbeit – Frauenarbeit? StudienVerlag: Innsbruck, Wien 2002.

Mag. Paul Schober
E-Mail: office@hafelekar.at

Jg. 1969, 2 Kinder. Studium der Betriebswirtschaft in Innsbruck, Teilstudien Publizistik, Romanistik, Politikwissenschaft in Salzburg, Universitätslehrgang Bildungsmanagement des BIFEB Strobl.

Nach Tätigkeiten als Tankwart, Schilehrer, Fahrlehrer, Reiseleiter, Journalist, Öffentlichkeitsarbeiter, Erwachsenenbildner und Lehrbeauftragter der Universität Innsbruck derzeit geschäftsführender Gesellschafter der Hafelekar Unternehmensberatung.

Arbeitsschwerpunkte:
• Unternehmensberatung (insbesondere Organisations- und Personalentwicklung, Strategieberatung)
• Evaluationen
• Projektmanagement
• EU-Förderprogramme

Aktuelle Buchveröffentlichung: Baustelle Lehrlingsausbildung. Handlungsfelder einer qualitätsorientierten Berufsbildung. StudienVerlag: Innsbruck, Wien 2005.